"中国北方海陆统筹国际物流大通道建设研究"丛书

黄河三角洲
生态港口群建设研究

谭晓岚　著

中国海洋大学出版社

·青岛·

图书在版编目（CIP）数据

黄河三角洲生态港口群建设研究／谭晓岚著.

青岛：中国海洋大学出版社，2024.10. --ISBN 978-7-
5670-4027-4

Ⅰ.F552.72；X321.22

中国国家版本馆CIP数据核字第202455P5U1号

HUANGHE SANJIAOZHOU SHENGTAI GANGKOU QUN JIANSHE YANJIU
黄河三角洲生态港口群建设研究

出版发行	中国海洋大学出版社
出 版 人	刘文菁
社　　　址	青岛市香港东路23号
邮政编码	266071
网　　　址	http://pub.ouc.edu.cn
订购电话	0532-82032573（传真）
责任编辑	邓志科　宋玉蓉　　　　　　电　　话　0532-85901040
电子信箱	dengzhike@sohu.com
印　　　制	青岛国彩印刷股份有限公司
版　　　次	2024 年 10 月第 1 版
印　　　次	2024 年 10 月第 1 次印刷
成品尺寸	170 mm × 230 mm
印　　　张	16
字　　　数	220 千
印　　　数	1-1000
定　　　价	78.00 元

发现印装质量问题，请致电 0532-58700166，由印刷厂负责调换。

黄河三角洲生态港口群是国际化的，具有国际进出口功能；是专业化的，以农产品进出口为特色业态；是生态化的，以高效生态经济①发展为主导；具有特定的地域特征，黄河属于典型的灌溉型河流，黄河流域农业发展历史悠久，是中国这个农耕文明古国农耕经济和农耕文明的发源地之一，河流从西向东，滋润着河套平原、关中平原、华北平原和鲁西北平原等中国广阔粮食主产区。在黄河三角洲规划建设以农产品为主体的专业化新型港口：在经济全球化条件下具有更加开放、协同竞争特征；在经济新常态下打造中国港口升级版，具有生态、高效、专业化的新型港口群为独特特征。

---

① 高效生态经济是指在地球上存量十分有限的化石能源消耗殆尽之前，通过卓有成效地调控低熵矿石和化石燃料向高熵废物和燃烧化石燃料产生的废能转化的流量，达到既能"细水长流"又能经济效益最大化的经济形态。它也是具有最典型生态经济系统特征的发展模式。产业生态化、消费生态化、效益生态经济化、制度生态文明化，最终表现为生态经济体系高效运转，生态系统与经济系统有机统一，经济文明、社会文明、政治文明、生态文明协调发展。

目前中国还没有专业的农产品进出口港口，有的只是几个农产品进出口规模较大，但与其他货物进出口混杂、专业性不强的、拥有农产品进出口业态的大港。同时，国际上发达国家和地区已进入第四代乃至第四代后港口发展阶段，现代港口体系建设日臻完备；而除少数几个大港外，目前中国港口总体上还处于由第三代港口向第四代港口转变的传统发展阶段，距离现代第四代港口的要求还有明显距离，传统港口布局层次不明晰、业态混杂、集中原材料和化石能源储运、污染环境、港产城一体化水平低乃至严重破坏岸线资源等问题依然十分明显。把黄河三角洲地区的港口打造成以农产品进出口为主业的专业化、国际化、高效专业化港口群，将极其有助于发挥其后发优势，加快转型升级，成就新一代港口，实现由传统港口向现代港口的跨越式发展，为解决现阶段中国港口发展中存在的问题、促进传统港口体系向现代港口体系的转型升级提供可资借鉴的新鲜经验，开辟引领示范的崭新路径。

黄河三角洲经济圈是中国除长江三角洲、珠江三角洲之外的第三大经济圈；近年来，中国涌现出了数个吞吐量过亿吨的世界级大港，逐步形成了黄河三角洲地区的港口群、长三角港口群、东南沿海港口群、珠三角港口群、西南沿海港口群等五大港口群，其中黄河三角洲地区的港口群港口分布密集，总吞吐量占全国沿海港口货物吞吐量的1/3；黄河三角洲经济圈和黄河中下游地区是当今中国农产品生产、消费和进出口规模最大的地区，关系国计民生的国家"渤海粮仓"重大战略已开始实施，并将极大影响中国农产品进出口、内外贸格局。这一切为黄河三角洲经济圈和黄河中下游地区充分发挥经济、港口、腹地等优势，通过规划建设专业化国际农产品进出口高效专业化港口群，有机对接"一带一路"战略，在全球布局农产品产业链奠定了坚实基础。

山东半岛突出于渤海和黄海之中，全省海岸线占全国1/6，蜿蜒曲折的岸线资源、错落有致的港口码头和优越的深水条件，使得国际港航资源十分丰富。但目前山东港口业发展中存在着重复建设、布局较散、竞争无序、环境污染等突出问题，宝贵的岸线资源优势没有充分发挥出来。特别是，黄河三角洲是中国后备土地资源最为丰富的地区，黄河三角洲高效生态农业发展初具规模、潜力巨大，该地区还是国家"渤海粮仓"战略实施的主战场，黄河三角洲国家农业高新技术产业开发区有望上升为国家战略；山东省是全国农业大省，现代农业发展基础好、规模大、水平高。充分发挥农产品生产、加工、储备和进出口优势，规划建设专业化的国际农产品进出口高效专业化港口群，进而实现在全球布局农业产业链和价值链，必将对山东"两区一圈一带"战略的实施起到重大突破作用。

黄河三角洲地区的港口群地处黄河三角洲经济圈、蓝黄经济区、济南都市圈等区域发展战略的叠加区。黄河三角洲地区借助全国海洋经济发展战略、高效生态经济发展战略和山东省省会城市群经济圈发展战略等政策优势，迎来了前所未有的政策红利窗口。目前黄河三角洲地区的港口在渤海湾港口群中仍属于起步阶段的中小港口，但黄河三角洲地区的港口及海洋资源保护得较为完善，能根据农产品交易港的要求灵活调整港口基础设施建设，而这正是许多成熟大港所缺少的部分。同时，目前中国基本上形成了以主枢纽港为中心的港口群体系，在每个港口群内都有一到两个主港和其他相应的辅助港，主要港和辅助港协调发展，共同促进区域经济的发展。而黄河三角洲地区的港口目前属于黄河三角洲地区的港口群的一部分，可以利用这一优势，与天津港展开合作，形成以天津港为核心的港口系统。天津港作为中国目前的大型港口，可向综合型港口发展，而黄河三角洲在这个港口群系统中可作为农产品交易型的专业港口。这都是黄河三角洲地区的港口成为农产品交易港的后发优势所在。

全球农产品的跨国配置不断增长，以及世界人口增长和食品消费结构的升级等为世界农产品贸易提供了新的发展动力，产生了对国际农产品进出口贸易港口的潜在需求。中国农产品进出口的需求加快升级，已形成大出大进的基本格局，将在世界农产品贸易领域发挥更大的作用；中国经济社会发展布局对农产品进出口提出新的要求，国家"十二五规划"提出要构建形成"两横三纵"为主体的城市化战略格局和"七区二十三带"的农业战略格局，人口集聚格局、农产品供需格局的变化，对农产品进出口提出了新的要求。一方面，作为东南沿海省份，山东位于黄河三角洲特大城市群内部，临近长三角特大城市群，内陆以冀中南地区、太原城市群、关中—天水等一批新的大城市群和区域性的城市群为腹地。腹地人口数量庞大，在经济快速发展的同时，对农产品的需求量日益增加、需求种类日趋多样化，巨大的农产品市场需求为山东省农产品进出口提供了新的机遇。另一方面，山东处在黄淮海平原主产区，为小麦、玉米、棉花、大豆、畜产产业带，产量和质量位居全国前列。另外，黄淮海平原主产区，西邻汾渭平原主产区和河套灌区主产区，为小麦、玉米产业带；南临长江流域主产区，为水稻、小麦、棉花和油菜等产业带。广阔的农业腹地、丰富的农产品资源，为农产品出口提供强大的货源保障。就自身而言，山东省是我国农业大省，是全国粮食、棉花、花生、蔬菜、水果的主要产区之一，油料、棉花、蔬菜、水果、肉类产量和质量均名列全国前茅，并且山东农产品进出口总量一直位列全国第一，在全国农产品进出口市场占有重要份额，对农产品进出口贸易的运输需求显著。另外，中国港口群的专业化分工亟须强化。我国经济和对外贸易的发展以及世界加工厂地位的确立，促使沿海、沿江港口的数量和规模都有了巨大的增长。港口在区域经济中的地位日趋增强，在提升区域经济竞争力中的作用也越来越大。近年来，我国涌现出了数个吞吐量过亿吨的世界级大港，逐步形成了五大港口群。但目前中国农产品专业化港口泊位严重不足，难以满足日益增长的农产品进出口贸易的要求。

黄河三角洲地处京津边缘，交通基础设施较为完备，具有市场空间优势；国家、省市各级重大战略叠加，具有相关政策优势。除了前述黄河三角洲经济圈、蓝黄两区、济南都市圈等区域发展战略的叠加政策红利外，黄河三角洲地区的港口群的发展处于起步发展阶段，具有后发优势。黄河三角洲地区的港口群在渤海湾港口群中仍属于起步阶段，而这也为未来的港口群发展提供了更多契机，况且其已经拥有发展国际农产品进出口高效专业化港口群的基础条件。黄河三角洲地区后备土地资源丰富，具有空间优势。农产品进出口贸易及相关产业对土地占用强度大，对土地资源要求高。而黄河三角洲后备土地资源丰富，特别是，大面积且地势平坦的沿海地区滩涂地，可以建设农产品仓储区，是黄河三角洲地区的港口成为农产品交易港的难得的后备储蓄基地。黄河三角洲地区以农副产品加工为主导产业，具备产业基础优势。黄河三角洲地区已开始将农副产品加工业转变为黄河三角洲地区港口的主要产业，引进农副产品研发及加工企业，为黄河三角洲地区的港口成为国际农产品交易中心港奠定基础；利用农副产品加工业的区位优势、土地及其港口优势、交通成本优势发展农副产品加工产业，为黄河三角洲地区的港口成为国际农产品交易港奠定了物质基础。

只要遵循现代港口业发展的一般规律，立足黄河三角洲地区发展现状，充分发挥比较优势，科学谋划好发展战略定位，市场需求、产业选择、空间布局、组织安排、文化建设和品牌打造等各方面的分析表明，黄河三角洲生态港口群的建成是完全可能的。

限于作者的研究水平和研究领域，本书难免有所不足，还请广大读者批评指正。

目录

第一章
现代港口业的发展趋势

现代港口是经济全球化的产物，20世纪下半叶以来，随着世界范围内经济合作的广泛拓展和海上运输方式的不断进步，港口业自身也不断得到新的发展。总结国内外现代港口业的发展趋势和一般规律，可以为黄河三角洲地区的港口业的健康发展提供有益借鉴。根据世界发达国家和地区以及中国沿海主要省份港口业的发展趋势，可以将现代港口业的发展趋势总结如下：港口货物趋于集装箱化和集装箱大型化，相应地，港口业的基础设施日趋大型化、深水化、专业化；港口运输网络化、港口服务信息化，以满足港口运作高效化的需求；在投融资体制和管理体制上，呈现港口产权多元化、港口管理民营化的发展趋势；为提高运输效率、增强港口竞争力，港口布局层次化和港口竞争组群化；在港口功能日益多元化的基础上，港产城一体化和港口区域化发展。[①]

此外，进入新世纪以后，生态环境保护、节能降耗减排、发展生态经济日益成为全球共识，同时，港口技术水平大大提高，国际上许多现代港口向着国际化、生态化和专业化的新一代港口发展。

——国际化方面，港口的国际化趋势越来越强。港口一直作为物流

---

① 参见山东社会科学院课题组完成的山东大学山东发展研究院2011年度重大课题：《山东港口业的整合与发展》，第1-7页。

的配送或集散中心，同时也是涉港产业的重要基地、知识和信息的创造与扩散中心、低成本的制造中心。通过港口的内外联结功能，一方面接受世界经济对该国经济的影响并向内陆腹地扩散，对广大腹地的经济发展起牵引和拉动作用；另一方面凭借它的物流配送功能向世界扩散其影响。港口在世界经济一体化中发挥着重要作用，海上运输一直是国际贸易的主要方式。一国的港口随着其规模和影响的扩大，逐渐成为地区经济的中心，也成为超越国界的世界经济重要节点。

——生态化方面。专业化港口群的建设也成为国际港口发展的新趋势。专业化港口群又称绿色港口，是能获得较高经济利益，又能保护生态环境不受破坏的可持续发展港口。专业化港口群的核心目标是建立具有良好生态环境的高效港口经济，实现港口及其所属城市和周边地区的经济、社会、环境整体的和谐可持续发展。专业化港口群是从源头防治生态系统破坏和环境污染、保护水产资源和港口生态环境的有效途径，是建设生态文明的有效载体。建设专业化港口群是将"自然—人—港区"和谐共生的生态环境思想，贯彻到港区建设发展的各项行为和项目中去，目前国际港口主要通过调整港区内的产业结构，合理规划港口产业布局，提高港口作业技术水平，最大限度地提高港口经济活动的资源利用效率，降低污染物排放强度，提高经济效率，最终实现港口的健康可持续发展。

——专业化方面。为了发展本地区的特色产业，现代化的港口的功能出现了越来越专业的趋势。许多港口开始结合自身的产业比较优势来选择合适的产业升级路径，并通过改进港口设施，使专业化效率更高，最终带来更大的经济利益。就一个国家而言，专业化大型码头的建设可以充分有效地利用资源，有的码头可以专业进口铁矿石等工业原料，有的码头可以进口农产品。针对不同的进口产品类型，建设相应的综合管理系统，进行有差别的布局和管理，通过码头的专业化实现资源的高效利用。

第一节　世界港口吞吐量的新生产函数

随着世界港口的不断发展，港口的生产能力大幅提高，沿海港口的主要功能也从最初的运输功能、贸易功能、商业功能和工业功能，发展成为一个地区的物流中心、信息中心和经济增长级。因此其生产函数不再是简单的投入资本产出效益，还考虑许多新的重要因素。

通过各种数理分析方法的运用，现代经济学把港口产业发展理论研究从传统的定性分析提升为定性分析和定量分析相结合的新阶段，较有代表性的是由J.O.詹森等提出的港口生产与成本函数理论和麻省理工学院的JAY.W.O提出的港口系统力学基本原理。他们将各种社会因素转变为可量化指标，建立生产函数的标准公式，通过采取定性分析与定量分析结合的思路，进行港口综合效益评价的理论与实证研究。

在考虑港口效益上，选取港口吞吐量作为考察指标。港口吞吐量是衡量港口发展的主要指标，表明了一个港口的发展程度，本书选取港口吞吐量作为研究的因变量，分析港口吞吐量增加的影响因素，并建立港口的新生产函数，以港口的吞吐量增长率作为被解释变量。1998年和2012年世界部分主要港口吞吐量见下表：

表1-1　世界主要港口吞吐量（千吨）变化（1998年、2012年）

港口	所属国家或地区	1998年吞吐量	2012年吞吐量	增长率
新加坡	新加坡	312 322	538 000	72.26%
香港	中国香港	167 170	644 800	285.72%

续表

港口	所属国家或地区	1998年吞吐量	2012年吞吐量	增长率
釜山	韩国	96 434	298 700	209.75%
鹿特丹	荷兰	306 859	441 500	43.88%
汉堡	德国	76 263	130 900	71.64%
安特卫普	比利时	119 789	184 100	53.69%
休斯敦	美国	153 482	246 900	60.87%
高雄	中国台湾	98 203	120 800	23.01%
桑托斯	巴西	69 575	133 600	92.02%
横滨	日本	117 820	121 400	3.04%

数据来源：SHIPPING STATISTICS YEARBOOK 1998/2012

由上表可以看到，世界主要港口的吞吐量2012年比1998年增加了不少，其中香港增加得最多，达285.72%，将近三倍。

本书从五个维度考察港口吞吐量的影响因素，并把这些因素作为模型的解释变量。

第一，经济总量的变化。一国的GDP增长率与港口的吞吐量增长通常是正相关的，当一国的经济水平足够高，一方面有港口发展的基础经济条件，另一方面也为港口带来更多发展机会。有学者对这个关系进行过检验，如黄杰主要研究了4个发达国家，包括美国、英国、韩国、日本沿海港口吞吐量与国民经济的关系，通过分析近40年的数据，发现港口吞吐量的增长与同一发展阶段的GDP增长趋势基本相同[1]。因此，课题组

---

① 黄杰，《沿海港口吞吐量与国民经济关系研究》［D］．大连海事大学博士学位论文，2011年。

选取GDP增长率变化作为解释变量。

第二，外贸条件的变化。一国的进出口总量变化是影响港口吞吐量的直接因素，当一国的出口货物量出现大量下滑，或者进口货物量急剧减少，其各主要港口的吞吐量也必然会受到影响。因此，进出口数量也是影响港口吞吐量的决定性因素之一。综合考虑进口和出口两个方面，课题组选取进出口总量的增长率作为解释变量。

第三，产业结构的变化。目前国家处于"转方式、调结构"的发展阶段，经济发展方式由粗放型增长到集约型增长，从低级经济结构到高级、优化的经济结构，从单纯的经济增长到全面协调可持续的经济发展的转变。对于港口来说，产业结构的变化，对港口的吞吐量的变化具有深远的影响。通过调整产业结构，港口的进出口结构会发生直接变化，其需求的货物也会不同，如第二产业需求为大量的工业原料，而第三产业需求更多的是产品和半成品。有学者就产业结构与港口吞吐量的变化进行了研究，如梁毅华等使用协整模型分析了深圳港第三产业增加值等因素与港口吞吐量的长期均衡关系，探析第三产业在港口发展短期和长期的作用机制，结论为第三产业的良好发展对港口吞吐量有一定的促进作用[①]。课题组使用第三产业占比的增长率，作为产业结构变化的指标，同时也是港口吞吐量新生产函数的解释变量。

第四，港口生态化影响。港口的发展与周边地区的生态环境是密切相关的。20世纪主要港口的发展对周边地区的生态环境造成了消极影响。如欧洲的Ecoports项目（2001—2005）对港口发展带来的环境影响进行了研究，认为港口规模的快速扩张，会影响港口周围的环境，带来负的外部性，进而对港口的长期发展形成不利影响。现在随着社会发展、科技进步，以及生态化低碳经济的要求，国外的港口的发展越来越重视

① 梁毅华，陈文静. 深圳港口发展及其影响因素——基于协整模型实证［J］. 工业技术经济，2011（8）：14-20.

生态化方面的影响，以前快速粗放带来大量污染的现象现在越来越少。取而代之的是生态农业等新兴的产业，一方面利用港口优势运输产品和原料，另一方面减少了污染，实现了港口与周边地区、人与自然和谐发展，是生态可持续的发展路径。国际上，一般衡量绿色经济和低碳经济的发展，通常选取温室气体排放量作为衡量指标之一，因此课题组选取二氧化碳的排放量，作为港口生态化影响的替代变量。

第五，农产品安全影响。一国的农产品安全问题是一个十分重要的问题。中国由于人口众多，虽然自身主要作物的粮食产量充足，但需要进口特定种类的粮食，如大豆、大麦和高粱。这些农产品主要通过海运经过沿海中国港口，进而转运中国其他地区。目前，国际上通常用粮食自给率、粮食安全储备系数、粮食生产波动系数、粮食人均消费量、贫困人口粮食保障水平、粮食播种面积等6个指标来衡量粮食安全。对于港口而言，进口的粮食总量越大，其吞吐量就越大，但是如果进口粮食过多，会危及粮食安全，因此需要设定一个特殊变量，来表示港口的粮食安全系数。此外，如果进口粮食的种类过于单一，来源国过于单一，都对粮食安全不利。国际上通用的进口粮食占比是5%，即本国粮食自给率达95%就是安全的。

因此我们设置粮食安全系数S为分段函数，首先考虑比例h：

$$h = \frac{粮食进口总量}{国家总产量}$$

当$h > 5\%$时，则$S = 0$，粮食不能再进口了，否则会危及国家安全；

当$h < 5\%$时，$S = (5\% / h) \times$（进口粮食来源国数 / 进口粮食种类数量）。设定S超过了1则取1作为最大值。

S越大表明粮食越安全，$S = 1$时国家进口粮食绝对安全。

以上五个方面的因素，可以分成两类，贡献影响因素和限制影响因素。贡献影响因素包括GDP总量，设为Y；进出口总额，设为E；第三产业增加值，设为T。这三个因素对港口的发展带来积极正面的影响。限制影响因素包括二氧化碳排放量和粮食安全指标，二氧化碳排放量在港口发展初期是与港口吞吐正相关的，越多的能源消耗，带来越多的产量；而在港口发展到第三代港口以后，其单位排放量的增加会对港口的发展带来负面影响。因此港口在发展的过程中，必须提高自身的资源利用效率，减少单位能耗，减少二氧化碳排放量，实现绿色增长。而粮食安全系数S，是港口发展必须关注的国家战略。

港口的总吞吐量生产函数可以表示为：

$$Y = F(G, E, T, C, S)$$

式中，Y与G、E、T具有直接的正向影响，GDP总量和进出口总额，以及第三产业增加值都应作为直接的投入，直接的生产要素。C和S两个指标作为限制条件，因此建立模型为：

$$Y = G^{\alpha} \times E^{\beta} \times T^{\gamma} \times S / C \qquad (1)$$

式（1）表明，通过提高国民经济水平，进出口总额和第三产业增加值可以直接提高港口吞吐量，确保粮食安全S达到要求后，不会对港口吞吐量增长有限制。而二氧化碳排放量的增加会破坏周边环境，带来污染，且表明能源利用效率不高，给港口吞吐量带来负面影响。

在已建立的港口吞吐量生产函数的基础上，继续分析港口吞吐量的动态变化，即港口增长率的变化的影响作用形式和方向，把港口吞吐量增长用y表示，GDP增长用g表示，进出口总量增长率用e表示，第三产业占比用t表示，二氧化碳排放量用c表示，农产品安全变量用S表示。

增长率的变化与以上总量方程类似，相对于对生产函数两边取对数，被解释变量，即方程的左边为港口吞吐量增长率y，y受到以上五个方面因素的影响，五个方面的因素都是解释变量，即方程的右边。因此，可以将方程初步表示为：

$$y = f(g, e, t, c, s)$$

根据本部分的分析和之前学者的研究，港口吞吐量增长率y，与GDP增长率g、进出口总量增长率e和第三产业占比增长率t均承显著的正相关关系。因此港口吞吐量增长率函数可以表示为：

$$y = \alpha g + \beta e + rt - (1 - S) - C \qquad (2)$$

式（2）表明，港口吞吐量增长受到GDP增长率、进出口总额增长率和第三产业占比变动率的正向影响，受到二氧化碳排放量的负向影响，如果粮食绝对安全（$S = 1$），则不受粮食安全因素影响，否则受到粮食安全的负向影响。

第二节　国内外生态专业港口的典型案例

目前，很多国内外港口都向更国际化、更生态和更专业的方向发展，并取得了良好的发展效果，这也是未来中国港口的发展方向和趋势。这些趋势中，高效专业化港口群是主要的发展方向。

高效专业化港口群也称为绿色港口，是指能同时满足环境要求和较高经济利益的可持续发展港口。专业化港口群的建设符合生态文明的要求和城乡一体化发展的目标，通过建设良好的生态环境和高效的港口经济，实现高度生态文明的港口及周边环境生态系统的和谐可持续发展。

一、国外专业化港口群典型案例

随着绿色经济和低碳经济在全球范围的兴起，以及各国政府对环境保护重要性的认识越来越深，港口发展与环境保护的不可分离性越来越成为国际公认的理念。主要发达国家如美国、澳大利亚、日本、英国，以及巴西等港口发达的发展中国家的大港口均在港口规划、设计、施工和管理过程中加强了对环境影响的预防和保护工作①。具体港口案例如下：

美国的休斯敦港。如果按外国船舶总吨位计算，休斯敦港是美国第一大港，在企业经营和港口发展两方面都运用了环保理念。休斯敦港务局把绿色理念注入到新建和改建的建筑项目设计中，20世纪90年代初扩建休斯敦航道时，休斯敦港务局利用疏浚海湾取得的淤泥，开发4 250英亩的湿地栖息地，终止了港湾任意处置淤泥的做法，在港区附近开辟了一个新的商业养殖场，既减少了污染，又实现了资源的充分运用。休斯敦港务局探讨了如何更好地顺应环境，减小对环境的不良影响，方法是用对环境无害的环保清洁产品来代替有害产品，从废物流中重新回收利用，尽可能地消灭一切废物流。休斯敦港务局于2002年率先在美国港口中取得ISO 14001认证，达到了高水平的环境友好要求，把环保因素纳入港口设施的设计。

澳大利亚悉尼港。这是澳大利亚最大的港口，位于新南威尔士州的东部。悉尼港是所有权和经营权相分离的，经营者享有经营权，政府享有所有权。悉尼港将绿色理念融入其发展过程之中，从空气质量、水体质量、生物多样性、噪声控制、危险货物管理、垃圾管理和环保教育培训七个方面，实施绿色港口规则。悉尼港建设专业化港口群最重要的一点是加强立法和严格执法，如制定了噪音管理办法等相关法律法规。2002—2007年五年多的时间内，悉尼港依法开出了数百张关于环境污染的罚单，胜诉了数十起关于港口污染的诉讼。悉尼港注重提高员工的环保意识，每年参加环保专业培训的学时超过600学时，基本上每名员工都参加了培训。且悉尼港注重与政府合作，配合新南威尔士州政府，实施了相关的检验检疫法规、危险货物管理法规等。通过以上措施，悉尼港在建设专业化港口群方面取得了很大的成就，发展为世界最先进的绿色港口之一。

---

① A K Gupta, S K Gupta, Rashmi S Patil. Environmental management plan for ports and harbors projects [J]. Clean Technology Environ—mental Policy, 2005（7）: 133-141.

日本东京港。日本一直坚持把港口和海域的环境保护作为一项重要事业，制定各种法律和规定，以此来加大环保力度。环保投资由政府实行全部或部分补贴，在围海造陆进行港口建设的同时对海域环境进行规划，如对沿海景观、鸟类栖息地等进行统一规划与管理。东京港从环境上着手，通过绿化和改造建筑物外装饰等措施来改善港口周边景观。东京港务局现已制定港区公园绿色规划等环境规划，在环境建设中，将海岸景观和水域景观的保护开发作为重点，并加强了港区公园绿地的建设，在规划布局时充分注重改善人们的生活环境，要求港口建设项目规划的同时进行相应的环境规划。这一做法符合港口生态的发展要求，走出了一条环境和谐的可持续发展之路。

英国的伦敦港。英国对其主要港口的生态发展相当重视，交通环境部下属的海洋污染控制中心对各港口的环境污染指标有着详细的监督流程。伦敦港设有环境污染监测控制中心，负责港口环境监测、管理及海上应急计划。环境保护、港区商业用途和娱乐用途的协调、两岸管理及河口自然保护区和船舶污水、垃圾接收处置等由伦敦港务管理局统一负责。伦敦港口积极采用先进实用的环保防治技术，对各类污染进行防治。采用"干、湿"两大基本除尘方法对港口作业粉尘进行防治。在废水处理技术上，港区建有雨水、生产生活污水集水系统，各种废水经处理场处理后，循环使用或者达标排放。伦敦港还十分注意水生生物的保护，并对港口作业提出了污染防治的要求。港口还十分重视环保管理理论的研究和公众环保意识的提高。

巴西的里约热内卢港。里约热内卢港是巴西最重要的港口，也是世界三大天然良港之一。里约热内卢港主要出口农产品和工业基础原料，具有世界领先的先进集装箱码头，可以很好地迎合国际服务要求。装卸货速度为50单位船/小时。码头有足够供储存货物的空间，有两个可供装卸集装箱的私营设备。为了更便捷地运送农产品，里约热内卢港进行了专业化配置，在码头的外部区域，有三个私营的供处理谷物的转筒：一个容量为6 000吨的转筒，一个可装40窖酒或者12 000吨容量的转筒，一个可装17窖酒或者20 000吨容量的转筒。三个转筒使谷物处理更加高效便捷，并减少了不必要的污染，提高了农产品出口的效率。船舶在一个吸纳量为300吨/小时的吸管处卸货，将需要处理的货物直接送到转桶去。此外，港口对特种货物也进行特殊处理，提供给全长为175米、最大吃水为9米的船使用。里约热内卢港最大可靠泊13万载重吨的油船。因其高效专业化的发展，装卸效率极高：矿石每小时装6 000吨，谷物每小时300吨，石油每小时1 000吨。

二、国内港口生态化专业化现状

目前，我国港口整体上处于第三代港口向第四代港口转型的过程中，还处于较低层次的发展阶段，生态发展等方面落后于国际先进港口。一方面，长期以来，港口在规划建设时缺少对环境保护问题的考虑；另一方面，港口经营者的管理理念中缺少环境保护意识，港口的生产装卸过程缺乏污染处理设施，也没有相应的法律和实施措施；同时，部分港口的快速发展超过了区域资源环境的支撑能力，导致过度占用岸线。这些问题导致我国港口环境问题相对比较严重。当前港口的生态环境建设大都停留在港区绿化、污染源的治理等低端层次上，在高效专业化港口群经济发展模式的选择、节能减排措施的实施以及港口环境管理体系的创新等诸多环节还存在很多不足。在政策和研究上也做得不够，如港口的环境保护政策缺少相应的管理条例，绿色港口规划与设计方面的研究工作不够完善，没有形成系统的专业化港口群评价指标体系。但是也应该看到，现有国内港口在生态高效发展的某一方面，相对发展较好，如上海港、深圳港、天津港等。

上海港于2005年年初在我国率先开展绿色专业化港口群建设，积极探索《上海港环境保护管理办法》，通过采用现代先进技术，降低单位能耗，提高资源利用效率。如轮胎式集装箱龙门起重机，采用锂电池节能改造，每年可节省燃油费用50万元。

深圳港在老码头进行节能技术改造、新码头高起点建设的基础上，积极与国际先进港口开展环保合作，争创"环境友好型生态港"。深圳港通过技术创新，积极实施"珠江战略"，推进江海联运和海铁联运，同时依靠技术创新推动节能减排。目前，深圳港生态型港口建设取得重要进展，蛇口集装箱码头、赤湾集装箱码头、盐田国际集装箱码头都已完成"油改电"改造并投入使用，取得了良好的经济效益和社会效益。另外，蛇口集装箱码头有限公司积极开展技术创新，大力开发使用"混合动力码头牵引车"。该项目入选深圳市政府和香港特区政府联合创办的"深港创新圈"深圳市科技项目计划。深圳港与香港合作进行港口的现代化发展，结合了自身的特点，吸收了国际的经验。

天津港为了改善港区环境质量，采取了消除与限制并举的治理措施，优化港口布局，将港口分成北疆港区和南疆港区，形成"南北疆并举，黑白分家、南散北集、两翼腾飞"的战略格局，积极推进货场设施建设，如对焦炭采用了专业化泊位，并配合"零空闲变速操作法"，提高了30%的生产效率。大规模的港区绿化建设以及"北煤南移"战略的实施和技术管理方式的进步，使天津港开始了高效生态的可持续发展。

以上国内外的典型案例充分表明了国际化的高效生态专业港口具有众多优势，是港口既获得较高经济利益，又可以可持续发展的路径，是国内港口的发展方向。

第三节　港口发展的模式选择

根据世界港口的新生产函数和国内外的生态高效专业港口案例，现在全球港口逐渐出现了技术资源集中化、港口科技换代升级、环境友好可持续发展等趋势。作为一个地区的经济发展引擎，港口出现了符合时代要求的新模式，可以率先实现经济产业的转型。新模式的特征主要有以下几个方面。

第一，港口发展生态化。

一方面，港口发展注重减少环境污染。随着人们生活水平的提高，以往产生负外部性的港口，现在越来越重视环境保护，通过减少周边环境因港口发展带来的污染，形成绿色生态的发展模式。另一方面，港口也越来越注重生态产业的发展，发展低碳、生态、高附加值的产业，如高效生态农业等绿色产业，已经成为国际港口发展的方向。

第二，港口管理方式高效化。

港口在管理方式上，充分利用现有的泊位和资源，利用每一平方米的空间，产生出最大的经济价值。通过在港口实行PPP（Public，Private，Partnership三个单词的首字母缩写）模式，政府和企业合作，所有权和经营权相对分离，通过采用现代企业的激励机制和管理方式，提高了港口的管理效率和员工工作效率。

第三，港口运作专业化。

一方面，针对不同的商品，港口布局了专业化的泊位。对于农产品、工业原料和制成品分别采用不同的特定泊位，加大了港口运行的速度和效率。另一方面，港口充分利用周边地区产业优势，结合其所在城市和周边区域，发展适合的产业，带动周边地区产业和经济的发展，也是现在国际主要港口的发展趋势。

第四，港口科技智能化。

港口的控制技术实现智能化，通过使用现代的定位信息和网络技术，实现港口的数字化建设。综合码头操作、船舶营运、港口周边环境等因素对港口生态环境的影响作出相关预测分析，归纳港口发展的大数据，分析数据并总结出其中的规律，通过规律指导港口发展。

第五，港口规模化、集约化。

港口只有在一定规模以上，才能实现规模报酬递减，同时避免不必要的竞争。因此港口之间的分工合作与协调也是现代化港口发展的趋势，许多国际大港，依赖周边的小港供给能源和必需的原材料，形成了错落有致、各司其职、共同发展的发展趋势。通过集约化经营，也可以减少资源消耗和环境污染，并减少中转运输环节，从而提高港口整体效率和经济利益。

第六，港口法律规范化。

伴随着经济发展，港口发展需要明确的法律和规章制度，保障其健康积极的运作，对于污染环境的企业，也要切实按规章实行惩罚措施。纵观国外的很多大型港口，都有一套完善专业并执行有力的法律法规，规范港口的发展，保护城市区域减少污染。

第七，港口合作国际化。

随着世界全球化，各国港口之间的联系越来越密切。通过港口之间的国际化合作，减少运输和沟通成本，提高运输工作效率，有利于快速建设国际化的港口和学习先进国家的发展经验。

从世界发达国家和地区以及中国沿海港口业发展趋势看，可以将现代港口业发展趋势总结如下：港口货物趋于集装箱化和集装箱大型化，相应地，港口业的基础设施日趋大型化、深水化、专业化；港口运输网络化、港口服务信息化以满足港口运作高效化的需求；在投融资体制和管理体制上，呈现港口产权多元化、港口管理民营化的发展趋势；为提高运输效率、增强港口竞争力，港口布局层次化和港口竞争组群化；在港口功能日益多元化的基础上，港产城一体化和港口区域化发展。港口业发展国际化、生态化和专业化。

第二章
黄河三角洲生态港口群的发展战略

第一节　指导思想与发展原则

以加快全面建设小康社会、建设社会主义现代化国家，实现中国梦为取向，全面深化改革，构建开放型经济新体制，创新驱动创业、创业带动就业以适应经济新常态，释放最大红利，创造发展新优势。以高效生态经济为主导，充分发挥后发优势，实现跨越式发展。立足黄河三角洲，辐射黄河三角洲经济圈和黄河中下游地区，打造国际化、专业化、生态化的新一代港口，构建富民强港、富民强区、富民强省的升级版港产城一体化崭新发展引擎。

一、以人为本

始终把为了广大人民的根本利益、幸福生活和多样需求作为规划建设港口、港区和港城的根本目的和目标要求。港口的规划、建设和发展等一切活动，都要根据这一目的要求进行。

二、市场决定

充分发挥市场机制在港口资源配置和利用中的决定性作用，同时，更好地发挥政府的作用。创造一流市场秩序、营商环境和发展平台，让各类市场主体能够充分展开市场竞争；打造服务型政府，理顺政企、政社、政事等关系；借鉴国际成功经验，积极施行PPP模式，即公私合作伙伴模式，有效投资、建设和运营港口。

三、于法有据

港口规划、建设和发展全过程，都要按照相应法律、法规或规制的规范要求进行，做到合法合规、有据可查。特别是要严格按照已具有法律性质的国民经济和社会发展规划、城镇体系规划、城乡建设规划、国土资源规划、生态环境保护规划、自然历史文化遗产保护条例等的规定，进行港口规划、建设和发展事宜。

四、创新驱动

港口科学技术进步是港口发展的根本途径。要通过自主研发、引进技术再创新和综合集成创新等，不断推进包括通信技术、大数据处理技术、船舶泊位技术和专业化设备等在内的各种港口科学技术的进步，从根本上提高港口的发展水平和现代化程度。

五、生态增值

港口发展必须与环境发展相协调，港口的经济系统必须与生态系统相协调。港口发展不仅不能再以破坏自然环境为代价，还要通过把保护周边环境放在第一位，摈弃传统高排放、高污染、高消耗原材料的粗放式发展方式，发展环境友好、减少污染、节省资源、高科技含量、高智慧含量和高附加值的高效生态经济，达到生态增值发展新境界。

六、空间增值

通过土地集约、企业集中和产业集群，实施协作型竞争战略，港口集群化、园区化、港产城一体化发展，形成范围经济、规模经济、"1＋1＞2"的系统经济效果，达到单位土地空间产出的最大化。

七、全球布局

充分发挥后发优势和比较优势，与发达国家和地区的港口实现国际合作、互利共赢，深度、有效、有机对接"一带一路"等重大战略，全球布局港口资源、产业链和价值链，积极推进服务业外包，大规模走出去，高水平引进来，努力实现港口国际化、现代化、高端化和跨越式发展。

第二节　发展战略定位

遵循现代港口业发展的一般规律，充分发挥黄河三角洲丰富的土地资源优势、巨大的农业发展潜力和在规划建设国际化、专业化、生态化、现代化和信息化、国际化生态农港方面的后发优势和比较优势，抓住"一带一路"重大战略、"两区一圈一带"战略、"渤海粮仓"工程战略多重重大利好政策叠加的战略机遇，把握中国和山东粮食进口量巨大且稳步增长的市场趋势，满足保护黄河三角洲湿地及生态的自然要求，根据国家、省和市国民经济和社会发展规划、城乡建设规划、城镇体系规划，特别是"蓝黄"两区、省会城市经济圈等有关港口规划，黄河三角洲生态港口未来发展的战略定位是：国际化、专业化、生态化、信息化和现代化的国际农产品进出口高效生态港。

这里的所谓国际生态农港，是指理念先进、技术领先、科技含量高、附加值高、生态环保的国际港口农业园区运作模式，是集粮食进出口、深加工、仓储、包装配送、高端物流、农业物联网、期货交易、展览展示等于一体的全产业链创业模式，拟采用"前港后厂"模式，实现"港口产业一体化"，打造产业集群，具有生产周期短、作业效率高、物流成本低等优势。后方产业区布设专业大豆、玉米、小麦、油菜籽、食糖等的精深加工区、仓储配送区、中转物流区、展览展示区、生态研发区、科技研发区及生活办公区，具有广阔的发展前景和良好的示范效应。

根据黄河三角洲地区的港口的现状，可以按照"港口先行、以港带业、以业兴城"的总体思路，充分发挥港口的辐射带动作用，在港区周边发展现代港口物流、出口加工、粮食加工等临港产业。积极吸引黄河三角洲地区内的西王集团、渤海油脂、香驰粮油等重点粮油加工企业重心北移，努力寻求国内外大型加工型、服务配套型粮油企业入驻北海，打造一个集生产加工、仓储、贸易、物流于一体的百亿元级的粮油产业集群，建设蓝色经济区临港产业园区，形成带动北部崛起的经济增长极。

第三节 发展目标

一、第一阶段（2025—2035年）

建成面向美国、加拿大的国际化农产品调配基地，黄河三角洲南翼的新兴专业化特色港口，山东省对接京津冀的区域合作平台，支撑"两区一圈"建设的现代物流枢纽，黄河三角洲地区实现蓝色跨越的战略先导区。

2025—2030年，黄河三角洲地区的港口建设发展主要处于物流港硬件配套设施建设阶段。

2031—2035年，以农产品贸易为核心，物流、信息流、资金流，国际国内农产品商贸、交易及相关产业集成发展于一身的高效生态的现代化国际综合港口基本呈现。

二、第二阶段（2036—2045年）

2036—2045年，建成以农产品贸易为核心，物流、信息流、资金流、国际国内农产品商贸交易及相关产业集成发展于一身的高效生态的现代化国际综合港口。

三、第三阶段（2046—2055年）

黄河三角洲生态港口群在规模、服务功能、综合效益等领域都具有相当高的竞争水准，成为名副其实的现代化国际性综合港口。

第三章
黄河三角洲生态港口群建设背景

第一节　世界粮食进出口增长态势

一、世界粮食进出口影响因素

粮食不仅是关乎国计民生的重要物资，而且是国际贸易中的大宗商品，同时粮食的进出口贸易也是维护粮食安全的重要途径。18世纪末，欧洲一些国家因工业革命的完成和城市化发展的需要，已经出现了进口小麦的需求，由此首先产生了国际粮食贸易。至今，国际粮食贸易已经发展了二百多年，但直至20世纪40年代之前仍处在少数量、低规模的阶段，对全球社会经济和人类生活尚未产生巨大影响。70年代以来，世界粮食贸易发展迅猛，并且对各国政治、经济均产生了越来越广泛的影响，尤其近几十年，在经济全球化和农业生产分工国际化的背景下，全球粮食贸易在高速发展的同时也受到诸多复杂因素的影响。

（一）世界粮食产量变动

全球粮食产量的变动情况直接反映了世界粮食贸易的供应情况，由于气候条件、国别以及粮食价格的不同，不同品类的粮食供应变动情况有所不同。

（1）大豆。

世界大豆种植总面积与大豆产量有密切关系。一般而言，种植面积越大，大豆总产量越高。图3-1是2000至2013年全球大豆种植面积图，从图3-1中可以明显看出，14年间世界大豆种植面积在波动中增加，从2000年的86 581千公顷到2013年的108 007千公顷，增幅达24.7%。

世界大豆种植面积（千公顷）

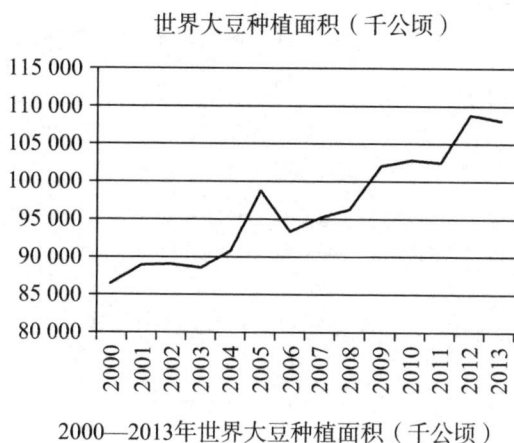

2000—2013年世界大豆种植面积（千公顷）

图3-1 大豆种植面积

从图3-2和图3-3可以看出，全球大豆产量自2000年至2013年一直呈现波动式增长趋势。美国作为大豆主产国之一，其大豆产量从2000年的75 060千吨增加2013年的90 764千吨，产量增加明显，然而其在全球大豆产量的占比却从42.9%下降到了2013年的32.6%，并且美国在全球大豆生产总量中的占比一直在持续下降。与美国相反，巴西大豆产量则从38 400千吨增加到了82 765千吨（2000—2013年），其占全球大豆总产量的比重也从21.9%上升至2013年的29.8%；另一生产大豆的后起之秀阿根廷，在此期间其产量从26 500千吨增加至53 030千吨，增长了近两倍，增速惊人。美国、巴西、阿根廷、中国的大豆产量之和，占全球产量的比重一直保持在85%

以上，并且从总体上看，全球大豆产量一直保持良好的增长势头，在此期间总量从175 100千吨增至278 035千吨，增幅58.8%，年均增长7 918千吨。

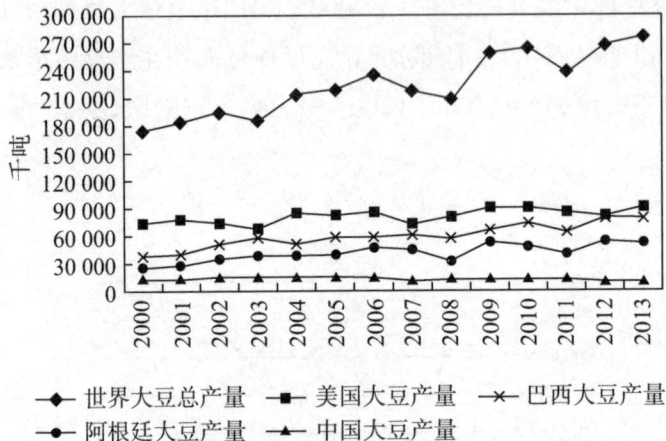

图3-2　世界大豆总产量及主产国产量

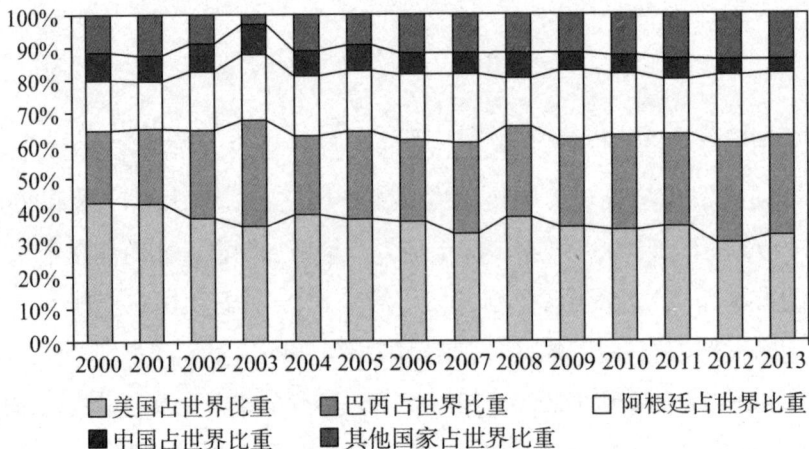

图3-3　世界大豆主产国产量占世界总产量的比重

综上所述，全球大豆种植面积和总产量虽局部波动但总体呈增长态势。从全局看，国际市场对大豆的需求还有继续增长的趋势，但大豆种植面积缓慢的现状将决定未来大豆的产量将不会出现大幅度的增长。

（2）小麦。

从图3-4可以看出，2012年世界小麦总产量大幅下降，这是由于当年作为小麦主产区之一的黑海地区干旱致小麦减产。2012—2013年度全球小麦总产量为6.54亿吨，比上一年度下降了6.01%，与之相吻合的是小麦收获面积由2.22亿公顷减为2.18亿公顷，减少了1.97%；单位平均产量也由3.14吨/公顷减为3.01吨/公顷，减幅4.14%。总体上来看，近十几年小麦的收获量产变化稳定，并未出现过大幅度的增长或减少，但是小麦的收获面积可能受自然条件因素影响，变化不稳定，一直呈现较大波动。

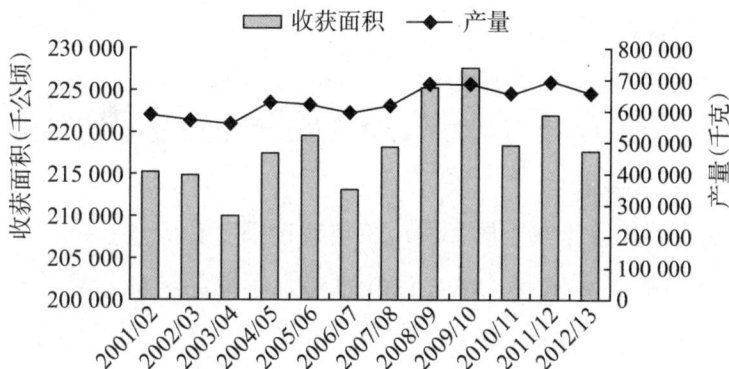

图3-4　世界小麦收获面积及产量

（3）玉米。

据联合国粮农组织统计数据库[1]数据显示，在136个玉米主要生产

---

[1] 数据来源于联合国粮农组织统计数据库，http://faostat.fao.org/。如无特别说明，本书数据均来自此数据库。

国中，1990—2007年间，全球人均玉米产量增加了69.17%，其中人均玉米产量增加的国家有79个，占统计国家数的58.09%，平均增产幅度达139.63%。有45个国家的人均玉米产量在减少，占比49.47%，平均减产幅度为36.08%。剩下的12个国家人均产量保持稳定，占比8.82%。

（4）稻米。

据联合国粮农组织统计数据库数据显示，所统计的全球94个稻米主产国中，按各国际粮价变动增减比例的算术平均值计算，1990—2007年间人均稻米产量增加22.90%。有43个国家的人均稻米产量增加了，占比45.7%，平均增产77.14%；有39个国家的人均稻米产量减少了，占比41.49%，平均减产29.87%；有12个国家人均稻米产量表现稳定，占比12.77%。需要指出，世界人均稻米产量增长幅度较大的国家分布相对集中，主要位于南美洲和东南亚。

（二）国际粮价变动

粮食价格的变动将直接影响各国进出口贸易总额，因此，这是影响世界粮食进出口的重要因素之一，通常粮价的微弱变化也将引起世界粮食进出口的巨大波动。

（1）世界粮食市场不同品种间价格波动幅度有明显差异。

从表3-1中不难发现，世界粮食市场上不同品类的粮食价格波动幅度有很大不同。对1980—2010年大豆、小麦、玉米、稻米的年均价格的方差进一步进行分析发现，玉米是国际粮价波动幅度最小的粮食品类，其年均价格为每吨119.3美元，标准差最小，为每吨31.1美元；其次为小麦，年均价为每吨162.40美元，标准差每吨45.2美元；再次为大豆，年均价每吨247.25美元，标准差每吨62.9美元；最后是稻米，其价格波动幅度最大，年均价为每吨307.78美元，价格波动幅度高达119.9美元。（见表3-1）

（2）世界粮食市场自2006年以来波动异常。

由图3-5可见，大豆、小麦、玉米和稻米的价格在1980—2006年间的波动较为稳定，其价格曲线的波动处于正常范围。具体来讲，小麦和玉米的年均价未超出过200美元/吨，大豆未超出过300美元/吨，稻米的年均价也基本维持在300美元/吨以下。转折发生在2007年，世界粮食市场粮价突然出现急速上涨的态势，尤其进入2008年后，全球粮价普遍暴涨。三月份，小麦价格首先达到历史最高，达439.72美元/吨，紧接着四月份玉米和稻米价格也涨至最高点，分别达246.67美元/吨、1015.21美元/吨。与2007年同期相比，小麦价格上涨了120.85%，玉米和稻米价格分别上涨了61.67%和215.0%，大豆价格上涨了67.77%。

表3-1   世界粮食年均价格波动差异

品类	年份数据（个）	年均价（美元/吨）	年均价标准差
大豆	31	247.3	62.9
小麦	31	162.4	45.2
玉米	31	119.3	31.1
稻米	31	307.8	119.9

数据来源：International Monetary Fund

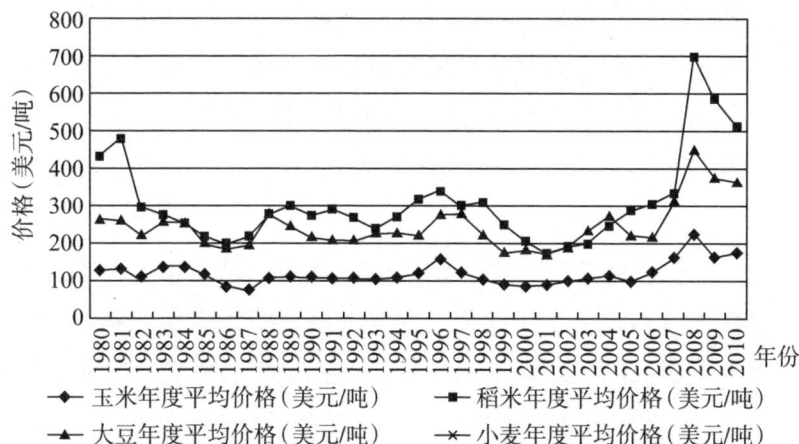

图3-5   主要粮食品种的价格

（三）其他因素

（1）资源禀赋。

从经济地理学的角度来讲，赫克歇尔和俄林的要素禀赋学说认为，在自由贸易条件下，各个区域或国家都应该出口本区域或本国生产成本低的商品，进口本区域或本国生产成本高的商品，开展贸易，降低成本，从而获利。资源禀赋学说同样适用于粮食，各国的地理区位不同，从而决定了其农业生产的资源禀赋不同，如水质、土质等。

根据资源禀赋说，各国一般生产自身优势农产品而进口自身劣势或是没有的产品。粮食出口大国，如美国、加拿大、阿根廷、澳大利亚，会利用自身国土辽阔、地广人稀的优势进行大规模粮食生产，在满足自身需求的同时也进行出口贸易；而像中国、日本等人口密集但土地资源贫乏的国家就需要依赖粮食进口。由此可见，资源禀赋对国际粮食供需有重大影响，且影响着粮食贸易的方向和规模。

（2）各国粮食贸易政策不同。

国际粮食市场千变万化，各国会在粮食市场的不同时期，制定不同的粮食产业政策以及粮食进出口政策。一国的粮食产业政策会指导本国粮食的生产，间接影响世界粮食贸易。如面对2006年年底以来国际粮食和燃料价格飞涨、粮食贸易疲软的局面，世界各国采取了一系列政策措施，缓解高价格对粮食消费的影响，同时调节着世界粮食贸易，对世界粮食贸易的活跃程度产生或多或少的影响。

（3）外汇储备水平和外汇收入。

首先，外汇储备需要满足一国国际活动中的其他正常需求，其次要有进行粮食进口的外汇支付能力，这是关乎一个国家能否从国际粮食市场上买得到粮食的问题。通常为了保证本国的粮食安全，特别是在粮食进口需求量大的时候，大多国家均会预留粮食进口外汇储备。

（4）粮食贸易所产生的利益。

各国进行国际间粮食贸易的直接目的是改善国内由于粮食资源不均

而形成的粮食不平衡状态，因此各国实则是为了获取一定的利益而进行国际粮食贸易的。如比如亚当·斯密的绝对优势理论，认为在国际贸易中出口本国具有绝对优势的产品，进口本国处于绝对劣势的产品，就可以获得贸易利益，基于此，各国参与国际间粮食贸易的力度与贸易本身对国内产生的利益大小有关，利益越大参与力度越大，进而对国际粮食贸易的推动力就越大。

二、世界粮食进出口态势

（一）世界粮食进出口总量

1961—2011年世界粮食进出口总量发生了巨大变化，贸易总量呈现上升趋势，进口量由0.84亿吨增长至4.34亿吨，增长率为418%，出口量由0.83亿吨增长至4.41亿吨，增长率为427%。全球粮食出口主要集中在北美和欧洲，2010年北美粮食出口总量为1.15亿吨，欧洲为0.49亿吨，分别占世界出口总量的41.75%和17.81%，粮食进口主要集中在亚洲和非洲，2010年亚洲粮食进口总量为1.30亿吨，非洲为0.59亿吨，分别占世界进口总量的48.58%和21.97%。

虽然总体呈上升趋势，但从图3-6可以看出部分年份粮食进出口量仍有所下降，如1966年进口量由1.21亿吨连续四年下降至1969年的1.06亿吨，这说明历年来国际粮食进出口局部波动剧烈，总体呈增长态势。从进口量与出口量对比来看，两者发展比较均衡，从图中可以看出两条曲线几乎重叠在一起，并没有体现出过大差异。从增速来看，世界粮食进出口增长速度大体分为四个阶段：第一阶段为1961—1970年，此阶段粮食进出口呈现缓慢增长态势；第二阶段为1971—1980年，这10年世界粮食进出口量经历了高速增长期；第三阶段为1981—2000年，此阶段粮食进出口量增减明显，波动性非常大，总体增长缓慢；第四阶段为2001—2011年，经历长期波动之后，世界粮食进出口量发展回归理性，并以高增长率持续保持增长。

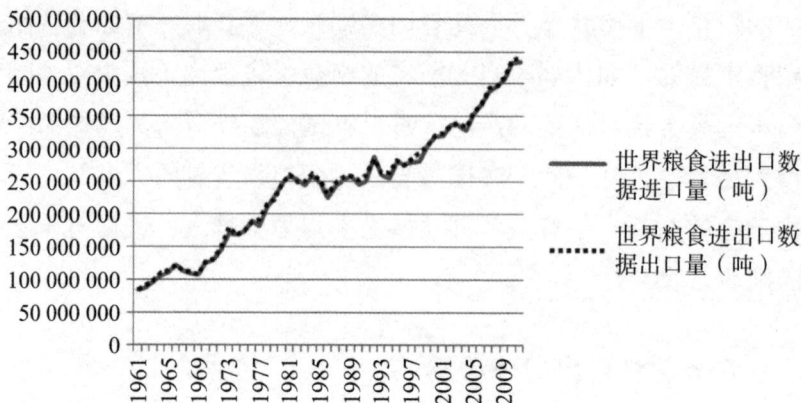

图3-6　世界粮食进出口

　　世界粮食净进口值总体呈现增长态势。1961—2011年的50年间，世界粮食净进口值持续增长，并在2008年达到顶峰的250.601亿美元，之后骤然下降，但仍维持在较高水平；世界粮食净进口量波动很大，基本为负值，净进口量在某种程度上能反映出世界粮食的供求关系，从图3-7可以看出，在1998年世界粮食净进口量达到最低值——0.119亿吨，除了少数几年净进口量为正，大部分年份净进口量值均为负，说明多年来全球粮食供不应求的局面基本得到妥善解决。

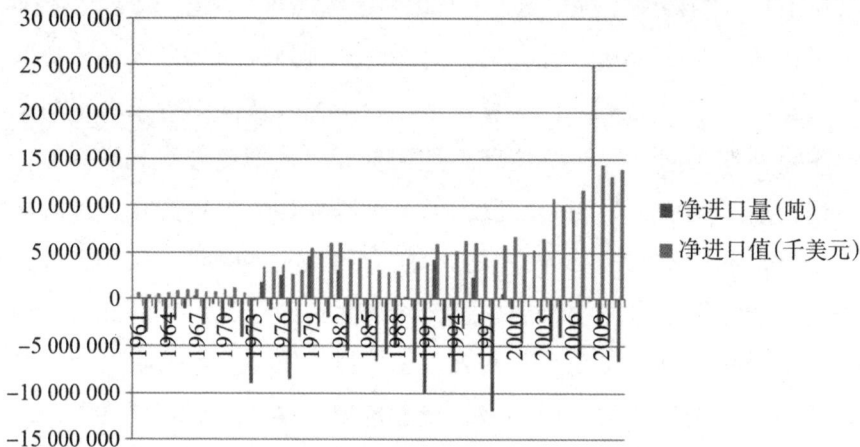

图3-7　世界粮食净进口

（二）各主要品种进出口态势

（1）大豆。

出口贸易状况衡量了国际市场的大豆供给水平。美国、巴西和阿根廷是世界大豆的主要出口国。

图3-8反映了1961—2011年间全球大豆进出口总量的趋势，大豆进口量与出口量的发展变化始终保持一致，进出口量总体呈逐年增长趋势，增长态势分为两个阶段，1990年之前增速较缓，大约3 000万吨的低水平，之后进入高速增长阶段，并在2010年达到9 560万吨的最高值，增幅达到218.7%。

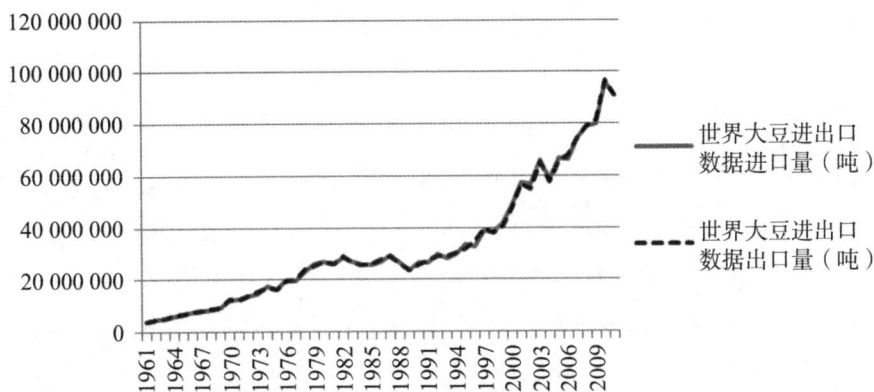

图3-8　世界大豆进出口

（2）谷物。

从图3-9历年世界谷物进出口数据来看，国际谷物贸易量近五十年呈现上涨趋势，两条曲线几乎重合，进口量与出口量发展变化趋势基本保持一致。具体来讲，谷物贸易量始终在剧烈波动中保持增长态势，但增速不一，1969—1984年增速明显较快，且未出现较大波动；1984年之后至今，整体增长缓慢，且出现了强烈波动；近年来表现稳定，且有增速加快的趋势。

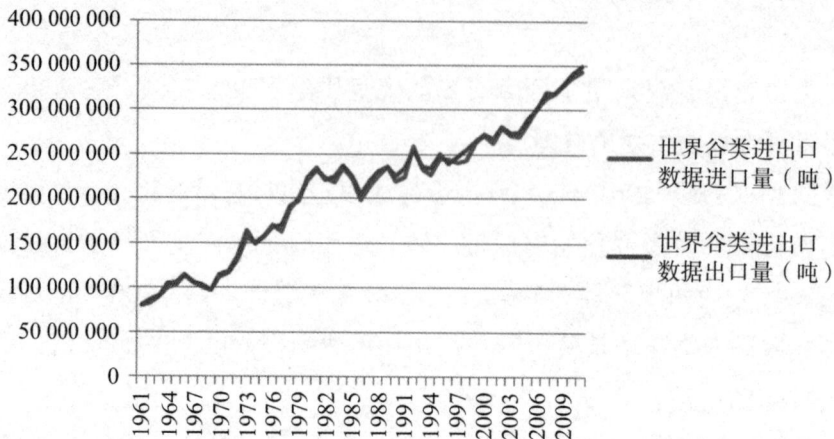

图3-9 世界谷物进出口

据联合国粮农组织报告显示，2014年度销售季世界谷物贸易量将在7月预测的水平上增加近400万吨，达3.10亿吨，相比2013年度提高1%（300万吨）。2014年度世界谷物进出口量预报增长的主要推动因素在于世界粗粮贸易量显著增长，达1.33亿吨，相比2013年度提高了近2%。这一增量主要在于玉米出口量上涨、出口国供应量改善和国际价格下降。依据最近预报，世界小麦和稻米的新一季进出口量预计将持平，分别保持在1.39亿吨与3770万吨的水平。

三、世界粮食进出口的计量分析

粮食进出口主要依赖于GDP、外贸进出口额、转方式调结构形式、生态化程度及粮食安全等要素。在经济增长的实证文献中，柯布-道格拉斯函数仍然是最常用的生产函数形式。我们应用这一理论，构建粮食进出口的新生产函数。数学公式表述为：

$$Y = A(t) \text{GDP}^{\alpha} T^{\beta} S^{\gamma} E^{\rho} G^{\delta} \qquad (1)$$

其中，Y：粮食进出口量

A：全要素生产率，扣除方程影响因素的其他要素

GDP：国内生产总值

T：外贸进出口额

S：转方式调结构

E：生态化程度

G：粮食安全

对等式（1）两边取对数，我们得到如下计量回归模型：

$$\ln Y = \ln A + \alpha \ln \mathrm{GDP} + \beta \ln T + \gamma \ln S + \rho \ln E + \delta \ln G + \varepsilon \qquad (2)$$

为了能够实证分析世界粮食进出口情况，使用2000—2010年数据，针对"转方式、调结构"形式、生态化程度及粮食安全三个变量，我们选择服务业占GDP的比例、CO_2排放量和世界人均粮食占有量三项指标作为替代变量放入回归方程。分析结果如表3-2所示。在回归结果中发现：

第一，GDP、"转方式、调结构"形式和生态化程度三个变量对世界粮食进出口有正向影响，外贸进出口额和粮食安全指标对世界粮食进出口量有负向影响。

第二，所有的变量中只有转方式调结构回归显示显著（$p<0.05$）。

第三，整个回归方程的拟合度高为0.96且显著。

表3-2　世界计量分析结果

Variable	Coefficient	Std. Error	t-Statistic	Prob.
C	−8.891 949	3.076 171	−2.890 590	0.011 2
LOG（GDP）	0.226 043	0.264 066	0.856 007	0.405 5
LOG（T）	−0.117 032	0.163 962	−0.713 774	0.486 3
LOG（S）	1.415 673	0.594 306	2.382 061	0.030 9
LOG（E）	0.647 150	0.398 879	1.622 420	0.125 5
LOG（G）	−0.051 818	0.314 646	−0.164 687	0.871 4
R-squared	0.961 804	Mean dependent var		1.848 081

续表

Variable	Coefficient	Std. Error	t-Statistic	Prob.
Adjusted R-squared	0.949 072	S.D. dependent var		0.165 921
S.E. of regression	0.037 444	Akaike info criterion		−3.496 987
Sum squared resid	0.021 031	Schwarz criterion		−3.198 552
Log likelihood	42.718 36	F-statistic		75.542 02
Durbin-Watson stat	1.725 747	Prob（F-statistic）		0.000000

四、近期粮食的海运贸易态势分析

经济增长和人口增长催生了新的粮食贸易格局，发展中国家在世界进口量中所占份额有增长趋势。尽管供给方面的因素（如气候变化和土地资源）对粮食市场和贸易有根本影响，但需求方面的影响要素（如人口、消费模式和饲料等工业用途等）也是决定贸易流通结构、规模和方向的重要因素。

2013年世界粮食（包括小麦、粗粮和大豆）海运量增长3.2个百分点，达到3.84亿吨，主要得益于美国良好的天气条件适合作物生长和低廉的粗粮价格。日本仍然保持着世界最大的小麦和粗粮进口国地位，进口总量为2 390万吨，紧接着就是中国，为1 980万吨。实现自给自足多年之后，中国日益成为粮食进口需求的重要源头。大豆油的生产促进了大豆贸易的增长，定义了2013年的粮食贸易模式，大豆贸易继续增长扩展到7%的增长率，主要驱动因素是来自中国的进口需求。巴西和阿根廷作为两个主要的大豆生产国，也有可能作为重要的消费国影响全球粮食贸易，有出口量减少的可能性。美国作为引领粮食出口的国家，2013年占世界粮食贸易的19%。阿根廷和澳大利亚的小麦出口量减少，但欧盟和加拿大的出口增长。粗粮的海运增长是在澳大利亚、欧盟和乌克兰，减少是在阿根廷和加拿大。[①]

第二节　中国粮食进出口增长态势

近年来，中国粮食出口量/额不断下滑，而进口量/额则不断攀升，已由21世纪初的世界主要粮食出口国变为了当前的世界主要粮食进口国。在加入WTO之初，中国粮食出口呈上升态势，进口相对较平稳，伴随加入WTO过渡期内贸易政策的调整与执行，中国粮食出口与进口呈现逆向波动态势。随着过渡期的结束以及金融危机的爆发，中国粮食出口呈小幅下滑态势，而粮食进口则大幅上升，不仅超过了出口，且贸易逆差不断扩大。[②]

从近年来的发展情况来看，中国已经进入粮食产品全面净进口时期，并且趋势越来越明显。继2011年粮、棉、油、糖等大宗农产品全面净进口之后，在国内外供求变动和市场调控政策等因素的综合作用下，2012年我国大宗农产品进口激增，农产品贸易逆差大幅扩大，延续并强化了全面净进口的趋势，从长远来看，这一趋势仍将持续。

中国粮食进出口量及贸易额最大的为大豆、玉米、小麦和稻米，且近几年的进口增长速度极快。表3-3为2014年1—6月我国大豆及谷物的进口情况，由表中数据可知，大豆进口量依然占据我国粮食进口的半壁江山，而另外三大主粮的进口增速十分惊人，玉米同比增

---

① 高娟，UNCTAD · Review of Maritime Transport 2014［J］. 海运纵览，2014（12）：20-22.

② 刘泽莹. 中国粮食贸易现状及发展趋势［J］. 农业贸易发展，2014（6）：49-52.

速率超过65倍，小麦及稻米的进口同比增速也分别高达29倍、22倍之多。

表3-3　2014年1—6月我国主要进口粮食商品情况

商品名称	进口量（万吨）	进口量同比（%）
大豆	2 905	22.54
玉米	240	6 535.21
小麦	219	294.86
稻谷和大米	119	226.85

数据来源：《中国港口年鉴》（2013），中国海关出版社。

一、中国粮食进出口产品结构

中国粮食贸易的产品种类主要有稻米、小麦、玉米和大豆，而荞麦、黑麦、大麦、燕麦、高粱等粮食产品进出口量相对较小。本文主要分析大豆、玉米、小麦以及稻米的进出口情况。

（一）进口

从进口产品结构看，大豆是中国最主要的进口粮食品种，其次是玉米、小麦和稻米。大豆进口持续增加，占中国粮食进口比重80%以上，2012年达349.89亿美元，远超谷物类粮食进口总额。同时，随着近年来生物燃料的兴起，国内玉米需求迅速增加，玉米进口额也随之翻倍增长，已由2011年的5.78亿美元增至2012年的16.89亿美元，占粮食进口额比重也超过稻米和小麦，达到4.25%。小麦和稻米进口也呈现较明显增长态势，分别由2011年的4.24亿美元、4.08亿美元增至2012年的11.09亿美元、10.75亿美元，两者均约占粮食进口总额的2.7%。[①]

---

① 王溶花，陈玮玲. 中国粮食进出口现状及面临的主要问题［J］. 农业经济，2014（3）：115–131.

（二）出口

从出口结构看，稻米是中国主要的出口粮食品种，其次是大豆、小麦和玉米。稻米是中国传统优势出口粮食品种，2011年以前的出口额一直维持在4亿美元以上，出口比例也保持在30%以上，但2012年出口额大幅下滑，降至2.56亿美元，稻米贸易首次出现逆差，但其出口占粮食出口额比例仍达28%。大豆贸易逆差最为显著，但作为豆类粮食最重要的部分，其出口在粮食出口中亦占据较为重要地位，约占中国粮食出口额的30%。小麦出口相对稳定，整体呈下滑趋势，近年来已处于贸易逆差状态。玉米出口下滑更为明显，贸易逆差不断扩大，尽管2012年其出口有所回升，但贸易逆差仍由2011年的5.31亿美元扩大到了2012年的15.88亿美元。图3-10及图3-11分别表示2000—2011年中国大豆及谷物的进出口量变化趋势。

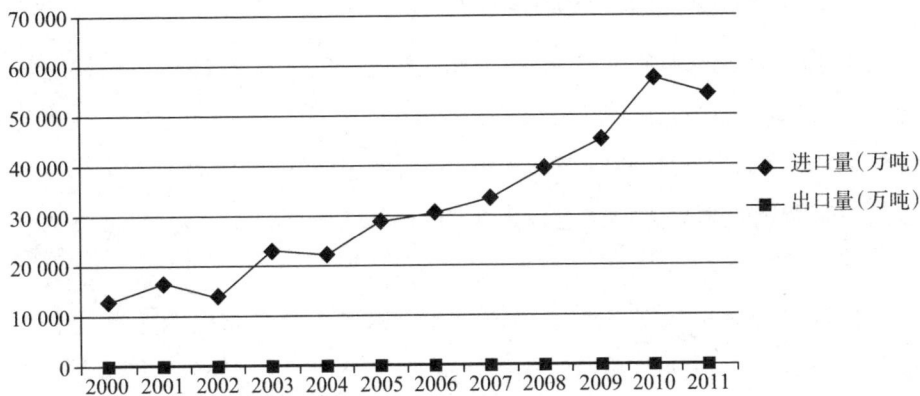

图3-10　2000—2011年中国大豆的进出口量

数据来源：《中国港口年鉴》（2013），中国海关出版社。

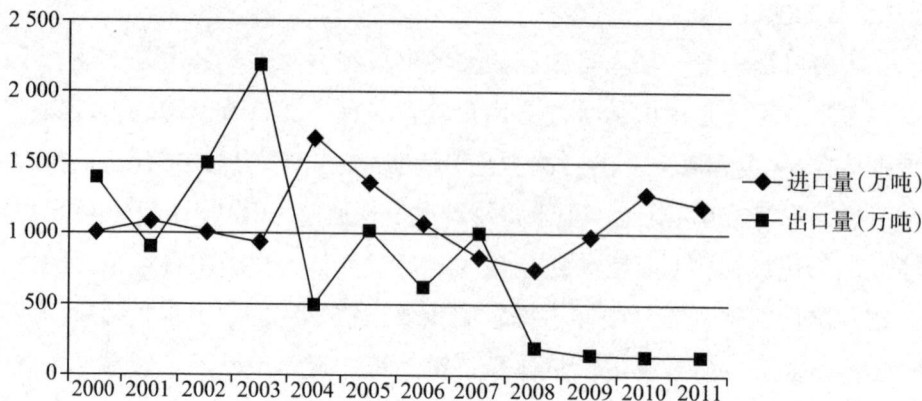

图3-11　2000年—2011年中国谷物的进出口量

数据来源：《中国港口年鉴》（2013），中国海关出版社。

二、中国粮食进出口市场结构

中国最重要的粮食进口来源市场是美国。2002—2012年，中国自美国进口玉米、大豆的平均占比均达40%以上，自美国进口小麦的平均占比也将近30%，以至于长期以来，美国都是名副其实的中国第一大玉米及大豆进口来源国、第二大小麦进口来源国。

（一）进口

根据中国海关数据显示，2013年大豆进口主要来自巴西、美国和阿根廷，总计占大豆进口总量的95%，美国和巴西几乎垄断了中国大豆进口，自阿根廷的大豆进口呈下降趋势。玉米进口主要来自美国、东盟、印度，自美国进口量始终较大，占玉米进口总量的91%，自东盟进口量波动明显。小麦进口主要来自美国、加拿大和澳大利亚，总计占小麦进口总量的90%。东盟是中国稻米进口第一大来源地，主要来自越南、巴基斯坦和泰国，总计占大米进口总量的98%。整体而言，中国主要粮食品种进口来源集中度高。[①]表3-4的数据显示2014年1-6月我国进口粮食的主要来源国家情况。

表3-4 2014年1-6月我国主要进口粮食商品情况

国家名称	进口量（万吨）	同比增长率（%）
巴西	1 328	79.93
美国	1 695	10.35
越南	239	94.31
阿根廷	137	69.35
澳大利亚	269	156.31
泰国	260	30.13

数据来源：中国海关

数据显示，来自美国和巴西的进口粮食数量合计占同期我国粮食进口总量的超七成。其中，我国自美国进口的粮食最多，自巴西的进口量略逊于美国，但增长势头迅猛，同比增长率为79.93%，远远高于美国。另外，我国自澳大利亚、越南和阿根廷进口粮食的同比增长率也在较高的水平。

（二）出口

相比我国的粮食进口市场而言，我国的粮食出口市场相对分散，主要是周边亚洲国家和地区。韩国、朝鲜、日本和东盟是中国粮食最主要的出口市场，2013年中国向这四个市场的谷物出口量占中国谷物出口总量的80%。

大豆主要出口韩国、美国、日本和朝鲜，四国占我国大豆出口总量的85%以上，2007以前，中国大豆主要出口日本，近年来出口韩国和美

---

① 魏斌. 中国粮食进出口现状及未来增加进口可行性分析［J］.农业贸易发展，2014（1）.

国则明显增加。玉米出口市场主要是朝鲜，2008以前，中国玉米出口80%输往韩国和日本，2008年以后输往朝鲜比重不断增加，2013年已达90%以上。小麦出口市场主要是东盟和韩国，近年来波动较大。稻米出口市场则相对分散，主要是朝鲜、韩国、日本和东盟，占稻米出口总量的80%以上，近几年向南非等国家出口有所增加。

三、主要粮食分类别进出口概况

（一）大豆

2000年以来，我国大豆进口量年均增长率高达16.7%，已占世界贸易量的一半以上，而且世界大豆进口增量几乎全部来自中国大豆消费增长。美国农业部数据显示，2013—2014年全球大豆进口量为1.09亿吨，本年度中国占到世界大豆进口量的63%，占全球产量的22.24%，达6 867万吨。根据有关研究报告，未来10年间中国大豆进口量仍将保持10%的增长率。

从外贸大豆的流向来看，其进口来源较为集中，主要来自巴西、美国、阿根廷三个国家。2014年美国大豆产量预计将达到9 890万吨。2014年巴西大豆产量预计将达到9 100万吨。随着巴西大豆出口的扩张，巴西出口所占的份额将持续增大。

我国大豆进口量居高不下，主要原因是我国经济的飞速发展，人均生活水平提高，带来了食用油需求、饲料工业和养殖业油粕需求的不断增加。进口大豆运输成本低，到货时间准，更加接近销区。

我国大豆的主要进口港口集中在黄河三角洲地区，根据中国海关2013年全国各港口大豆进口量统计数据，青岛港、大连港、天津港及唐山港的大豆进口总量占全国大豆进口量的比重高达44.81%。

表3-5　2013年度全国各港口大豆进口量数据统计

全国各港口	单位：万吨	各地区	单位：万吨	占全国的比例
大连港	550	黄河三角洲地区	2 840	44.81%
天津港	670			
唐山港	120			
青岛港	1 500			
南京港	1 000	长三角地区	1 530	24.14%
宁波港	130			
杭州港	400			
广州港	130	珠三角地区	320	5.05%
深圳港	190			
福州港	170	其他地区	1 648	26.00%
厦门港	240			
其他港口	1 238			
总计	6 338	全国	6 338	100%

（二）玉米

中国对玉米的消费需求主要包括食用、饲料、工业消费及制种需求等，其中玉米饲料消费量约占玉米消费总量的75%。虽然中国玉米产量在逐年增加，但是随着食品消费结构的改变以及玉米乙醇燃料的推广，未来国内对玉米的需求量会稳步增长，中国玉米长期供应偏紧。自2010年起，中国从国外大量进口玉米以满足国内消费需求，仅2010年一年进口的玉米总量即超过以往14年进口的玉米总量，由玉米净出口国转变为玉米净进口国。2012年更是创下中国进口玉米总量的最高纪录，达到520.7万吨。2013年我国进口玉米总量为326.5万吨。①

从中国玉米贸易国家格局来看，如今中国主要从美国、老挝、缅甸、澳大利亚以及巴西等国家大量进口玉米，并且从美国进口的玉米量平均占中国玉米总进口量的70%以上。从表3-6中可以看出近年从美国、缅甸的进口玉米量在不断增长，美国为我国玉米进口第一大来源国。另外，近年来中国的玉米出口依然集中在东亚、东南亚及周边国家和地区，韩国和马来西亚是中国玉米的稳定出口国。

表3-6　2002—2011年中国玉米主要进口国家进口量变化　单位: 吨

年份	美国	老挝	缅甸	越南
2002年	47	0	259	2 394
2003年	21	0	22	0
2004年	488	0	0	1 740
2005年	690	1 890	298	951
2006年	59 010	4 930	200	0
2007年	3 620	16 270	15 100	0
2008年	4 870	19 620	24 470	0
2009年	6 130	39 240	26 990	0
2010年	1 501 770	41 900	19 390	0
2011年	1 685 500	35 170	27 200	0

数据来源: 《中国港口年鉴》（2013），中国海关出版社。

影响玉米进口市场的因素主要有国内、国际市场玉米供给量、国际粮价的带动以及下游产业需求的拉动、气候变化、政策等。由于近年中国玉米供需形式偏紧、玉米出口政策的限制以及海外玉米价格优势，我

① 王雪娇. 近年中国玉米进出口贸易格局转变及原因分析［J］. 农业经济与管理，2014（3）: 90-96.

国玉米进口数量激增。

目前我国进口玉米的主要港口是黄埔港、南京港和上海港，进口量达到总量的50%以上。山东、河北是我国进口玉米主要消费地，现已形成了淀粉及变性淀粉、淀粉糖及淀粉糖醇、氨基酸的产业集群，且玉米深加工转化能力已经分别超过了2 000万吨/年和1 500万吨/年。[①]

（三）小麦

小麦是我国重要的商品粮和主要战略性粮食储备品种，对保障国家粮食安全具有重要作用。但就现阶段来讲，小麦生产面积呈逐年减少趋势，而消费量却呈逐年增长趋势，供需矛盾日益突出。我国小麦主产区有河北、山西、河南、山东、安徽、湖北、江苏、四川、陕西等省份，其中河南为我国小麦产量第一大省，约占全国小麦产量四分之一。我国小麦产量虽大，但仍不能满足消费需求。

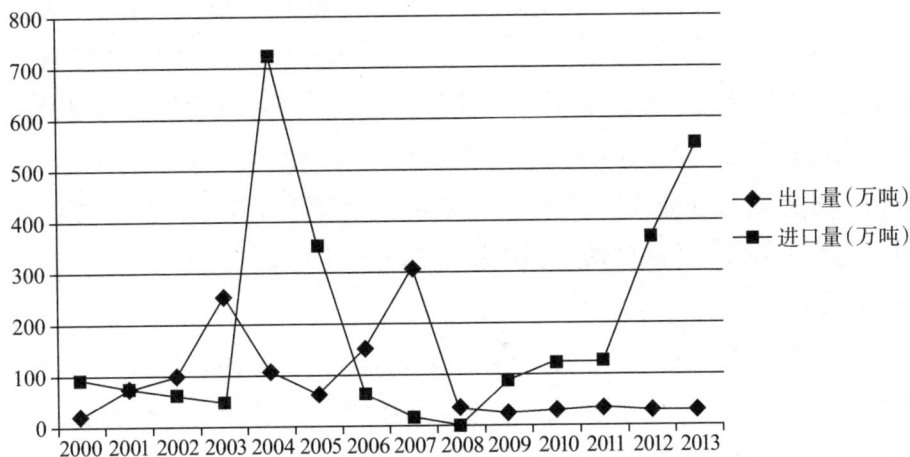

图3-12　2000—2013年我国小麦的进出口变化

数据来源：《中国港口年鉴》（2013），中国海关出版社。

---

① 王雪娇，近年中国玉米进出口贸易格局转变及原因分析［J］.农业经济与管理，2014（3）：90-96.

由于全球小麦供求偏向宽松，国际市场小麦价格持续回落，导致内外市场小麦价格价差拉大，为我国小麦进口量增加提供了机会。从图3-12可以看出，自2008年以来，我国小麦一直处于净进口状态，净进口量逐年增大，且保持较高的增长水平。2013年我国小麦进口总量达到553.5万吨，比去年增加183.5万，同比增长49.5%，连续三年保持增长态势。在出口方面，2013年出口总量达到27.8万吨，同比下降2.62%，自2011年起，出口总量连续三年呈下滑态势。

从进口小麦的外贸流向来看，进口小麦主要来自澳大利亚、美国、加拿大和哈萨克斯坦。其中来自哈萨克斯坦的小麦进口量同比增长率最高。2013年小麦进口中来自美国和加拿大的优质麦比重非常高，占小麦进口总量的85%，主要用于弥补国内优质麦的供求缺口，而2012年进口的370万吨小麦中70%来自澳大利亚，其中90%是饲用小麦。①

由于国内小麦价格处于高位，而国际麦价较低，进口小麦的性价比优势是2014年一季度我国进口小麦数量高速增长的根本原因。由于政策保护，中国小麦价格未来仍处于高位。另外我国的小麦需求缺口很大，因为仅仅进口能满足国内消费需求的量是不够的，还需要额外的粮食储备量。兼之进口小麦与国产小麦在品种上具有互补作用，因此可以表明，我国在未来一段时间内，仍然是小麦净进口国。②

（四）大米

大米作为我国最重要的粮食出口农产品之一，自1960年以来，我国几乎一直以来都是大米净出口。1990—2011年间，我国大米进口量累计约922万吨，仅为此期间大米出口量的1/3。2004—2011年，我国大米年度进口总量最高达75.65万吨，最低32.97万吨，整体处于100万吨以下。

---

① 董锋.2013年小麦市场回顾与2014年展望［J］.饲料广角，2014（5）：12-14.

② 韩一军.2013年国内外小麦市场分析与后期展望［J］.农业展望，2014，10（1）：8-12.

2011年，我国大米进口量达到56.9万吨，净进口7.9万吨，这是继1996年以后，我国大米进出口贸易首次呈现净进口现象。

2012年，大米进口量激增，全年进口236.86万吨，同比增长296.23%，同年，我国从越南进口大米数量达到81万吨，占进口总量的69%，而2011年同期仅从越南进口大米15万吨。2013年进口227.11万吨，进口总量虽然比2012年略有减少，但依然处于历史相对高位。2014年1—6月，随着进口大米与国产大米价差缩减，我国大米进口量较2013年同期有所减少，大米进口热度逐渐减退[①]。

从外贸大米的流向来看，近年来东南亚国家一直是我国大米进口的主要来源地。2014年前4个月，越南进口量37.96万吨，同比减少36.36%，占进口总量的46.39%，是我国大米进口最大来源地。进口自巴基斯坦的大米为23.2万吨，同比减少19.91%，占总量的28.35%。2013年中泰签订"高铁换大米"协议，中国每年从泰国进口100万吨大米，受此政策影响，泰国进口量大幅增加，前4个月进口19.13万吨，同比增长93.33%。

由于我国大米进口国多为东南亚，大米进口主要通过广东省各个口岸进口至我国。从表3-7可以看出，我国进口大米主要集中在广东、北京、福建、广西、江苏、浙江等省份。其中，广东省进口大米55.31万吨，占进口总量的67.59%；广西、浙江两省进口量大幅增加，广西进口3.95万吨，同比增长247.49%；浙江进口2.19万吨，同比增长125.4%。

表3-7　2014年前4月我国进口大米省市情况

省份	进口量（万吨）	同比（%）	进口额（亿美元）	同比（%）
广东	55.31	−6.79	2.72	−6.78
北京	5.09	−79.06	0.27	−74.03
福建	4.2	−30.97	0.23	−22.56

---

① 产业研究报告网. 2013—2017年中国大米市场深度调研及发展前景预测报告. 2012.

续表

省份	进口量（万吨）	同比（%）	进口额（亿美元）	同比（%）
广西	3.95	247.49	0.18	266.66
江苏	2.64	−24.73	0.11	−30.08
浙江	2.19	125.4	0.09	137.76
安徽	1.56	67.26	0.07	74.43
海南	1.48	257.32	0.07	255.6
河南	1.28	—	0.07	—
云南	0.93	56.96	0.04	100.03
合计	81.83	−18.19	4.02	−14.76

数据来源：中国海关

四、中国主要港口筒仓和散粮增长态势

筒仓用来贮存粮食、饲料等粒状和粉状物料，机械化筒仓有利于实现自动化作业，减少散粮的装卸流程，提高作业效率，降低运行和维修成本，筒仓已经成为目前国内港口储存散粮的主要形式。

本书搜集了2012年、2013年全国主要粮食运输港口的筒仓与散粮统计数据，选取了筒仓个数、总仓容以及大豆、玉米、大麦、小麦的吞吐量等指标，具体数据如表3-8、表3-9所示。

分析认为：

第一，大连港筒仓个数最多，总仓容最大。与之相对应，大连港散粮运输总量稳于第一，所运散粮种类中以玉米运量最大，大豆次之，大麦第三。

第二，大豆和玉米，成为主要散粮运输品类。从两年的统计数据可以看出，大豆的运输量增长迅速，在总量上已超越玉米，成为运输量最大的粮食品类。

第三，散粮运输主要集中于大连港、日照港和广州港。数据显示，2013年大连港、日照港、广州港的散粮运输总量分别为：1 212.6万吨、1 266.2万吨、1 065.7万吨，远超全国其他港口。

第四，两年内各个港口筒仓数量和总仓容均未增加。从统计数据可以看到，虽然仓储设施没有增加，但是各个港口的散粮运输量却有显著提高，这说明国内散粮运输仍然存在增长空间，有很大发展潜力。

表3-8　2012年主要港口筒仓与散粮运输量统计表

	筒仓数量（个）	总仓容（万吨）	玉米（万吨）	大豆（万吨）	大麦（万吨）	小麦（万吨）
大连	231	71.36	693	317	44	
青岛	16	20		519.63		
天津	26	11.7		231.55		
广州	147	68.53	361.2	298.3	59	358.2
深圳	35	38.68	2.6	12.9		38.9
日照	64	30.64	32.8	912.85		

数据来源：《中国港口年鉴》（2013）

表3-9　2013年主要港口筒仓与散粮运输量统计表

港口	筒仓数量（个）	总仓容（万吨）	玉米（万吨）	大豆（万吨）	大麦（万吨）	小麦（万吨）
大连	231	71.36	763.7	411	37.9	
青岛	16	20	32			41
天津	26	11.7				
广州	147	68.53	418.94	339.08	63.5	168.1
深圳	35	38.68				
日照	64	30.64		1107		

数据来源：《中国港口年鉴》（2014）

五、中国粮食进出口的计量分析

中国粮食进出口的计量分析我们仍然采用式（1）和式（2）来进行回归。为了能够实证分析中国粮食进出口情况，针对"转方式、调结构"形式、生态化程度及粮食安全三个变量，我们选择中国市场化指数（1997—2009年）、CO_2排放量和世界人均粮食占有量三项指标作为替代变量放入回归方程。由于中国市场化指数现在仅有1997—2009年数据，所以本分析数据时限选用1997—2009年数据，分析结果如表3-10所示。

表3-10　中国粮食进出口计量回归结果

Variable	Coefficient	Std. Error	t-Statistic	Prob.
C	13.800 18	3.618 221	3.814 078	0.006 6
LOG（GDP）	0.292 799	0.462 309	0.633 339	0.546 6
LOG（T）	0.127 047	0.399 702	0.317 855	0.759 9
LOG（S）	−1.172 742	0.699 864	−1.675 672	0.137 7
LOG（E）	0.871 626	0.386 213	2.256 852	0.058 6
LOG（G）	−3.100 405	0.435 431	−7.120 305	0.000 2
R-squared	0.978 490	Mean dependent var		1.398 865
Adjusted R-squared	0.963 126	S.D. dependent var		0.303 288
S.E. of regression	0.058 239	Akaike info criterion		−2.544 488
Sum squared resid	0.023 742	Schwarz criterion		−2.283 742
Log likelihood	22.539 17	F-statistic		63.687 18
Durbin-Watson stat	3.1433 63	Prob（F-statistic）		0.000 011

在回归结果中发现：

第一，GDP、"转方式、调结构"形式和生态化程度三个变量对中国粮食进出口有正向影响，外贸进出口额和粮食安全指标对中国粮食进出口量有负向影响。

第二，生态化程度和粮食安全两个变量回归显示显著（$p<0.1$和 $p<0.01$）。

第三，整个回归方程的拟合度高为0.98且显著。

六、中国粮食进出口发展趋势

过去几年，玉米、小麦和大米的进口量都在翻倍增长。目前，中国三大主粮的净进口已常态化。这表明中国既不是农业生产的大国，也不是农业生产的强国，中国正在成为农产品的纯进口国。与此同时，由于工业化和城市化的影响，中国的耕地面积在以每年40万公顷的速度减少。[1]虽然中国并不想沦为粮食纯进口国，但到21世纪第二个十年结束的时候，很可能会出现这种局面。

在大豆进口方面，美国农业部首席经济学家办公室发布报告称，未来十年里中国大豆需求将持续攀升，几乎占到世界贸易量预期增幅的全部，在大豆进口总量中的占比也会从目前的65%增加到70%。保守估计，未来十年间中国大豆进口量仍将保持10%的增长率。[2]

在谷物进口方面，中国目前每年进口约500万吨玉米，随着肉类需求的增长对牲畜饲料用量的推动，其规模预计在这个十年结束的时候会达到约1 600万吨，未来十年全球玉米贸易额增量中的40%将来自中国。[3]据美国农业部公布的数据，中国在2017年超过韩国成为第三大玉米进口国，在2019年取代了墨西哥的第二名地位，并在2020年超越日本，成为最大的玉米进口国。另外我国小麦及稻米的进口量也在不断扩大，未来

① 刘泽莹.中国粮食贸易现状及发展趋势［J］.农业贸易发展，2014（6）.

② 魏雅华.中国正在成为全球第一粮食进口大国［J］.经贸观察，2014（1）.

③ 孙致陆.李先德，中国谷物贸易及其国际竞争力演变趋势［J］.华南农业大学学报（社会科学版），2014（3）.

小麦和稻米净进口也成为常态。

近些年，我国陆续与世界其他国家签订了多项粮食进口协议，国家政策对我国粮食进出口有着相当大的影响。2013年中泰签订"高铁换大米"协议，中国每年从泰国进口100万吨大米，受此政策影响，泰国大米的进口量将大幅增加，未来进口大米也将成为常态。2013年4月，中巴签署协定书，进口巴西玉米，巴西是世界上第二大玉米出口国。巴西农业部预计，中国将在近年内进口玉米达到1 000万吨/年。2014年7月15-23日，习近平主席完成了对巴西、阿根廷、委内瑞拉和古巴四个拉美国家的访问。7月17日，中巴双方签署了56项合作文件，其中包括中方有关企业采购巴西粮食产品的12项协议。

综上所述，中国粮食进口需求大，外贸依存度上升趋势明显，未来中国大豆、玉米、小麦、稻米的进口量将会持续增加。

第三节　山东省粮食进出口增长态势

一、山东粮食生产

山东是我国主要的粮食主产省之一，粮食产量对山东省粮食进出口有重要影响。生产的粮食除满足本省的需求外，还向外输出，但是由于受自然资源及其他客观因素的影响，山东省粮食总体生产能力及人均粮食生产量、消费量仍处于相对较低水平，粮食供求之间尚存在隐性矛盾和问题。

2013年，山东省粮食总产量达到4 528万吨（图3-13），创下历史最高值，相比于2002年最低3 292万吨增长了1 236万吨，增幅达37.5%。山东省主要农作物分夏秋两季，夏粮主要是冬小麦，随着近年来小麦良种普及和播种技术提高，小麦占夏粮的比例维持在98%到99%之间，而秋粮主要品种为玉米、大豆、粳稻、薯类四大类，同时还有高粱和一些小品种杂粮。

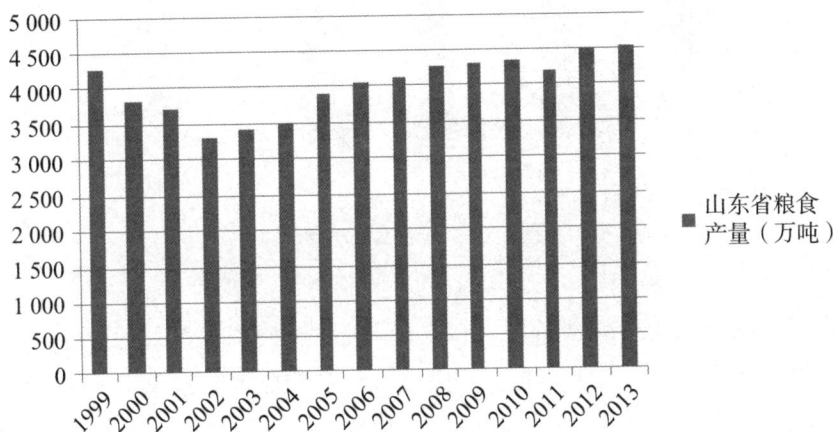

图3-13　山东省粮食产量

二、山东省粮食进出口

近年来，山东省粮食进出口持续增长，如图3-14所示，对外贸易的粮食种类以大豆为主，贸易量历年均在千万吨以上，谷类的贸易量则相对维持在低水平发展，连续四年未突破200万吨。

据济南海关统计，前十个月山东口岸进口大豆1 485万吨，比去年同期增加21.7%，价值502.2亿元人民币，增长15%；进口平均价格为3 566元/吨，下跌5.5%。其中，10月份进口79.5万吨，减少17.8%，价值26.4亿元，下降27.6%；进口均价为每吨3 313元，下跌12%。

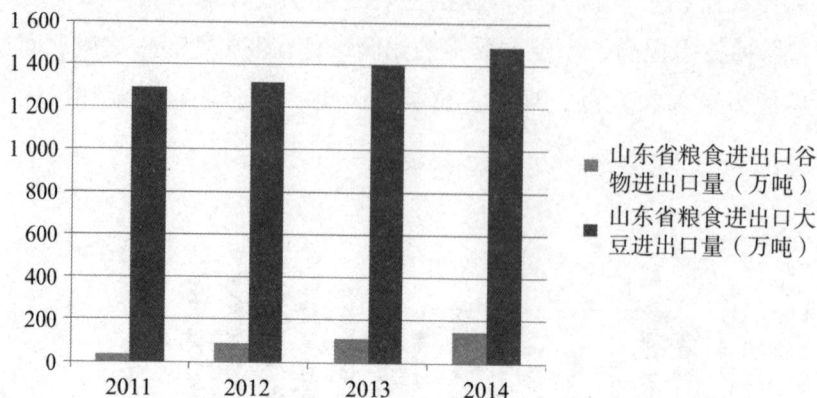

图3-14 山东粮食进出口

在2010年至2014年期间，山东口岸大豆进出口主要特征为：一般贸易进口占绝对主导。2014年之前山东口岸无以加工贸易方式进口的大豆，2014年以加工贸易方式进口的大豆量仅为12.5万吨，仅占山东省进口大豆总量的0.8%。巴西、美国、阿根廷为主要大豆进口来源，10月份，山东口岸自巴西进口大豆40.4万吨，减少24.8%，占同期山东口岸大豆进口总量的50.7%，2014年前两个月，山东口岸自美国进口大豆221.9万吨，增加33.9%，占同期山东口岸大豆进口总量的90.6%。日照港为山东大豆进出口贸易的主要交易港口，2013年日照港大豆进出口总量达1 107万吨，占全省大豆贸易量的90%以上，龙口港口岸大豆进口量强势增长，据龙口检验检疫局统计，2014年前六个月，共检验完成进口大豆108.5万吨、货值6.1亿美元，同比分别增长300.4%和283.6%。

三、山东省粮食进出口增长特征

通过对山东省粮食产量及进出口近况的分析，本文总结粮食进出口增长的三个特征如下：一是粮食总产量稳定增长，但总体生产能力及人均粮食产量与消费量均处于较低水平，对粮食进口依赖性较大；二是持续增长，并以大豆为主要贸易品类，历年来山东省大豆对外贸易量均在千万吨以上，并保持良好增长势头；三是谷物贸易量较低，增速迅猛；与大豆相比，谷物的进出口量水平很低，但增长率非常高，具有巨大发展潜力。

第四节　黄河三角洲地区的港口业发展的历程和现状

黄河三角洲地区的港口位于渤海湾西南岸、套尔河入海口处，地处黄河三角洲腹地，北濒渤海，东邻东营，南连淄博，西与德州市接壤，西南与济南市交界，西北隔漳卫新河与河北省海兴、黄骅相望，陆上距青岛、烟台、天津、北京等地均在400千米范围内，是距济南都市圈最近的出海口。

黄河三角洲地区的港口是黄河三角洲高效生态经济区开发建设的重要港口，是建设山东半岛蓝色经济区、打造东北亚国际航运综合枢纽的重要支撑。同时黄河三角洲地区的港口介于京津冀和山东半岛两大经济区的连接地带，向北受天津滨海新区、北方国际航运中心的经济辐射和产业转移，向南融入黄河经济带和济南都市圈，区位优势优越。

一、港口发展历程

（一）起步阶段（1969—1990年）

黄河三角洲航运历史源远流长，从有史料记载到新中国成立前夕，由于黄河影响及社会历史原因，徒骇河与秦口河通海航运曾几度兴衰。黄河三角洲地区现代港口建设始于20世纪60年代末，1969年于套尔河西岸建设两个500吨级泊位，1971年正式投产，成立"山东省交通厅青岛海运局东风港"，富国港为其下属站点。1978年，富国港200吨级码头建成，东风港与富国港分设。1985年，青岛海运局撤销，东风港改为隶属新成立的山东省航运管理局。1990年，富国港因连年亏损无法经营，省航运管理局决定由东风港兼并富国港。[①]

（二）发展阶段（1990—2010年）

进入九十年代，黄河三角洲地区的港口加大了港口建设力度。1990年8月，东风港两个千吨级泊位投入使用。1994年，为满足企业运输物资需要，鲁北集团公司在大口河建设了两个千吨级泊位。同年，套尔河东风港下游两个三千吨级泊位建成投产。之后，为解决拦门沙碍航问题，打通套尔河内码头出海通道，1998年，黄河三角洲地区在套尔河河口实施配套了码头建设的3 000吨级航道一期防沙堤工程，但因东导堤未与岸连接，导致缺口处大量分流和堤间大面积淤积，航道治理工程未能达到有效束流攻沙的预期效果。

新世纪以来，随着我国加入世贸组织和外向型经济的快速发展，沿海地区依托港口，逐步成为我国承接国内外产业转移的重点区域。黄河三角洲地区的港口紧跟形势发展，启动了新一轮的港口开发建设：长27千米的鲁北运河实现千吨级通航，富国港迁建项目顺利完工，中聚能源九个5 000吨级码头落户套尔河口。

（三）功能拓展阶段（2010年至今）

分别于2009年、2011年由国家批复的《黄河三角洲高效生态经济区发展规划》和《山东半岛蓝色经济区发展规划》明确提出，规划所覆盖区域应依托港口和铁路交通干线，发挥土地资源的后发优势，发展临港产业集聚区，充分利用两个市场、两种资源，扩大对内对外开放，成为黄河三角洲地区重要的增长区域。该规划对于完善全国沿海经济布局具有十分重要的战略意义。

---

① 交通运输部规划研究院.黄河三角洲港海港港区控制性详细规划报告.2014.

2010年12月，为适应"黄蓝"两大国家战略开发建设的需要，山东省政府经交通运输部批准，将黄河三角洲地区的港口定位由地方一般港口提升为地区性重要港口，并纳入交通运输部全国沿海港口建设布局规划，黄河三角洲地区的港口战略地位得到历史性提升，黄河三角洲地区的港口的发展迈入重要的历史机遇期。

2012年3月，由交通运输部规划研究院编制完成的《黄河三角洲地区的港口总体规划（2012—2030）》明确了黄河三角洲地区的港口是山东沿海重要港口，是黄河三角洲地区实施黄河三角洲高效生态经济区和山东半岛蓝色经济区发展战略的重要支撑，是黄河三角洲地区临港产业布局优化的重要依托，以服务临港工业的能源、原材料和化工品运输为主，兼顾集装箱运输，逐步发展成为现代化的综合性港口。

2013年8月30日，山东省委、省政府召开推进"一圈一带"建设动员大会，将黄河三角洲与其他六市共同纳入省会城市群经济圈发展规划，这是继"黄蓝"两区战略后又一重大政策利好，为黄河三角洲地区带来了发展机遇。

2013年10月13日，黄河三角洲地区的港口建设取得重大阶段性成果，经过近八年的建设，黄河三角洲地区的港口海港区的两个3万吨级散杂货码头成功试通航，结束了一直以来黄河三角洲地区的港口靠海海上却不通航的历史。随着防波堤、航道、集疏运通道、水电讯等公共设施逐步完善，将初步搭建起亿吨大港的框架和临港产业转移聚集的平台。

2014年8月14日，在加快港口开发建设的关键时期，黄河三角洲地区政府与青岛港集团签订了《战略合作框架协议》。黄河三角洲地区的港口与青岛港的战略合作，不但对于黄河三角洲地区的港口积累发展经验、汇集技术资金、培养优秀人才有重大帮助，而且对于带动黄河三角洲周边物流产业发展、优化产业发展布局、加速北部沿海崛起，都将起到极大的推动作用。

黄河三角洲地区政府将抢抓"两区一圈"建设重大机遇，以加快完善港口公共基础设施、建设10万吨级以上深水航道和深水泊位、推进现代化港口建设为目标，坚定不移地实施黄河三角洲地区的港口航事业发展战略和《黄河三角洲地区的港口总体规划》，将已有的深水岸线优势、陆域腹地优势、河海联运优势快速转化为产业优势和经济优势，努力打造全市乃至全省新的经济增长极。

二、港区及周边现状

（一）码头基础设施

海港港区已按港口总体规划方案实施陆域围填，东导堤、西导堤、北防潮堤已具备一定规模，港口部分陆域基本形成，两个3万吨级通用散杂货泊位也基本建成，年吞吐能力519万吨，归属黄河三角洲地区的港口务有限责任公司。

新一轮规划[①]中，港区布设十个10万吨级泊位作为专业化散粮进口码头，23个5万吨级泊位作为棉花、食糖进口码头和产成品出口码头。产成品通过两个5万吨级码头实现内贸出口至长三角及珠三角地区。码头作业区布置筒仓群，总容量达76万吨。

2014年正在建设的10万吨级航道工程航道总长约33千米，疏浚量4 853.12万方，航道设计底高程−14.7米，航道通航宽度253米，为维护航道稳定延建防沙堤至−8.5米等深线，其中北防沙堤7931米，南防沙堤7 950 米。

（二）泊位

黄河三角洲地区的港口将形成以海港港区为核心，套尔河港区、大口河港区及小清河港区等为补充的"一体两翼"港口总体发展格局。海港港区通过离岸双堤环抱和顺岸及突堤相间的港池布局模式，规划建设各类泊位120个以上，形成深水岸线42.5千米，港口用地57平方千米，水

---

① 滨州市人民政府.黄河三角洲港总体规划（2012—2030），2012.

域面积900平方千米。两个3万吨级散杂货泊位（结构预留5万吨级）已经于2013年建成，近期目标是建设3个5万吨级（结构预留10万吨级）液体化工泊位和三个5万吨级多用途泊位，年设计能力4 000万吨以上；中长期规划建设原油、液化、煤炭、集装箱、件杂货等3万~20万吨级泊位120个以上，努力打造有效支撑黄河三角洲"黄蓝"两区开发建设的区域性综合港口。套尔河港区梯次规划整理岸线45千米，建设1 000吨~5 000吨级泊位150个左右，设计年通过能力5 000吨以上，打造河海联运黄金水道，拉动黄河三角洲临港经济低成本快速发展。大口河港区规划岸线1.6千米，建设大口河东岸及鲁北运河1 000吨~3 000吨级泊位20个，设计年通过能力500万吨，为鲁北国家级循环经济示范区基地建设和持续快速发展打造坚实平台。小清河港区规划岸线4.19千米，陆域占地面积约3.43万平方千米，规划建设500吨~1 000吨级泊位50个，逐步发展成为以大宗散货运输为主，件杂货、液体化工品、集装箱运输为辅的现代化内河港区。[①]

2010—2013年黄河三角洲地区的港口泊位数变化情况见下表。

表3-11　2010—2013年黄河三角洲地区的港口泊位状况

年份	泊位长度（米）	泊位数（个）	泊位年通过能力（万吨）		
			矿石	煤炭	油品
2010	1025	12	260		100
2011	1366	16	280		120
2012	1456	17	320		130
2013	2047	22	550		70

数据来源：《中国港口年鉴》（2011、2012、2013、2014）

从表中数据可以看出，从2010年开始，黄河三角洲地区的港口的泊位数及泊位长度每年都在不同程度上有所增加，泊位年通过能力也随之

---

① 中国港口年鉴2011—2014.

扩大，但截至2014年年底数据，黄河三角洲地区的港口泊位数距各港区规划建设的目标还有很大的差距。

（三）货物吞吐量

2013年，黄河三角洲地区的港口货物吞吐量完成1 112万吨，矿石557.97万吨，油品完成7.73万吨，其中矿建材料和金属矿石是运输的主要货物，约占2013年港口货物吞吐量的50%。

近几年黄河三角洲地区外向型经济快速起步，黄河三角洲地区的港口的货物吞吐量保持稳步上升，进出口货物的种类也有了很大的变化，2010年进出口货物仅有矿石和油品，2013年出口商品则以纺织服装为主，韩国、东南亚、欧洲和美国是主要出口市场。进口商品以矿砂、棉花、大豆和机电设备为主，主要来自印尼、美国、印度及巴西。全市进、出口结构平衡。

黄河三角洲地区的港口2010—2013年分货类吞吐量情况见表3-12。

表3-12 2010—2013年黄河三角洲地区的港口分货类吞吐量状况

年份	货物吞吐量（万吨）			
	矿石	煤炭	油品	合计
2010	240		70	310
2011	32.39		4.83	405.7
2012	27.65		12.39	710
2013	557.97		7.73	1112

数据来源：《中国港口年鉴》（2011、2012、2013、2014）

从表中数据可以看出，黄河三角洲地区的港口自2010—2013年四年间货物吞吐总量一直在增加，从2010年的310万吨增长到2013年的1112万吨，平均年增长率为54.16%。矿石机油品的吞吐量波动较大，但总体以矿建材料和金属矿石为主，吞吐货类更加多样化。

（四）防波堤及航道

黄河三角洲的沿海不同于日照、青岛，海岸就是礁石，礁石边就是深海。黄河三角洲海岸是长期淤积的滩涂，从近海到深海，是一个相当长的缓坡。通过往海里修建近500米的疏港路后，达到现在负7.5米的海面。为挡住风浪和海底流沙，同时为10万吨航道开挖创造条件，黄河三角洲地区的港口要建成顶宽5.5米，总长21.6千米的东西两条防波堤，从负7米的海里修筑到正5.5米，使已经建成的码头形成双堤环抱。防波堤工程2014年年底可完成工程量的80%，达到航道开挖掩护条件。

根据海港港区一期起步工程需要，黄河三角洲地区的滨州港将现有的西防沙堤延伸，改建成海港港区的东防波堤，以满足未来防浪、减淤和港口集疏运要求，到2013年年底共计形成东防波堤长约13.75千米。西防波堤与黄河三角洲贝壳保护区缓冲区毗邻，2013年海港港区防波堤二期工程开工，该工程总长19.5千米，2014年7月西防波堤已出水，于2015年中建成。[①]

2015年春实施航道深挖，利用半年的时间完成，从而实现了滨州市委市政府2014年年初提出的，利用18个月的时间完成10万吨航道建设的工作目标。届时，10万吨的大船即可自由的通行于黄河三角洲地区的港口港区，为黄河三角洲的临港产业以及济南都市圈的经济建设节省大量的物流成本。

（五）集疏运通道

（1）公路。

公路有荣乌高速（G18，荣成–乌海）纵贯全境，长深高速（G25，长春–深圳）穿越北部地区，青银高速（G20，青岛–银川）通过南部地区，滨德高速（S12，黄河三角洲–德州）、沿海高速（S11）可方便快捷

---

① 交通运输部规划研究院. 黄河三角洲港海港港区控制性详细规划，2014.

地东抵胶东半岛、北至京津塘及华北地区，南到山东中、南部及华东各省市。国道205（山海关–南京–深圳）与国道220（东营–滨州–郑州）在黄河三角洲地区中部交汇，与省道等地方公路干支相连，构成了以高等级公路为主框架的公路运输网，基本形成了以高等级公路为骨架、地方公路为依托的公路网。

另外滨德高速与黄河三角洲疏港公路一期已全部建成通车，济东高速公路滨州段建设进展顺利。根据规划，未来将重点建设济南–滨州高速公路、沿海高等级公路、鲁冀界–沾化高速公路及连接线、长深高速与东青高速连接线、北海经济开发区至长深高速连接线、疏港公路等工程。黄河三角洲地区将重点建设和完善"五纵五横二环"公路网主骨架，形成以黄河三角洲地区为中心的东西贯通、南北相连的腹地公路运输网。

（2）铁路。

离海港港区最近的铁路车站为滨港铁路一期（小沾线）沾化车站，目前滨港铁路一期已全部建成通车。德龙烟铁路滨州段铺轨基本完成，2014年年底实现了通车，黄大铁路获得国家核准，近期开工建设。

黄三角农高区发展规划将重点新建滨州至临沂快速铁路，届时将贯通鲁中地区，补充黄河三角洲地区的港口腹地范围。随着德龙烟铁路的规划建成，有效搭载京沪铁路、青烟威铁路与晋陕蒙铁路，铁路运输打通晋、冀、陕、蒙、甘、宁六省的通道，为黄河三角洲地区的港口集疏起到推动性作用。

（六）临港产业发展现状

滨州北海经济开发区是黄河三角洲重点建设的四大临港产业区之一，是山东半岛蓝色经济区重点开发岸段之一。黄河三角洲北海经济开发区调整结构，坚持"以港兴区"，放大港口腹地效应，打造"新材料、冶金建材、绿色化工、临港物流、粮油加工"五大产业集群，保障临港产业最大限度发展。

目前，黄河三角洲地区的港口的货物可以便捷地进出海港港区，紧邻海港港区的黄河三角洲临港产业区投资劲头强劲，新材料产业园区产业结构梯度持续发展，沿海高效生态渔业示范区产业框架在迅速构建，港口物流产业集群集聚效应也初步显现，已初步集聚了一批龙头企业。现已形成特色农业、油盐化工等优势支柱产业，船舶修造、生态能源等产业也进入快速增长期。

在食品加工方面，黄河三角洲地区现有西王集团有限公司、香驰控股有限公司、山东渤海实业股份有限公司三大龙头粮食加工企业。总加工能力达到近800万吨/年。目前，有某大型粮食进口商即将落户黄河三角洲，届时将打造一个具有4 000万吨/年的粮食进口及深加工能力的产业集群，形成国际领先的、国内最具竞争力的临港粮食加工产业园。

尽管产业聚集已初具规模，但临港产业的发展仍有制约。首先基础设施建设尚不完善。北海经济开发区成立时间较短，水、电、气、讯、热等配套设施有待逐步完善，交通绿化等基础设施也应加快建设。其次，支持港口发展的链条还不完善，仍需延长产业链条，形成核心竞争力。

（七）腹地经济发展现状

黄河三角洲地区的港口的直接腹地为黄河三角洲地区，间接腹地为淄博、济南、聊城、德州和衡水五市，重点是纳入黄河三角洲的部分地区，远期随着公路、铁路设施的完善，还可延伸至冀南、鲁西及豫北部分地区。

（1）直接腹地。

"十五"期以来，黄河三角洲地区通过新型工业化和农业产业化，推动地区经济社会实现了又好又快发展。2013年，滨州市实现生产总值（GDP）2 155.73亿元，比上年增长9.8%；东营市实现生产总值（GDP）3 250亿元，同比增长11%，两市增幅连续多年保持在山东省前列，经济发展成效显著。2009—2013年滨州市的生产总值变化如下图所示。

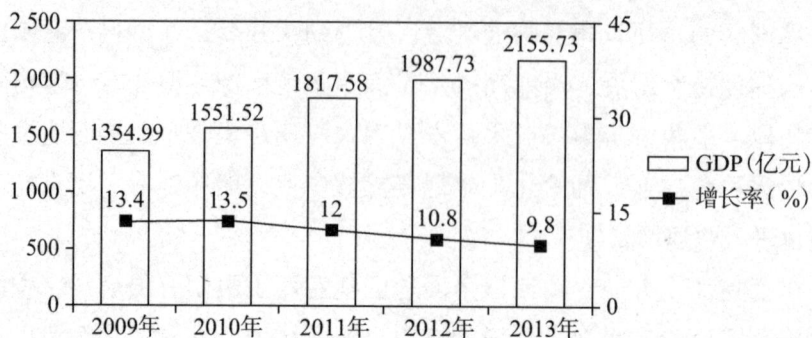

图3-15　2009—2013年滨州市的生产总值统计图

目前，黄河三角洲地区形成了以纺织、油盐化工、粮油加工、有色金属等为主导的产业集群。纺织产业是黄河三角洲规模最大的支柱产业，拥有众多国内外知名的大型企业。油盐化工行业依托境内丰富的油气资源和原盐资源，形成了石化、盐化、精细化工等多个行业，拥有鲁北、滨化、京博三大龙头企业。有色金属产业是黄河三角洲重工业的后起之秀，目前形成了氧化铝、电解铝、铝加工为主的产业体系，拥有魏桥、齐星、广富、鲁丰等大型支柱企业。粮油加工产业形成了以大豆色拉油、大豆蛋白纤维、葡萄糖、山梨醇等为主的产品系列，西王集团、渤海油脂、香驰粮油等骨干企业在国内外享有盛誉。

滨州地区外向型经济快速起步，滨州地区外贸进出口额和实际利用外资额保持了较快的发展速度。外贸进出口大幅增长，2013年实现进出口总额83.25亿美元，增长32.4%，增速居全省首位。其中，出口额35.45亿美元，增长25.3%，进口额47.80亿美元，增长38.3%。主要出口商品大幅增长，纺织品、铝材及制品、农产品、钢铁制品出口额分别增长41.3%、45.5%、18.8%、34.4%，主要进口商品增势明显，铁矿石、铝矿砂、机电产品分别增长15.0%、53.6%、51.6%。

从表3-13数据可知，滨州地区进出口货物总量分别可达到5 266.156万

表3-13 黄河三角洲地区的港口腹地吞吐量调研阶段性成果
——济南、德州、东营、滨州、淄博　　单位：万吨

城市	滨州		济南		德州		东营		淄博		单项累计	
货类	进口	出口	进口	出口	进口	出口	进口	出口	进口	出口	进口	出口
煤炭及制品	100	100				20					100	120
石油、天然气及制品	900	142	35		340	10	300		371.4	23.4	1945	152
金属矿石	3960		702						897	1.3	5262	
钢铁	12.05	397.05	10.04	70	100						122.09	467.05
矿物性建筑材料						8				2		8
木材		5			8	7.4			41		49	12.4
非金属矿石				1								1

续表

城市 / 货类	滨州 进口	滨州 出口	济南 进口	济南 出口	德州 进口	德州 出口	东营 进口	东营 出口	淄博 进口	淄博 出口	单项累计 进口	单项累计 出口
肥料及农药		37.574		35.0025		30						102.57
盐	170	60										60
粮食											170	
机械设备、电器	0.12	4.92	15	18.375	16.22	0.86			71	8.01	87.34	24.695
化工原料及制品	9.356	56.02		1.165	10.5	20			3.5	124.78	34.856	168.985
有色金属	2.4	27.5		2			10	10		10	12.4	39.5
轻工、医药产品	0.9	358.65		2.344	0.6	2.11			3.5	77.6	1.5	427.904
农、林、牧、渔业产品	101.33	31.6			32.8	7.6					134.13	39.2
其它货类	10									2.6	10	2.6
地区累计	5266.156	1220.314	762.04	129.8865	508.12	105.97	310	10	1387.4	249.69	8233.716	1715.8605

数据来源：黄河三角洲地区的港口吞吐量调研阶段性成果

表3-14 黄河三角洲地区的港口腹地吞吐量调研阶段性成果
——济南、德州、东营、滨州、淄博 单位：万吨

城市 序号	滨州 代表企业	吞吐量	济南 代表企业	吞吐量	德州 代表企业	吞吐量	东营 代表企业	吞吐量	淄博 代表企业	吞吐量
1	魏桥铝电	1513.5	济南钢铁集团	780	恒源石油	350	利华益集团	300	中国铝业	600
2	西王特钢	796	蓝星石油	32	莱钢永锋钢铁	100	金信新材	20	汇丰石化	250
3	齐星集团	481	塑料工业	16	永兴化工	30			淄博张钢有限公司	200
4	传洋集团	461.5	中国重型汽车	15	星光糖业	30			齐旺达集团	130
5	滨化集团	441	玫德铸造	10	华鲁恒升集团	10			金诚石化	120
6	鲁北企业集团	410			晶华集团	8			博汇纸业	60
7	中海沥青	315							晶科科技	27
8	广富集团	310							山东宏信化工	26
9	京博控股	300								
10	烯烨镍业	215								
占地方比重	80.84%		95.63%		85.99%				87.06%	

数据来源：黄河三角洲地区的港口吞吐量调研阶段性成果，2014作者实地调研收集整理。

吨、1 220.314万吨，进口总量远大于出口总量。其中，进口货物数量最大的货种为金属矿石，进口量可达3 960万吨，其次为石油、天然气及制品和粮食，分别可达900万吨和170万吨。主要出口货物为钢铁和轻工、医药产品，其出口量分别为397.05万吨和358.65万吨。

由表3-14数据可知，黄河三角洲地区的货物吞吐能力很大，主要以魏桥铝电、西王特钢、齐星集团、传洋集团、滨化集团、鲁北企业集团、中海沥青、广富集团、京博控股、炜烨镍业十大企业为主，这十家企业的吞吐量之和占黄河三角洲地区总吞吐量的80.84%，尤其以魏桥铝电和西王特钢为代表，两企业货物的吞吐量分别高达1 513.5万吨和796万吨。

（2）间接腹地。

济南市是山东省省会，是我国黄河三角洲地区南翼和黄河中下游地区的中心城市。济南市现已形成汽车、电子信息制造、机械装备三大主导产业，是我国重要的重型汽车、轿车、摩托车研发生产基地，高档彩电生产基地和铁路货车生产基地。由表3-13、表3-14可知，济南最主要的进口货物为金属矿石，其进口量可达702万吨，占济南市进口总量的比重高达92%；其中进出口量最大的企业为济钢集团，再加上蓝星石油、塑料工业、中国重型汽车、玫德铸造四家企业，五家企业的吞吐量总和占整个济南市的95.63%。

德州市现已形成纺织、机械、建材、食品等支柱产业，是全国重要的棉纺、建材、玻璃钢、太阳能能源基地和中国粮油食品城。未来将重点发展太阳能、中央空调、功能糖、汽车零部件四大产业集群。结合表3-13、表3-14可知，目前德州市进口的主要货物为石油天然气制品以及钢铁，进口量分别为340万吨和100万吨；主要以恒源石油和永锋钢铁为代表企业，吞吐量分别达到为350万吨和100万吨。

淄博市是全国和山东省重要的工业基地，经济实力雄厚，将重点建设国家级特色新材料产业基地、先进装备制造业基地、精细化工产业基地、电子信息产业基地、氟化工和硅化工基地五大产业基地。由表3-13、表3-14可知，目前淄博市的主要进口货物为金属矿石和石油、天然气及制品，进口量分别为897万吨和371.4万吨；吞吐能力较大的企业有中国铝业、汇丰石化以及淄博张钢有限公司，其吞吐量分别为600万吨、250万吨、200万吨。

三、黄河三角洲地区的港口的发展环境分析

（一）港口运输货种竞争力比较分析

运输物质的货种结构是反映港口职能类型的重要指标，通常采用区位商来反映港口的专业货种，区位商计算公式如下：

$$E = (X_{ij}/X_j)/(X_i/X_t)$$

式中：X_{ij} 为港口 j 货种 i 的吞吐量，X_j 为港口 j 的总货物吞吐量，X_i 为全国港口货种 i 的吞吐量，X_t 为全国港口总吞吐量。

通常，区位商的值大于1，表示该港口的某货种吞吐量在全国港口中具有较强的竞争力，区位商的值越大，竞争力越强。本文收集了山东省内有代表性的港口青岛、烟台、日照、威海、潍坊、东营以及全国沿海由北至南具有代表性的大连、天津、上海、广州的2010年和2011年主要货物种的吞吐量[1]，并计算他们的区位商并与黄河三角洲地区的港口进行比较分析。

表3-15　2010年各港口主要货种区位商

港口	煤炭及制品	石油、天然气及制品	金属矿石	矿建材料	粮食
青岛	0.246 8	2.334 9	2.465 7	0.000 6	0.785 9
烟台	0.508 1	0.589 5	0.804 1	0.034 0	0.500 0
日照	0.712 0	0.335 9	3.966 2	0.317 6	1.865 3
威海	0.209 6	0.051 5	0.049 5	0.062 3	0.010 8
潍坊	0.728 9	0.532 0	0.506 7		

① 数据来源：《中国港口年鉴》（2011、2012），中国海关出版社.

续表

港口	煤炭及制品	石油、天然气及制品	金属矿石	矿建材料	粮食
东营	0.082 2	0.327 9	0.134 8		
滨州		0.155 9	0.496 3		
大连	0.168 3	2.441 6	0.647 6	0.145 8	3.191 9
天津	1.084 3	1.867 0	1.359 5	0.650 1	0.779 3
上海	0.757 3	0.459 9	0.891 9	0.107 5	0.131 3
广州	1.567 0	1.206 9	0.202 0	0.843 1	2.133 9

表3-16　2011年各港口主要货种区位商

港口	煤炭及制品	石油、天然气及制品	金属矿石	矿建材料	粮食
青岛	0.216 5	2.224 1	2.171 2	0.252 4	0.817 7
烟台	0.430 8	0.569 1	0.763 6	0.032 4	0.465 1
日照	0.606 5	0.602 5	3.794 0	0.392 3	1.914 0
威海	0.209 4	0.090 3	0.239 8	0.080 7	
潍坊	0.579 7	1.365 6	1.463 6		
东营		0.906 2	0.369 7		
滨州		0.092 1	0.333 5		
大连	0.206 4	2.297 0	0.610 4	0.117 7	2.953 1
天津	1.184 4	1.757 0	1.395 9	0.632 6	0.632 1
上海	0.776 4	0.472 6	0.848 9	0.094 1	0.164 1
广州	1.443 2	1.112 2	0.162 0	0.489 7	2.246 1

（1）竞争力分析。

第一，青岛港在全国主要港口中具有很强的综合竞争力。作为山东省港口的代表，从两年区位商值来看，青岛港对石油、天然气及制品和金属矿石的运输专业化程度均位于全国前列，具有明显竞争优势，矿石材料和粮食的区位商从2010年到2011年也有显著提升，说明这两种货物的竞争力也越来越强。

第二，潍坊港、东营港、滨州港在港口各运输货种竞争中明显处于劣势。作为山东省黄河三角洲经济圈内的主要港口，三港对粮食和矿石材料的运输毫无竞争力，且石油、天然气及制品和金属矿石的区位商值也不高，在全国范围无法形成有效竞争。

第三，粮食运输主要集中于大连港、日照港、广州港。日照港粮食两年区位商值均大于1.8，大连港、广州港两年粮食区位商值均大于2，其中大连港在粮食运输中独树一帜，这也与大连是东北粮仓，是进出东北的主要港口相吻合。

第四，烟台港、威海港是山东省综合竞争力较强的港口。烟台港各类货物的区位商值较为接近，说明烟台港有较强的综合竞争力。但是，从两年数据来看，2011年烟台港各类货物区位商全面低于2010年，说明港口发展速度放缓，被其他港口超越；而威海港各区位商有增有减，说明港口对各类货物运输的增长速度不一，发展不均衡。

第五，天津港优势货种明显，综合实力较强。煤炭、石油、天然气及制品和金属矿石的区位商均大于1，说明天津港对这三类货物的运输专业化程度高，在全国的竞争力强、优势显著，而矿建材料和粮食连续两年的位商均大于0.5，有一定的竞争力，总体体现为综合实力强大。

（2）黄河三角洲地区的港口与其他港口比较分析。

第一，黄河三角洲地区港口运输的主要货物为石油、天然气及制品和金属矿石。相比于其他港口，无论省内还是全国，黄河三角洲地区港口的运输货种都过于单一，限制临港产业的多元化发展。

第二，黄河三角洲地区港口运输货种的区位商两年均未超过0.5。说明黄河三角洲地区的港口在全国港口中不具备较强的竞争力，有巨大发展潜力。

第三，其他港口均有一种或几种竞争优势明显的专业运输货种。如青岛港的石油、天然气及制品和金属矿石两年的区位商值均大于2，威海港的金属矿石区位商值两年均大于3，大连港和广州港的优势货种为粮食等，这给黄河三角洲地区的港口未来的发展方向提供借鉴，比如定位于以优势专业货种为主，多种货种协调发展。

第四，黄河三角洲地区的港口粮食和矿建材料运输发展潜力巨大。滨州港与威海港、烟台港、东营港、潍坊港是山东省黄河三角洲经济圈内主要港口，从2010、2011两年数据来看，这几个港口粮食与矿建材料的区位商值均很低，在全国港口中不具竞争力，因此，黄河三角洲地区的港口可抓住有利时机，率先发展粮食与矿建材料运输。

（二）港口效率的比较分析

山东港口业在快速发展过程中，对港口效率进行有效评价，对于杜绝资源浪费、提高港口竞争力、区域竞争力都具有重要的积极意义。本书选用DEA方法，选择集装箱吞吐量首位的一些沿海港口进行港口绩效的对比分析，以更加客观地认识山东港口业的发展现状。

限于数据的可获得性，在实证研究中通常有针对性地选择具有一定代表性的指标。这里采用码头泊位长度、泊位数量作为输入指标，选择货物吞吐量、集装箱吞吐量作为输出指标。根据2013年的统计数据，分析如下。

表3-17　港口泊位数和吞吐量统计

港口	泊位长度（米）	泊位数量（个）	货物吞吐量（万吨）	集装箱吞吐量（万TEU）
青岛	24 588	104	45 783	1 552
烟台	27 896	181	28 680	215
日照	14 302	54	31 809	203
威海	11 182	109	4 007	65

续表

港口	泊位长度（米）	泊位数量（个）	货物吞吐量（万吨）	集装箱吞吐量（万TEU）
大连	38 149	212	40 746	1 001.5
天津	35 756	160	50 063	1 301.2
营口	16 363	80	32 000	530.1
连云港	12 845	56	20 165	548.7
上海	123 988	1191	77 574.6	3 361.7
深圳	313 800	172	23 397.96	2 327.85
广州	55 996	696	47 199.94	1 550.45
厦门	24 431.5	143	19 087.8	800.8
宁波	48 247	328	49 600	1 677.4
潍坊	2 445	15	2 332	6
东营	2 287	28	1 421	0
滨州	1 126	10	112	558

数据来源：《中国港口年鉴》（2013），中国海关出版社。《中国统计年鉴》（2013），中国统计出版社。

DEA包括很多种模型，我们采用CCR来计算综合效率，BCC模型来计算纯效率，评价港口的相对效率问题。以上数据经软件Dea-solver运行计算所得到的综合技术效率值、纯技术效率值和规模效率值，如表3-18所示。

表3-18　山东省港口与其他沿海港口效率比较

港口	综合效率值	纯技术效率值	规模效率值	趋势
日照	1	1	1	不变
滨州	1	1	1	不变
青岛	0.960 6	1	0.960 6	下降

港口	综合效率值	纯技术效率值	规模效率值	趋势
营口	0.917 7	0.940 8	0.975 4	下降
连云港	0.769 0	0.795 7	0.966 4	下降
天津	0.682 5	1	0.682 5	下降
大连	0.517 7	0.801 9	0.645 6	下降
宁波	0.516 7	0.930 9	0.555 0	下降
烟台	0.464 5	0.609 6	0.762 0	下降
深圳	0.453 9	1	0.453 9	下降
潍坊	0.428 8	0.709 9	0.604 1	不变
广州	0.422 1	0.839 0	0.503 1	下降
厦门	0.404 9	0.518 2	0.781 4	下降
上海	0.325 9	1	0.325 9	下降
东营	0.279 4	0.489 2	0.571 1	不变
威海	0.167 9	0.169 3	0.991 6	下降
山东均值	0.614 5	0.711 1	0.864 0	—
总平均值	0.582 0	0.800 3	0.727 2	—

从计算结果看，除了山东省的烟台港、日照港、威海港、东营港、黄河三角洲地区的港口，其余港口都是我国港口规模大、实力强、位于集装箱排名前十位的港口，但港口的综合效率值仅有0.582，这说明我国沿海港口业的整体效率并不是太高。纯技术效率值为0.8，略高于规模效率值0.727 2，可以看出规模无效率是导致我国沿海港口绩效不高的主要原因。根据影响港口绩效的纯技术效率和规模效率的对比，我们将考察港口大致分为三类：

第一类，日照港和黄河三角洲地区港口的港口综合效率等于1。这说明这三个港口与其他港口相比较，港口发展具有相对最优性，投入资源的组合结构相对合理，纯技术效率和规模效率均有效。

第二类，青岛港、深圳港、天津港、上海港等港口的纯技术效率等于1，港口的无效率主要来自于规模无效。

第三类，其他港口的无效率是由纯技术无效率和规模无效率同时造成的。具体地讲，烟台港、营口港、厦门港、连云港、东营港和威海港等港口，来自于纯技术效率低，而大连港、宁波港、广州港、潍坊港等港口的无效率则主要来自于规模无效率。

针对山东港口而言，港口综合效率值均值、纯技术效率值均值、规模效率值均值分别为0.614 5、0.711 1、0.864 0，山东省港口的无效率主要来自于纯技术的无效率，并且这一水平低于我们所选12个港口纯技术效率值的均值。

展开来说，青岛港虽然港口效率优于包括其直接竞争对手（大连港、天津港）在内的其他港口，但受到面积狭小、缺乏专业化泊位的限制，码头长期超负荷工作，影响了港口的核心竞争力。为解决这一问题，2010年，青岛港建成了世界最大的矿石码头——董家口港区40万吨矿石码头，董家口港区成为继青岛老港区、黄岛油港区、前湾新港区之后的第四港区。日照港通过整合原日照港务局与岚山港务局，实现了港口经营的规模化，其纯技术效率和规模效率都高于其竞争港——连云港。对威海港而言，港口生产正处于规模经济增长阶段，规模无效主要是港口的生产规模较小造成的，可通过扩大港口规模来提升港口的规模效率。同时，加大对市内小港口的整合力度，实现港口的规模化生产。烟台港纯技术效率值低于规模效率值，港口的无效率主要来自于纯技术无效率。一方面，可以通过加大基础设施投入、提高港口服务信息化和高效化，提高港口的技术效率；另一方面，将烟台市分散的、中小规模的港口进行有效资源整合，由此提升港口规模效率。对于黄河三角洲地区的港口来讲，虽然其泊位数量和长度都是这些港口里最小的，小于附近的东营港，但其总效率、纯技术效率和规模效率都为1，是所有港口中最有效率的港口之一，这主要是由于目前规模较小，而且其正处于规模报酬的递减阶段，应继续加大投入，扩大港口规模。东营港和威海港，纯技术效率降低，应考虑与周边港口进行整合发展。

（三）SWOT分析

为了明晰黄河三角洲地区的港口的资源优势和缺陷，寻找其所面临的机会和挑战，现对黄河三角洲地区的港口进行SWOT分析。SWOT分析法又称态势分析法，是由旧金山大学的管理学教授海因茨·韦里克于20世纪80年代初提出来的，用来确定企业本身的竞争优势（Strength）、竞争劣势（Weakness）、机会（Opportunity）、和威胁（Threat）。

（1）优势（Strength）。

第一，地理位置优越，区位优势明显。黄河三角洲地区的港口位于黄河三角洲腹地，处在山东半岛蓝色经济区和黄河三角洲高效生态经济区的重要交汇区域，这一区域也是济南省会城市经济圈、山东半岛城市群和黄河三角洲经济圈三大经济区结合部。该地区介于京津冀和山东半岛两大经济区的连接地带，是济南都市圈唯一和最近的出海通道，是山东对接天津滨海新区最近的口岸，向北接受天津滨海新区、北方国际航运中心的经济辐射和产业转移，向南融入黄河经济带和济南都市圈，具有明显的区位优势。

第二，海域广阔，土地滩涂资源丰富，临港产业布局空间广阔。黄河三角洲地区的港口所在行政区——滨州，规划总面积1 500平方千米，海岸线180千米，地势平坦、成方连片。新区拥有滩涂面积156万亩，其中盐荒地133万亩，占黄河三角洲地区整个资源的63.5%。这些大面积的沿海地区滩涂地，地势平坦，工程条件相对较好，是大规模工业开发的宝贵资源。另外，由于黄河曾在套尔河口及其南部入海，使渤海湾南部海域迅速淤浅，岸滩向海延伸，在套尔河两岸形成大量荒碱滩涂，为港口开发和临港产业集聚创造了有利条件。[①]

第三，具有"后发"优势，潜力巨大。随着境内高速公路、疏港公路等交通网络的日臻完善，加之丰富的岸线和临港土地资源，港口腹地将快速拓展，黄河三角洲地区的港口将成为极具发展潜力和"后发"优势的沿海港口。

第四，腹地经济发展势头良好。直接腹地为黄河三角洲地区，间接腹地为淄博、济南、聊城、德州和衡水五市，远期随着公路、铁路设施的完善，还可延伸至冀南、鲁西及豫北部分地区。

第五，临港产业已初具规模。在港口资源及基础设施方面，截至2013年，黄河三角洲地区的港口工程建设累计完成投资43亿元，2013年完成投资8.4亿元，防波堤、航道、集疏运通道、水电讯等公共设施逐步完善，初步搭建起亿吨大港的框架和临港产业转移聚集的平台，目前临港产业已初具规模。

（2）劣势（Weakness）。

第一，黄河三角洲地区的港口规模较小。黄河三角洲地区的港口发展起步较晚，与青岛港、烟台港、日照港等一些成熟的大港之间差距较大，黄河三角洲地区的港口进出口货物种类较少，以矿石材料为主，吞吐量虽然保持稳步上升，但总体规模较小。再加上没有明确的港口定位，还未形成特色及优势，整体竞争力不足。

第二，港口基础设施薄弱。外海开敞缺乏掩护，港口岸线开发程度不高，码头规模小，泊位等级低，布局分散，难以满足区域经济发展需要。在产业聚集方面，尽管已初具规模，但临港产业的配套与支持港口发展的链条还不完善，仍需延长产业链条，形成核心竞争力。港口开发起步投入较大，需以大项目带动实现滚动发展。

第三，航道泥沙淤积问题制约港口发展。"波浪掀沙，潮流输沙"是

---

① 交通运输部规划研究院. 黄河三角洲港海港港区控制性详细规划报告，2014.

本海域泥沙运动的主要动力因素，滩面淤泥质粉砂在风浪作用下形成高浓度含沙水体，沿岸泥沙运动活跃，极易引起航道骤淤，给港口建设、运营和维护带来极大困难。另外套尔河口的下泄泥沙也将会对航道的淤积产生一定影响。因此，解决淤积问题是黄河三角洲地区的港口建设的关键。

第四，黄河三角洲北部经济发展相对滞后，对黄河三角洲地区的港口的支持较小。黄河三角洲南部地区靠近胶济铁路和济南都市圈，一直以来都是经济发展的重心所在，黄河三角洲经济整体呈现"南强北弱"的局势。

（3）机会（Opportunity）。

第一，经济全球化的深入发展和黄河三角洲经济圈的腾飞要求黄河三角洲地区的港口成为承接产业转移的平台。黄河三角洲地区处在黄河三角洲经济圈的中心位置，凭借区位、土地和政策等优势，有望成为国内外产业转移的重点地区和天津滨海新区的重要产业协作基地。

第二，在国家政策支持下叠加融入"两区"和"一圈一带"。《黄河三角洲高效生态经济区发展规划》以及《山东半岛蓝色经济区发展规划》给予支持政策，使黄河三角洲地区的港口迎来前所未有的发展机遇，促使黄河三角洲地区经济产业布局的优化调整，要求黄河三角洲地区的港口拓展港口功能，发挥辐射带动作用。

山东济南都市圈将带动黄河三角洲经济的发展。随着济南省会城市经济圈经济协作的开展，黄河三角洲地区的港口作为济南省会城市经济圈北部门户和交通枢纽，被定位为省会城市群经济圈的重要出海通道，将在内引外联中发挥重要作用，有力带动北部沿海开发建设。

第三，建设"海上丝绸之路"的发展机遇。随着中国东盟国家加强海上合作，发展海洋合作伙伴关系，共同建设21世纪"海上丝绸之路"深入推进。黄河三角洲地区的港口应利用位于京津冀和山东半岛两大经济区的连接地带的区位优势，打造高效生态国际农产港，搭建战略平台，吸引大豆、玉米等粮食交易产业链集聚，促进港口结构升级，努力发展成为"海上丝绸之路"的重要节点，助力"海上丝绸之路"繁荣。

第四，我国粮食进口持续增长。2014年1—6月，我国三大主粮进口增速惊人，玉米同比增速率超过65倍。自2000年以来，我国大豆进口量年均增长率高达16.7%，未来十年间中国大豆进口量仍将保持10%的增长率。目前我国玉米的进口量已达到总量的50%以上，小麦、油菜籽和食糖的进口量也保持较高增长。2014年7月17日，中巴双方签署了56项合作文件，其中包括中方有关企业采购巴西粮食产品的12项协议。总之，我国粮食进口潜力巨大。

第五，黄河三角洲农业发展潜力巨大。2013年，中科院、科技部联合河北、山东、辽宁和天津，开始实施国家重大科技支撑计划项目"渤海粮仓科技示范工程"。该项目针对黄河三角洲低平原4 000万亩中低产田和1 000万亩盐碱荒地。黄河三角洲地区作为"渤海粮仓"项目的重要地区，拥有丰富的土地资源，农业发展潜力巨大。

（4）威胁（Threat）。

第一，自然条件的限制。大口河口至马颊河口段后方为大片盐田，海堤为古砂坝贝壳，属海洋自然遗迹类型，是国家级贝壳堤岛与湿地自然保护区。港口的发展空间将受其限制。

第二，渤海湾港口的激烈竞争，且存在港口之间恶性竞争的情况。黄河三角洲地区的港口所在的渤海湾南岸港口众多，包括天津港和青岛港这种发展成熟的大港，以及黄骅港、东营港、潍坊港、莱州港等距离较近且同样处在发展的初期的港口，现各港都进入快速扩张阶段，黄河三角洲成为其未来争夺的共同腹地，黄河三角洲地区的港口与黄骅港、东营港之间的距离较近，竞争最为直接。①

第三，国际港口竞争激烈。航运业是一个复杂多变的行业，随着全球经济的兴衰而跌宕起伏。目前的全球经济依然很脆弱，近些年航运市

---

① 山东社会科学院课题组.山东港口业的整合与发展，2011.

场的国际形势不容乐观，再加上港口竞争日益激烈，在这种大环境下，港口想得到突飞猛进的发展并不容易。

第四，船舶大型化的趋势。在经济全球化和先进运输技术的带动下，国际贸易迅速发展，同时也带来了集装箱船、油轮和散装船等船舶吨位越来越大型化的趋势。这种趋势直接推动了现代港口日益朝着码头泊位大型化、进出港航道深水化和装卸作业专业化的方向发展。对黄河三角洲地区的港口来说，完全适应这种变化需要时间。

第四章
黄河三角洲生态港口群的市场培育

第一节　中国农产品港口业市场需求现状分析

一、目前中国农产品进出口情况

（一）21世纪前十年中国粮食及农产品进出口（2000—2010年）

从国家统计数据来看，中国农产品进出口在 2000—2010年期间，其总数从2000年的5 024万吨增长到2010年的14 546.8万吨，总体上存在很大的上升趋势。主要产品包括：棉花、稻米、水果、蔬菜、奶类、蛋类、家禽、羊产品、牛产品、肉类、糖类、油料、大豆、玉米和小麦十五大类。从各类产品进出口变化情况来看，大豆、食用油及油料进出口贸易量大、增幅很大且增长趋势稳定。其次是蔬菜、水果进出口量比较大且增幅比较稳定，其中大豆从2000年的1 063万吨，到2010年增长到5 497.03万吨；油料进出口从2000年的1 437万吨增长到2010年的5 799.2万吨；水果、蔬菜进出口量分别从2000年的234万吨、331万吨增长到2010年的782.92万吨、859.61万吨。另外，奶类产品，牛羊肉类，虽然进出口量比较小，但是增长幅度特别快，特别是奶类产品和肉类产品，其进出口量分别从2000年的26.7万吨和166万吨，2010年分别增长到77.91万吨和190.91万吨，详细情况见表4-1、图4-1。

表4-1　2000—2010年中国农产品进出口情况（单位：万吨）

年度 类别	2000	2001	2002	2003	2004	2005	2006	2007	2008	2009	2010
棉花	55.1	25.7	40.4	119	213	275	399.6	277	228.8	176.88	313.5
稻米	321	216	223	288	168	121	198.3	183	130.1	114.3	101.1
水果	234	241	301	377	427	487	507.7	623	663.6	769.77	782.9
蔬菜	331	405	477	563	615	692	746.3	830	832.2	813.75	859.6
奶类	26.7	23.8	31.5	36.4	40.7	39	42.27	43.3	47.13	63.38	77.91
蛋类	103	86.3	127	158	140	122	120	120	145.2	134.46	10.52
家禽	140	128	111	112	47.1	78.4	98.21	123	117.9	110.24	98.65
羊产品	2.2	2.83	3.99	4.66	5.72	7.15	7.02	6.88	7.01	7.66	7.12
牛产品	7.24	7.47	7.72	8.32	6.52	6.29	6.66	6.97	4.94	7.39	11.17
肉类	166	155	140	157	100	111	133.7	171	213.3	166.66	190.9
糖类	159	187	174	112	179	217	202.1	195	161.8	202.44	301.1
油料	1 437	1 686	1 322	2 230	2 200	2 848	3 061	3 328	4 027	4 750.9	5 799
大豆	1 063	1 420	1 162	2 104	2 058	2 700	2 866	3 130	3 792	4 290.8	5 497
玉米	1 048	604	1 168	1 639	233	865	316.5	495	32.34	21.41	170.1
小麦	111	145	161	296	835	414	212.3	317	35.29	114.91	150.8
总计	5 204	5 333	5 449	8 203	7 267	8 983	8 918	9 848	10 438	11 745	14 372

数据来源：中国行业研究网（https://www.djyanbao.com）。

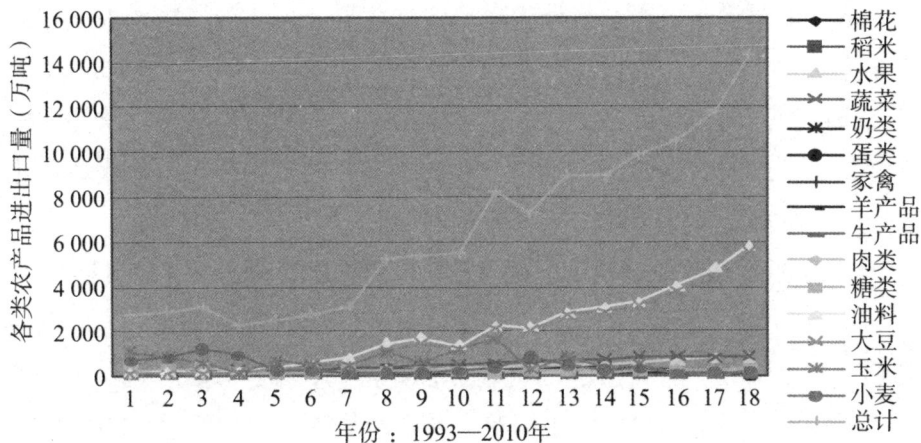

图4-1　1993—2010年中国农产品进出口情况

　　从国家统计数据分析还可以发现，1993—2010年期间，中国粮食谷物主要包括水稻、玉米、小麦，进出口量基本上保持在一个稳定的水平，一般在1 000万吨到2 000万吨之间。2007年以后还出现比较明显的下降，其中2008年为340.16万吨，2009年为452.2万吨。但是，农产品及农副产品进出口量和增幅都保持在高位，其进出口量从1993年的3 974.16万吨到2010年增长到13 851.63万吨，且一直处于增长趋势，2003年以后处于加速增长状态。（图4-2）

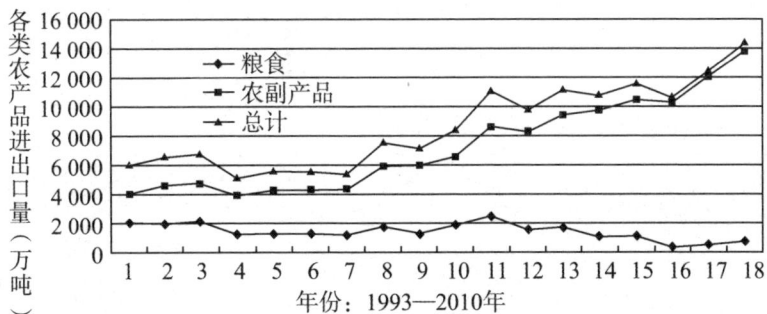

图4-2　1993—2010年中国粮食及农副产品进出口情况

从中国粮食及农产品海外进出口统计数据分析来看，中国农业海外市场意识逐步增强，农民生产意识也逐渐从传统的重粮食生产以解决自己需求的生产向市场经济效益好的农副产品生产的方向转变。这为中国农业从自给封闭式封建小农经济发展模式向开放型国际化、现代商业化农业生产模式转变提供了一定的条件和基础。

（二）后金融危机时期中国粮食及农产品进出口（2011—2014年）

2008年世界金融危机以后，中国各行业进出口贸易受到金融危机的影响，经过两三年的调整后，基本上走向了一个新常态。中国农产品进出口贸易也不例。2011年，中国粮食及农产品进出口总额为1 556.2亿美元，同比增长27.6%，进出口总量为13 110万吨，其中进口总量为11 177万吨，出口总量为1 932万吨。详情见表4-2。在进出口产品中，谷物进口量减额增，其中，玉米进口量增一成；棉花进口量增一成，额增六成；食糖进口量增六成，额翻番。食用油籽进口出现下降，食用植物油进口量减额增。蔬菜出口量增一成，水果出口量小幅下降。畜产品进口额增约四成，水产品出口额增约三成。

表4-2　2011年中国农产品进出口情况

类别		进口（万吨）	同比增长（%）	进口（亿美元）	同比增长（%）	出口（万吨）	同比增长	出口（亿美元）	同比增长（%）
谷物	稻谷	59.8	54			51.6	−17.1		
	玉米	175.4	11.5			13.6	6.9		
	小麦	125.8	2.2			32.8	18.4		
	大麦	177.6	−25						
合计		544.7	−4.6	20.4	33.8	121.5	−2.3	8.1	17.1
食用油籽	大豆、油菜籽等	5 481.8	−3.9	314.8	18.7	91.2	3.9	14.4	22.3
食用植物油	棕榈油、豆油、菜籽油	779.8	−5.6	90.1	25.8	12.4	29.9	2.1	65.7

类别	进口（万吨）	同比增长（%）	进口（亿美元）	同比增长（%）	出口（万吨）	同比增长	出口（亿美元）	同比增长（%）
棉花	3 556.6	14	96.8	65.5				
食糖	291.9	65.3	19.4	114.6				
蔬菜	16.7	11.5	3.3	16.7	973	15.2	117.5	17.7
水果	341.8	24.1	31.1	53.1	479.5	−5.5	55.2	26.7
畜产品	115.7		134	38.8	88.75		59.9	26.2
水产品	48.13		80.2	22.7	166.523		177.9	28.7
合计	11 177.13				1 932.873			13 110.003

数据来源：中国行业研究网

2012年中国农产品进出口总量为10 172.36万吨，总额为1 757.7亿美元，同比增12.9%。其中，出口为493.49万吨，出口金额为632.9亿美元，同比增4.2%；进口为9 678.87万吨，进口金额为1 124.8亿美元，同比增18.6%。贸易逆差为491.9亿美元，同比扩大44.2%。（表4-3）其中：谷物进出口总共1 499.9万吨，进口1 398.3万吨，同比增156.7%，进口额47.9亿美元，同比增134.2%；棉花进口541.3万吨，同比增51.8%，进口额120亿美元，同比增24%；食糖进口374.7万吨，同比增28.4%，进口额22.4亿美元，同比增15.5%，出口4.7万吨；食用油籽进口6 228.0万吨，同比增13.6%，进口额377.5亿美元，同比增19.9%，出口100.6万吨；食用植物油进口960万吨，同比增23.1%，进口额108亿美元，同比增19.9%，出口10.1万吨；畜产品进口128.67万吨，进口金额为149.02亿美元，出口为96.5万吨，出口金额为64.37亿美元；水产品49万吨，进口金额为79.98亿美元，出口177.69万吨，出口金额为189.83亿美元。总体来说，2012年，小麦、玉米、稻谷和大米等谷物进口量大幅上升，净进口1296.7万吨，增长3.1倍。食用油籽进口超6 200万吨，食用植物油进口近1 000万吨。大豆进口

5 838.5万吨，同比增10.9%，再创历史新高。

表4-3　2012年中国农产品进出口情况 单位：万吨

主要产品		进口 （万吨）	出口 （万吨）	进出口 （万吨）
类别	稻谷	236.9	27.9	264.8
	玉米	520.8	25.7	546.5
	小麦	370.1	28.6	398.7
	大麦	252.8	0.647	253.447
其他	（蔬菜水果等）	17.7	18.75	36.45
食用油籽	大豆，油菜籽等	6228	100.6	6 328.6
食用植物油	棕榈油、豆油、 菜籽油	959.9	10.1	970
棉花		541.3	2.3	543.6
食糖		374.7	4.7	379.4
畜产品		128.67	96.5	225.17
水产品		48	177.69	225.69
总计		9 678.87	493.487	10 172.357

数据来源：中国行业研究网

2013年，中国农产品进出口14 465.74万吨，进出口额1 866.9亿美元，同比增6.2%。其中，出口3 299.6万吨，出口金额678.3亿美元，同比增7.2%；进口11 166.14万吨，进口金额1 188.7亿美元，同比增5.7%；贸易逆差510.4亿美元，同比增3.7%。（表4-4）

表4-4　2013年中国农产品进出口情况 单位：万吨

类别	主要产品	进口（万吨）	同比增长	出口（万吨）	同比增长	合计
谷物	小麦、大麦、稻谷、大米、玉米	1 458.5	4.30%	1 866.9	6.20%	
棉花、食糖	棉花	450	−16.90%			
	面纱	209.9	37.50%			
	食糖	454.6	21.30%			
食用油籽	大豆，油菜籽等	6 783.5	8.90%	87	−13.60%	
食用植物油	棕榈油、豆油、菜籽油	922.1	−3.90%			
豆粕		89.8	−14.20%	137	−10.70%	
玉米酒糟DDGS		400.2	68%			
水果		145.6		245.8		
蔬菜			675.5			
畜产品、水产品	牛肉	29.4	379.30%			
	羊肉	25.9	108.80%			
	猪肉	58.4	11.70%	97.8		
	奶粉	86.4	49.30%			
	水产品	51.84		189.6		
合计		11 166.14		3 299.6		14 466

数据来源：农业部市场与经济信息司

在全年的进出口份额中，谷物共进口1458.5万吨，同比增4.3%，进口额51.0亿美元，同比增6.6%；出口100.1万吨，同比减1.5%，出口额7.0亿美元，同比增10.6%。棉花进口450.0万吨，同比减16.9%；进口额87.2亿美元，同比减27.3%。食用油籽进口6783.5万吨，同比增8.9%，进口额414.0亿美元，同比增9.7%；出口87.0万吨，同比减13.6%，出口额15.7亿美元，同比减7.8%。食用植物油进口922.1万吨，同比减3.9%，进口额89.4亿美元，同比减17.2%。饼粕进口89.8万吨，同比减14.2%，进口额2.0亿美元，同比减21.0%；出口137.0万吨，同比减10.7%，出口额7.2亿美元，同比减6.2%。进口玉米酒糟蛋白（DDGS）400.2万吨，同比增68.0%，进口额14.1亿美元，同比增81.5%。蔬菜出口额115.8亿美元，同比增16.2%；贸易顺差111.6亿美元，同比增16.8%。水果出口额63.2亿美元，同比增2.3%；进口额41.6亿美元，同比增10.5%；贸易顺差21.6亿美元，同比减10.5%。畜产品进口额195.1亿美元，同比增30.9%；出口额65.2亿美元，同比增1.3%；贸易逆差129.9亿美元，同比增53.4%。牛肉进口29.4万吨，同比增379.3%；羊肉进口25.9万吨，同比增108.8%；猪肉进口58.4万吨，同比增11.7%；奶粉进口86.4万吨，同比增49.3%。水产品出口额202.6亿美元，同比增6.7%；进口额86.4亿美元，同比增8.0%；贸易顺差116.2亿美元，同比增5.8%。

粮油世界发布报告称，2014年第四季度中国大豆进口量达到1 730万吨，低于第三季度的进口量1 853万吨，也低于去年同期的1 762万吨。海关数据显示2014年10月中国大豆进口量为410万吨。根据粮油世界的统计公布显示，2014年11月和12月中国大豆进口量预期为1 320万吨，每月平均为660万吨。粮油世界指出，9月和10月期间，中国大豆进口量季节性偏低。因此在2014年剩下两个月时间里中国大豆进口有望恢复性增长。据中国海关数据显示，2014年9月中国大豆进口量为503万吨。中国海关总署新近公布的数据显示，2014年1-10月，中国谷物进口创新高，达1 565万吨，同比大增46.4%。同时，大豆进口亦继续增长，达5 684万吨，同比增长13.8%。2014年中国粮食进口恐突破新高。而10月，谷物进口同比增幅实已缩小。前八月一度高达72.8%。

（三）中国农产品进出口主要特点

从中国农产品近年进出口贸易综合情况来，中国农产品进出口主要存在以下特点。

（1）农产品贸易额继续增长并创新高。（图4-3）从统计数据来看，中国农产品进出口量从1993—2013年21年期间逐年稳步上升，在2013年进出口总量最高达到14 465.47万吨。WTO最新统计显示，2011年，中国农产品贸易总额仅次于欧盟和美国，居世界第三位。农业贸易额占第一产业增加值比重，由2001年的14.7%提高到2011年的21.1%。按照比较优势原则，中国农产品贸易结构呈现为出口蔬菜、水果和水产品等劳动密集型产品，进口油料、棉花等土地密集型产品。中国不仅是世界农业生产大国，而且成为世界农产品贸易大国。

（2）粮食进口量较大导致自给率下降。2012年，中国农产品贸易变化的一个新特点是粮食进口数量增长较快。粮食进口首次突破7 200万吨，主要粮食品种的进口量均达数百万吨，包括大米、玉米等原有传统生产优势的粮食品种。粮食自给率明显下降，虽然粮食总产量连续九年

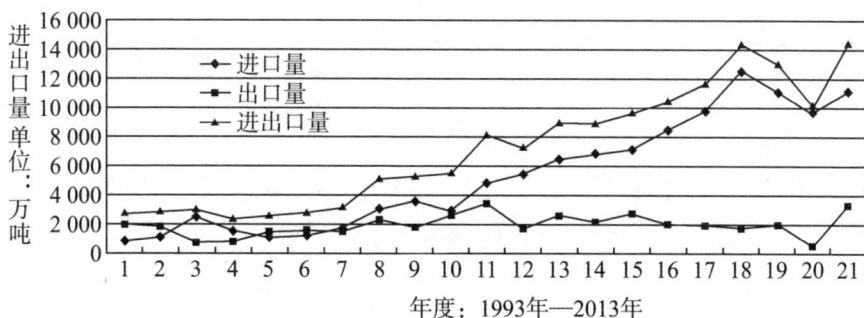

图4-3　1993—2013年中国主要农产品进出口情况

数据来源：中国行业研究网2009-6-5

增产，但是粮食自给率仍然下滑至88%，从而影响了国家粮食安全指标的实现。玉米贸易连续三年呈现净进口，玉米净进口数量逐年增多，2012年玉米净进口增至495万吨。

（3）贸易价格与数量指数变化不一致。商务部的统计信息显示，2012年，农产品出口价格同比指数为106.6，物量同比指数为95.6；农产品进口价格同比指数为99.4，物量同比指数为109.6。上述信息表明，农产品出口价格指数明显大于农产品进口价格指数，农产品出口物量指数明显小于农产品进口物量指数。

（4）主要粮食品种进口量长期保持在一个相对平稳的水平。根据国家统计局、国家粮油信息中心和海关的有关数据，本书对2012年中国主要粮食自给率进行了测算，国产大米、小麦、玉米的自给率分别为98.98%、97.04%、97.67%，这三种主要粮食的总体自给率为98.03%，表明现阶段中国主要粮食品种进口量长期保持在一个相对平稳的水平，粮食安全是有保障的。

（5）棉花、食用植物油对外依存度较大。有关研究表明：早在21世纪之初，中国棉花、大豆、油菜籽就已不具备比较优势，此后这些农产品的比较优势处于下降状况。

（6）蔬菜、水果出口贸易保持较高水平。加入WTO以来，中国农产品贸易增大较快，特别是推动了园艺产品和水产品出口，农产品出口市场布局更加合理。有关研究表明，随着世界蔬菜进口市场的扩张，近十年中国蔬菜出口增长较快，2000年中国蔬菜出口额占世界市场的9.5%，位于美国和意大利之后，排名第三。2010年中国水果出口额在西班牙和美国之后，排名第三位，占世界市场的6.6%。

二、山东省农产品进出口情况

（一）山东省特色农产品出口的基本情况

山东省是农业大省，也是农产品的对外贸易大省。作为中国农产品出口第一大省，山东省有着良好的农业发展基础和相对成熟的出口市场环境。自2000年开始，山东省超过广东省成为中国最大的农产品出口省。加入WTO以来，山东省农产品出口呈快速增长态势，成为中国农产品出口的主要大省。从增长速度来看，2000年、2013年的同比增幅分别为：17%，3.5%，10.6%，21%，17.8%，29.5%，11.8%，14.3%，7.8%，−3.5%，38%，35.51%，21.6%，21.6%，居全国首位。另外，每年占全国农产品出口的比重亦居全国之首，分别为：15.9%，18.8%，21.7%，22.3%，24.2%，26.25%，25.7%，28.4%，24.6%，19.7%，20.5%，21.95%，18.5%，21.2%。（表4-5）2008年，面对国际金融危机、国外贸易壁垒等不利影响，山东省采取得力措施，积极应对，农产品出口保持了持续稳定增长，全年农产品出口99.79亿美元，同比增长7.8%，占全国农产品出口额的24.6%，连续十三年位居全国第一，出口的国家和地区达到185个。[①]

表4-5 2000-2013年山东及中国农产品进出口情况

年份 类别	全国进出口量（万吨）	山东省进出口额（万吨）	山东省占全国比重	增长速度%
2000	5 204	827	15.9	17
2001	5 333	1 002	18.8	3.5
2002	5 449	1 182	21.7	10.6
2003	8 204	1 829	22.3	21
2004	7 267	1 746	24.2	17.8
2005	8 983	2 358	26.3	29.5
2006	8 918	2 292	25.7	11.8
2007	9 848	2 797	28.4	14.3
2008	10 438	2 568	24.6	7.8

① httpp：//www. sdny. gov. cn/ ark/ 2009/ 3/ 5/ art_1189194258. html，2009−3−5.

续表

类别 年份	全国进出口量 （万吨）	山东省进出口 额（万吨）	山东省占全国 比重	增长速度%
2009	11 745	2 314	19.7	−3.5
2010	14 372	2 946	20.5	38
2011	13 110	2 878	22	35.5
2012	10 172	1 882	18.5	21.6
2013	14 466	3 067	21.2	21.6

数据来源：全国统计年鉴2000—2011，山东统计年鉴：2000—2011

2013年，中国农产品进出口仍主要集中在山东、广东、北京、江苏和上海，其进出口总额达到了711亿美元，占中国农产品进出口总额的64.6%，与2012年相比下降了2.5个百分点。其中，山东省以21.6%的增速仍位居首位，进出口额达到了233.5亿美元，占中国农产品进出口总额的21.2%，与去年相比占比提高了2.8个百分点；广东省超越北京位列第二位，进口额为137.4亿美元，同比增长了5%；而北京进出口额出现了大幅下滑，其进出口额为135.2亿美元，同比下降了22.4%，与去年全年57.4%的增速相差甚远。（表4-6）

表4-6　2012年和2013年中国农产品进出口主要省份情况对比

2013年				2012年			
省份	进口额 （亿美元）	同比	占比	省份	进口额 （亿美元）	同比	占比
山东	233.5	0.216	0.212	山东	192.1	0.216	0.185
广东	137.4	0.05	0.125	北京	174.3	0.547	0.167
北京	135.2	−0.224	0.123	广东	130.8	0.16	0.126
江苏	104.4	−0.041	0.095	江苏	108.9	0.022	0.105

	2013年				2012年		
上海	100.5	0.084	0.091	上海	92.7	0.06	0.089
合计	711	0.018	0.646	合计	698.8	0.21	0.672

数据来源：中国行业研究网

2013年，山东省农产品进出口达到152.1亿美元，连续13年领跑全国。这些数据说明山东发展农村农产品电子商务具备的良好基础。

（二）山东省农产品贸易进出口特点

从山东农产品进出口综合情况分析来看，山东农产品进出口贸易主要存在以下特点。

（1）出口产品主要是初级产品，附加值较低。农产品品种、品质结构尚不优化，农产品优质率较低。目前山东出口农产品60%以上属于未经加工的原料性产品或粗加工产品，水产品、蔬菜、花生仁、水果等主要出口农副产品几乎都是未经过加工的初级产品或粗加工产品，出口数量多、创汇少、利润低。制成品占40%左右，经过深加工的高附加值、高科技含量的脱水、脱毒、绿色、有机保健型产品仅占10%左右，削弱了开拓国际市场的能力。目前各进口国形形色色的技术壁垒针对的恰恰是原料性产品或粗加工品，致使这类产品在出口的过程中屡屡碰壁。同时，由于这类产品技术含量少，进入门槛低，容易引起恶性竞争，造成低价竞销，也最易遭受国外反倾销。另外，初级产品的附加值只有5%~10%，利润空间小，深加工产品的附加值为30%~70%。以大蒜素为例，每生产一吨纯度为10%的大蒜素仅需原蒜头10吨，卖价达到每吨20万元，利润丰厚，附加值高，企业就更有能力抵御贸易壁垒的风险，产品进行精深加工，也能够帮助企业轻松跨过门槛。

（2）农产品出口市场仍较集中。日本、欧盟、韩国、美国是山东农产品主要的传统出口市场。其中，对日本出口约占35%，对欧盟出口约占

15%，对韩国出口约占12%，对美国出口约占10%，对上述四大传统市场出口额占全省农产品出口的70%以上。从出口地区来看，山东农产品出口主要集中在亚洲，所占比重达70%以上，特别是对日本、韩国等周边市场的依赖性非常大，全省85%以上的冻菜销往日本，加大了省内出口企业的无序竞争和自相残杀，直接降低了行业利润，降低了国际市场的抗风险能力。一旦这些市场对我国个别企业个别产品实施疫病、药残限制措施，就会容易引起连锁反应，引发整体封杀农产品出口的被动局面。

第二节　中国农产品港口业市场需求变化要素分析

一、国际发展总体趋势影响因素

人类进入到21世纪，工业化、信息化、智能化成为人类社会发展的主题和大趋势。这促使人类各个地区、各个国家、各大洲在各个领域高度融合成为可能。在不同文化、不同国家、不同地区相互融合的过程中，彼此之间分工合作、优势互补、合作共赢成为了时代发展的共识。这必然导致不同地区在资源、商品上的大交换、大流通。全球各个地区经济发展水平和实际客观条件的差别，也决定了不同国家和地区在全球经济产业链分工所处的位置不同。而农业优质产品的生产不单单依靠科技，其对地域气候的特殊要求和依赖非常高。在信息、物流高度发达的今天，这为全世界具有优质地域气候环境发展各自优质农产品提供了广阔的国际市场，同时也让全世界每一个人能享受到全世界最好的优质农产品成为可能。人类发展大趋势为世界各国农业发展朝着全球化、国际化迈进提供了很好的环境和条件。因此，农产品在国际间的大流通、大交换是未来发展的大趋势。中国是一个大国，同时也是一个人口大国和一个农业大国，作为国家战略性基础产业的农业关系到国家的稳定和安全，因此作为一个大国战略型基础产业的农业在中国未来的经济发展中具有不可替代的地位。山东以及中国农业未来的发展以及满足中国老百姓对农产品的消费需求都离不开国际大市场。因此，农产品在中国港口的大进大出是发展的必然选择和必然趋势。

二、国内发展总体趋势影响因素

（1）人均土地和水资源相对短缺加大了中国农业发展对国际市场的依赖，这是促进中国农产品国际贸易大发展的主要因素之一。

中国人均土地和水资源低于世界平均水平。土地和水是农业生产的支撑性要素，但是中国人均耕地、水资源明显不足。WTO统计资料显示，中国人口占世界总人口的19.7%，耕地面积占世界耕地面积的8%，人均耕地面积占世界人均耕地面积的41%。中国人均耕地面积不仅明显小于澳大利亚、俄罗斯、阿根廷、美国、巴西、法国，而且小于印度尼西亚、德国、印度和英国等国家，中国人均耕地面积仅大于孟加拉国、埃及、韩国和日本等国家。同时，中国是一个干旱、缺水严重的国家，淡水资源总量占全球水资源的6%，水资源人均仅为世界平均水平的25%，在世界上排名第121位，是全球十三个人均水资源最贫乏的国家之一。土地和水资源要素不足，导致中国农业发展和解决自身需求在依靠科学技术的同时，必须借助海外市场和国际市场资源。

（2）工业化、城市化的快速推进，农业发展赖以需求的耕地逐年减少，加大了中国农业发展对国际市场的依赖程度，同时也成为促进中国农产品国际贸易大发展的又一个主要因素。

中国工业化、城市化高速推进，大城市的迅速膨胀，地级中心城市的全速扩容，县、乡、镇城市在全国遍地开花，全国城市摊饼式疯狂扩展，过去许多粮仓基地变成了工业园、城市。1996年年底，国土资源部公布的全国土地利用变更调查结果显示全国耕地面积为19.51亿亩。2003年底，国土资源部公布的全国土地利用变更调查结果显示全国耕地面积为18.51亿亩，比1996年减少1亿亩。2005年10月31日，国土资源部公布中国耕地面积为18.31亿亩，比上年度净减少542.4万亩，全国人均耕地面由2004年的1.41亩降为1.4亩。2006年10月31日，全国耕地面积为18.27亿亩，比上年度末净减少460.2万亩，全国人均耕地面积1.39亩，逼近18亿亩的红线。根据"十一五"规划纲要，到2010年末全国耕地面积必须确保不低于18亿亩。这意味着，"十一五"期间中国年均净减少耕地面积不能超过650万亩。但是，2006年度，全国土地利用变更调查结果报告显示，截至2006年10月31日，全国31个省（区、市）土地调查面积中，农用地98.58亿亩，占69.1%；建设用地4.85亿亩，占3.4%；未利用地39.17亿亩，占27.5%。根据变更调查报告，2006年，全国建设占用耕地387.8万亩，其中，当年建设占用耕地251.0万亩，比"十五"年均建设占用耕地减少24%，往年未变更上报的建设占用耕地136.8万亩，灾毁耕地53.8万亩，生态退耕509.1万亩，因农业结构调整减少耕地60.3万亩。上述四项加起来，2006年全国共减少耕地1 011.0万亩。截至2008年12月31日，全国耕地面积为18.2574亿亩，又比上一年度减少29万亩。

（3）生态环境的恶化，大量耕地遭受污染无法耕种或基本无法耕种，耕地质量下降，成为加大中国农业发展和自我需求对国际市场的依存度，促进中国农产品国际贸易大发展的主要因素之一。

根据中国土壤污染状况调查报告公布情况，全国土壤环境状况总体不容乐观，部分地区土壤污染较重，耕地土壤环境质量堪忧，工矿业废弃地土壤环境问题突出。工矿业、农业等人为活动以及土壤环境背景值高是造成土壤污染或超标的主要原因。全国土壤总的超标率为16.1%，其中轻微、轻度、中度和重度污染点位比例分别为11.2%，2.3%，1.5%和1.1%。从污染分布情况看，南方土壤污染重于北方，长江三角洲、珠江三角洲、东北老工业基地等部分区域土壤污染问题较为突出，西南、中南地区土壤重金属超标范围较大，镉、汞、砷、铅四种无机污染物含量分布呈现从西北到东南、从东北到西南方向逐渐升高的态势。

（4）农业生产人员的减少，商品粮消费人员的数量上升，成为促进中国农产品国际贸易大发展的又一个主要因素。

中国人口自然增长速度虽然得到有效控制，但是，随着改革开放的深入，外来人口增量明显；另外随着城市化和工业化的推进，城市人口和非农业生产人口猛增。大量的农村人口涌到城市，他们从农产品生产者变成了农产品的消费者。在中国农村，尤其是西部和农业生产条件差的地区，青年一代的农民弃耕入城的现象非常普遍。中国对农产品需求的增大和自我生产力的薄弱加大了中国为满足对农产品的需求对国际市场的依存度。

根据国家统计局公布的第六次全国人口普查资料，截止到2010年中国内地总人口为13.4亿人，其中，城镇人口6.66亿，占总人口的49.7%，乡村人口6.74亿，占总人口的50.3%，城镇人口与乡村人口之比为1：1.01。通过与第五次全国人口普查资料对比，可以发现2000年，中国居住在城镇的人口为4.56亿人，居住在乡村的人口为8.07亿人，城镇人口与乡村人口之比为1：1.77，十年时间中国城镇人口净增加了2.1亿人。到2010年，中国乡村人口剩下6.74亿，而根据普查结果，中国现有流动人口2.61亿人，基本上全为农村进城务工人员；0-14周岁的人口占比为16.6%，在农村人口中，0-14周岁的人口约为1.12亿；60周岁以上的人口占比为13.26%，在农村人口中，60周岁以上的人口约为0.89亿。根据有关统计数据，目前中国残疾人口为0.83亿人，其中农村人口约为0.42亿。截止到2010年，中国真正具有农业生产劳动能力的人口为：6.74-2.61-1.12-0.89-0.42＝1.7（亿）！而这里面还包括农村高中和大中专在校学生，还有许多城郊户口性质虽是农业户，但由于城市扩容早已无田可种的"乡村人口"。可以看出，中国真正具有农村劳动能力、实际从事农业生产活动的人已远远低于

1.7亿人。而中国非农业生产人口和不能从事农业生产而对农产品需要消费的人口是13.4-1.7=11.7（亿）。按照这个数字中国农村实际从事农业生产活动的人与城镇人口及没有劳动能力的乡村人口之比约为1：7。即一个从事农业生产者在养活自己的同时，还要养活7个非农业生产者或不能生产的人。

（5）中国农民的市场意识和国际化观念以及中国农业的发展创新模式，成为促进中国农产品国际贸易大发展的又一个主要潜在因素。

随着中国改革开放的深入，市场意识也自发地渗透到中国的广大农村中，农民的市场意识也逐渐加强。农民的农业生产活动不再停留在过去为解决自身需求的小农意识生产观念。在经济发达地区，农民生产活动已经成为国际国内农产品市场产业链的一部分。农民的市场意识正在从中国东部沿海经济发达地区向内陆地区层层推进。研究发现，横向比较来看，从中国沿海地区到广大内陆地区，各地区农村农业生产的市场意识在逐渐减弱，沿海地区农村的农民市场意识观念较强，中部、西部内陆地区的市场观念较弱。但是对某个地区纵向研究发现，农民农业生产的市场意识随着时间的推移在加强，中国农民市场化意识正自发地从沿海向内地层层扩散。研究还发现，内陆地区比如重庆，自建设城乡统筹示范区以来，形成了一套"公司-农业产业化基地-农户生产"的发展模式。通过对土地经营权向企业扭转，农民不再是过去单独的农业生产者，而成为了农业工业化生产的产业工人。这样的结果是农民的市场意识强弱已不是主要，而对生产基地进行投资生产的公司、企业的市场意识成为了主导重庆农业生产的关键。这使得该地区农业生产的市场化意识和国际化意识得到迅速提升，在市场方面的表现为，一些地方品牌性农产品不断产生，农产品进出口贸易量逐年刷新。从重庆市2003—2011年农产品出口情况来看，全市农产品出境额依次为2003年13 225万美元、2004年21 372万美元、2005年21 889万美元，年平均增加率为22%，而全国同期年平均增长率为10%，四川、云南分别为13%和13.5%，农产品出口大省山东则为14%。可见，重庆农产品出口起步晚，发展速度快。2010年重庆市农产品出口持续增长，全年出口32 235.10万美元，同比增长28.89%；2011年重庆农产品出口402亿美元，同比增长32%。重庆的农业进出口贸易发展说明，采取何种发展模式对中国农业迅速进入国际化市场非常重要。

第三节
中国农产品港口业未来发展市场需求量预测与评估

　　根据对中国农产品进出口港口吞吐量的变化情况，以及未来一段时间内影响中国农产品进出量的变化要素的研究分析，可以对中国未来一段时间内农产品进出口量的变化情况进行估计，进而对中国农产品未来一段时间内港口吞吐量进行预测评估，最后对中国农产品港口业未来发展市场量预测与评估。全面研究分析发现，中国农产进出口量波动性比较大，总体上出现较快的增长态势（图4-4），从行业统计数据分析来

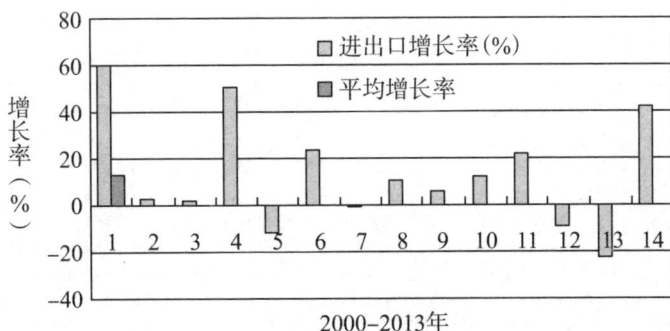

图4-4　2000—2013年中国农产品进出口增长率变化情况

数据来源：中国行业研究网

看，近十四年中国农产品进出口量每年平均实现13.5%增长（表4-7），随着中国农业工业化、城市化、生态环境的变化，中国农业国际化步伐的加快等各种要素的影响，中国农产品进出口总量整体上将出现加速增长的趋势。因此，中国农产品港口业未来在相当长的一段时间内其市场发展总体需求会加速扩大。在此本书就中国农产品港口业未来发展市场需求量做阶段性的预测和评估。

表4-7　2000—2013年中国农产品进出口增长变化情况表

类别年度	出口量 （万吨）	进口量 （万吨）	进出口量 （万吨）	进出口增长率 （%）
2000	2 233.8	2 970	5 203.8	59.85
2001	1 784.77	3 548.2	5 332.97	2.5
2002	2 588.82	2 860.14	5 448.96	2.2
2003	3 437.76	4 765.72	8 203.48	50.56
2004	1 767.95	5 498.63	7 266.58	−11.4
2005	2 516.93	6 465.57	8 982.5	23.6
2006	2 144.01	6 773.65	8 917.66	−0.7
2007	2 704.34	7 143.54	9 847.88	10.4
2008	1 938.57	8 499.68	10 438.25	6
2009	1 893.35	9 851.63	11 744.98	12.5
2010	1 782.37	12 589.18	14 371.55	22.4
2011	11 177.3	1 932.873	13 110.173	−8.8
2012	9 678.87	493.487	10 172.357	−22.4
2013	11 166.14	3 299.6	14 465.74	42.2

数据来源：中国行业研究网、农业部市场与经济信息司

根据国家海关统计数据显示，2013年，中国农产品进出口总量是1 866.9亿美元，近14年每年平均13.5%的增长率，从本项目对中国农产

品进出口贸易量变化要素的研究分析来看，未来相当长时间内，中国农产品进出口总量在总体上处于加速增长态势，保守估算，仍然按每年平均13.5%的增长率计算，2020年中国农产品进出口总量达到2 468.3亿美元。2020年以后，随着黄河三角洲北海高效生态国际农港主要设施基本建成，港口及综合要素的带动效应，在未来4-5年时间内，中国农产品进出量保守估计在现有基础上增加5个百分点是没有问题的，即在2020—2025年期间，中国农产品进出口量每年平均将实现18.5%的增长率每年递增。按此计算，$35\ 101 \times (1.185)^5 = 82\ 018.4$万吨，即到2025年前后全国农产品进出口量将突破8亿吨。2025年以后，随着中国农业发展国际化步伐加快，黄河三角洲生态港口群必将在物流、信息、港口金融、中国农产品国际交易等领域实现质的飞跃，在规模上必将形成快速膨胀期。按一般产业增长周期十周年计算，这一高增长期有望保持到2035年，农港效应对中国每年农业进出口贸易带动将再增长8%，即中国农产品进出口量在2025年至2035年十年期间有望可能实现26.5%的平均年增长率。按此计算，$82\ 018.4 \times (1.265)^{10} = 860\ 630$万吨。即到2035年前后，全国农产品进出口量将超过86亿吨。随着产业发展的成熟，产业市场增长速度会逐渐回落。中国农产品进出口总量将处于一种较稳定的低速增长期。到2050年，中国农产品进出口总量可望突破100亿吨大关。（图4-5）。

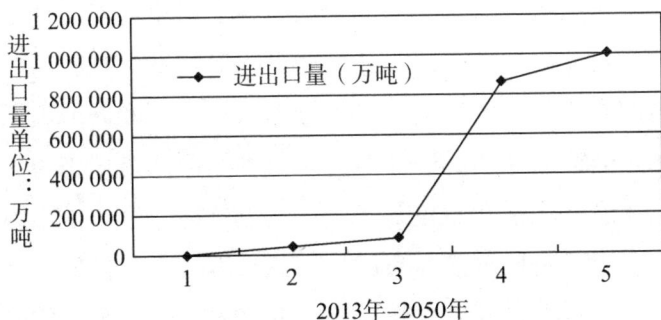

图4-5 2013—2050年中国农产品进出口量变化情况

第四节
黄河三角洲生态港口群建设发展市场分析与评估

一、黄河三角洲生态港口群未来发展市场定性分析

（1）从对中国和山东省多年农产品进出口量变化情况分析来看，山东和中国农产品进出口量多年来一直处于较高的增长态势，说明中国农业发展和国家农产品需求对海外市场的依存度逐年提高。这从另外一个侧面反映了对农产品进出口专用的码头和港口需求处于一个高增长常态。而中国目前没有一个专业化的农产品海港，因此，黄河三角洲北海专业化农港一旦建成，将具有很好的物流货源。

（2）从对影响山东及中国农产品进出口变化主要因素及变化趋势分析来看，全球化环境决定了世界各国农业国际化发展是未来农业发展的大趋势；从中国农业发展现状来看，农民的国际化意识逐渐加强，市场化、工业化发展成为中国农业发展新模式和趋势；从对国家发展战略的研究来看，本来就人多地少，又加上工业化、城市化对土地大量占用，环境问题对土地的破坏，国家农业产业人口结构的倒挂，这些构成了中国发展巨大的安全与稳定风险。作为一个人口大国和农业大国，不论是产业发展还是国家对农产品的需求，充分利用国际市场资源，中国农业发展走国际化道路既是必然也是需要，这也从另一个方面反映了中国农业发展和国家未来发展对国际农产品市场具有巨大的依赖。这为黄河三角洲北海国际农港建设发展提供了广阔的发展战略资源，同时也意味着黄河三角洲生态港口群一旦建成，必将迎来广阔的市场发展环境。

（3）黄河三角洲国际农产品进出口高效生态港发展的未来，不是单纯的物流港，而是集物流港、信息港、金融港、国际国内农产品商港于一身的高效生态的现代化国际综合港口。其港业区耦合、港产城一体化的发展模式在本质上是将产品市场、产业生产、产业资源，包括人才、技术、资金等诸多要素有机集成的发展模式。这一发展模式有巨大的战略发展空间和广阔的市场发展前景，势必伴随港区与腹地一体化区域经济空间结构的改变，奠定港口名副其实的港口规模绩效、产业引擎地位和城市（区）品牌效应。根据区域经济发展理论、港区与腹地经济发展理论和核心与边缘理论，结合中国农产品多年进出口量变化趋势以及未来影响要素分析，黄河三角洲国际农产品进出口高效生态港的发展轨迹可以分为起步成长期、发展完善期、港区业耦合发展期、成熟稳定发展期四个时期。

二、黄河三角洲生态港口群未来发展规模绩效动态变化定量评估

（一）港口起步成长期（2025—2030年）

这一时期需要5-6年的时间，黄河三角洲生态港口群建设发展主要处于物流港硬件配套设施建设阶段。该阶段对港区经济空间结构影响非常有限，在政府的大力支持下，港口物流网的逐步完善，以及港口经营者在业务上大力拓展。届时港口基本上能将全省农产品进出口业务80%囊括在黄河三角洲生态港口群。山东2013年全省农产品进出口为3 067万吨，占全国农产品进出口量21.2%，但是2000—2013年期间，山东农产品进出口总量占全国的市场份额基本上都在20%左右（图4-6），平均每年占全国农产品市场进出口总额的22.1%。根据前面市场预测，中国到2030年全国农产品进出量将达到35 101万吨。按此计算，2030年前后，黄河三角洲生态港口群农产品吞吐量将达到35 101×0.221×0.8=6 205.9万吨，再加港口其他业务，港口总吞吐量将7 000万吨~8 000万吨的规模，相当于青岛港1998年的规模，此时的北海农港与传统物流港在功能和影响基本上没

有区别，其综合经济效益与同规模的其他港口无差别。

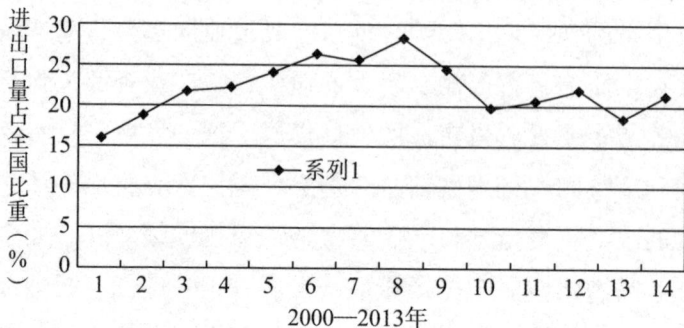

图4-6　2000—2013年山东农产品进出口量占全国比重变化情况

数据来源：中国行业研究网，农业部市场与经济信息司

（二）港口发展完善期（2030—2035年）

大约在2025年，随着黄河三角洲生态港口群物流基础设施与腹地物流网建设的完善，一个以农产品贸易为核心，集物流、信息流、资金流、国际国内农产品商贸及交易及相关产业集成发展于一身的高效生态的现代化国际综合港口基本呈现。这一时期，要重点加强港口内陆腹地交通大动脉的整合和完善，实行海港陆港同步建设的路子，同时加强港口业发展对资金、信息、仓储设备和管理技术等服务平台的建设。根据核心边缘理论，黄河三角洲北海高效生态国际农港货源腹地将辐射到整个山东、苏北、徽北、河南，河北、京津、内蒙古广大地区。从表4-5研究分析，届时港口吞吐量将大约囊括中国农产品进出口40%。根据对中国农产品未来进出口量市场预测，到2035年，中国农产品进出口总量将达到82 018.4万吨，按此计算，82 018.4×0.4=32 807.4万吨。即到2035年前后，黄河三角洲生态港口群农产品吞吐量将可达到32 807.4万吨，再加港口其他业务，港口总吞吐量将达到3.5亿吨的规模，届时黄河三角洲北

海高效生态国际农港将可达到青岛港2008年的规模①。此时的北海农港是一个以农产品贸易为核心，集物流、信息流、资金流、国际国内农产品商贸及交易及相关产业集成发展于一身的高效生态的现代化国际综合港口，港口对社会经济产业的发展带动和自身效益将是相同规模传统港口的3-5倍。

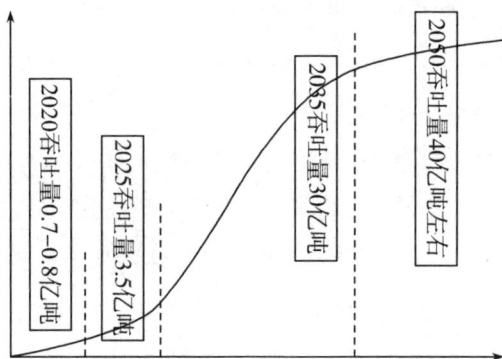

图4-7　黄河三角洲生态港口群未来发展规模和综合效益模型

（三）港、区、业耦合发展期（2035—2045年）

到2035年前后，随着黄河三角洲北海高效生态的现代化国际综合港口建设打造完毕，港口在物流、信息、港口金融、农产品国际商贸交易等服务日臻完善。这必将促进山东，并迅速扩散到中国北方乃至整个中国农业经济的发展模式和发展理念的转变，必将促进农业人才、农业技术、资本、市场信息在中国农业领域的集成发展，有利于

① 2003年青岛港吞吐量达1.4亿吨；2004年青岛港完成货物吞吐量1.61亿吨，2005年青岛港外贸吞吐量18 678万吨，列全国第二位；截至2006年11月，青岛港吞吐量胜利突破2亿吨；2007年，2.6亿吨；2008年，3亿吨；2009年，3.2亿吨；2010年，3.5亿吨；2011年，山东沿海所有港口吞吐量总计9亿吨；2012年，4亿吨；2013年，4.5亿吨。

实现中国农业发展充分利用国内国际两个市场资源，实现农业生产快速向工业化、专业化、特色化、现代化和国际化发展方向转变。同时促进中国农业相关产业的高速发展，与此同时，随着中国农业发展国际化步伐加快，黄河三角洲生态港口群必将在物流、信息、港口金融、农产品国际交易等领域实现质的飞跃，在规模上必将形成快速膨胀期。中国农业发展"以港兴区、以港兴业、区港互动、业港互动"的耦合发展模式基本形成。届时黄河三角洲北海高效生态国际农港货源腹地将辐射到中国华北、华中和西北大地区。届时在中国南方沿海的长三角地区、珠江三角地区会有一到两个同类型港口出现，中国北方渤海湾地区将有一个同类型的港口出现。但黄河三角洲北海高效生态国际农港港口吞吐量将大约囊括中国农产品进出口的35%。根据对中国农产品未来进出口量市场预测，到2045年，中国农产品进出口总量将达到82 018.4万吨，按此计算，860 630×0.35=301 220万吨。即到2045年前黄河三角洲生态港口群农产品吞吐量将可达到30亿吨的规模。此时的北海农港是一个以农产品贸易为核心，集物流、信息流、资金流、国际国内农产品商贸及交易及相关产业集成发展于一身的高效生态的现代化国际综合港口。港口对社会经济产业的发展带动和自身效益将是相同规模传统港口的7～8倍。

（四）港口成熟稳定发展期（2045—2055年）

黄河三角洲生态港口群经过一段港、区、业耦合高速发展时期以后，经过优化和完善，港、区、业耦合发展模式基本成熟，黄河三角洲北海高效生态现代化国际农港进入一个相当稳定高速的发展期。届时的黄河三角洲生态港口群在规模、服务功能、综合效益等领域都具有相当高的竞争水准，成为名副其实的现代化国际性综合港口，港口吞吐量将可达40亿吨左右。

第五章
黄河三角洲生态港口群的产业选择

　　黄河三角洲地区的港口位于渤海湾西南岸，是山东海上的北大门，地处黄河三角洲中心区域，位于京津冀和山东半岛两大经济发达地区的连接地带，是鲁西北地区唯一的货物进出口岸。黄河三角洲地区的港口是济南都市圈最近的出海口，是黄河三角洲高效生态经济区开发建设的重要港口，是建设山东半岛蓝色经济区、打造东北亚国际航运综合枢纽的重要支撑。黄河三角洲地区的港口腹地广阔，直接腹地为黄河三角洲地区，间接腹地包括东营、淄博、德州、聊城、济南、莱芜等地市及河北东南部地区，直接拉动鲁中、鲁西南、河北、河南、山西、陕西等区域经济的发展。

第一节
黄河三角洲地区的港口山东腹地产业经济分析

　　黄河三角洲地区的港口腹地广阔，囊括了山东省内六个地市。根据

2013年统计数据，省内腹地年末总人口为3 039.73万人、土地面积为19 917.3平方千米、地区生产总值为52 237亿元，均占山东省总量的三分之一左右，具体占比为31.2%，36.4%，33.2%。2013年，六地市人均GDP平均为72 007.7元，为山东省平均水平的1.28倍；进出口总值为522.42亿元，占山东省总量的29.6%；城镇化率的平均水平为55.81，高于山东省53.75的平均水平。具体情况如表5-1所示。

表5-1 黄河三角洲地区的港口2013年山东腹地经济社会发展情况统计表

地区	土地面积（平方千米）	年末总人口（万人）	地区生产总值（亿元）	增长率（%）	人均GDP（元）	进出口总值（亿美元）	城镇化率（%）
滨州	9 033	380.59	2 155.73	9.8	56 771	82.89	51.2
东营	7 923	208.49	3 250.2	11.2	156 356	131.48	63.19
淄博	5 965	459.26	3 801.24	9.5	82 889	90.08	65.31
德州	10 356	567.11	2 460.59	11.2	43 542	35.38	47.74
聊城	8 715	591.13	2 365.87	10	40 084	61.89	42.05
济南				9.6	75 022	95.66	66
莱芜	2246	133.27	653.48	10.1	49 390	25.04	55.18
合计或均值	52 237	3 039.73	19 917.3	10.2	72 007.71	522.42	55.81
全省	157 126	9 733.39	54 684.33	9.6	56 323	2 671.59	53.75
占比	0.332	0.312	0.364		1.278	0.196	

数据来源：《山东统计年鉴——2014》

注：2019年莱芜撤市，并入济南市。

一、黄河三角洲地区的港口山东腹地产业经济发展概况

黄河三角洲地区的港口山东腹地七地市，产业发展各具特色，经济发展较为迅速，经济实力较为强劲，产业经济发展基本情况如表5-2所示。

表5-2　黄河三角洲地区的港口2013年山东腹地产业经济发展情况统计表

地区	三次产业比重	第一产业增加值（亿元）	第二产业增加值（亿元）	第三产业增加值（亿元）	进口总值（亿美元）	出口总值（亿美元）	固定资产投资额（亿元）
滨州	9.8：51.3：38.9	211.02	1 106.1	838.61	47.47	35.43	1 517.18
东营	3.6：69.5：26.9	117.19	2 258.42	874.59	73.45	58.03	2 332.13
淄博	3.6：57.1：39.3	137.79	2 171.37	1 492.08	37.58	52.5	2 078.46
德州	11.1：52.9：36	273.54	1 301.67	885.38	15.12	20.26	1 686.61
聊城	12.1：53.2：34.7	287.15	1 258.15	820.57	41.86	20.03	1 511.09
济南	5.4：39.2：55.3	284.71	2 053.24	2 892.14	40.85	54.81	2 638.33
莱芜	7.6：56：36.4	49.34	366.19	237.95	17.53	7.51	472.63
全省	8.7：50.1：41.2	4 742.63	27 422.47	22 519.23	1 326.5	1 345.1	35 875.86

数据来源：《山东统计年鉴——2014》

（一）滨州市产业经济发展概况

滨州市位于山东省北部、黄河下游、鲁北平原，地处黄河三角洲腹地，北临渤海湾，东与东营市接壤，南和淄博市毗邻，西同德州市和济南市搭界，西北与河北省隔漳卫新河相望，是山东的北大门。2013年，滨州市地区生产总值达到2 155.73亿元，居山东省第13位，较2012年增长9.8%，人均GDP为56 771元，三次产业的比重为9.8：51.3：38.9，增加值

分别为211.02亿元、1 106.1亿元、838.61亿元，进出口总值为82.89亿美元，其中进口总值为47.47亿美元，出口总值为35.43亿美元，固定资产投资额为1 517.18亿元。目前，滨州市形成了以纺织、油盐化工、粮油加工、有色金属等为主导的产业集群，被誉为"中国家纺之都""中国油盐化工基地""中国粮棉果蔬基地""中国畜牧养殖基地"。

（二）东营市产业经济发展概况

东营市地处京津冀都市圈与山东半岛的结合部，是黄河三角洲经济区的重要组成部分，是黄河三角洲高效生态经济区和山东半岛蓝色经济区的核心开发区域。2013年，东营市地区生产总值达到3 250.2亿元，居山东省第8位，较2012年增长11.2%，高于全省平均水平1.6个百分点，人均GDP达到156 356元，是全省平均水平的2.78倍，三次产业的比重为3.6：69.5：26.9，增加值分别为117.19亿元、2 258.42亿元、874.59亿元，进出口总值为131.48亿美元，其中进口总值为73.45亿美元，出口总值为58.03亿美元，固定资产投资额为2 332.13亿元。东营是中国第二大油田胜利油田所在地，涵盖石油勘探、钻采、管道输送、石油化学品和石油工程技术服务等各个领域，是全国最集中的石油装备制造业区域，主营业务收入占到全国该行业的三分之一左右。

（三）淄博市产业经济发展概况

淄博市位于山东中部，西邻省会济南，东接潍坊、青岛，工业发展已有百年以上历史，是山东省及国内重要的工业城市。改革开放以来，淄博市经济实力日益增强，1992年以来，连续进入中国城市综合实力50强行列。2013年淄博市地区生产总值达到3 801.24亿元，居山东省第5位，较2012年增长9.5%；人均GDP为82 889元，是全省平均水平的1.47倍，三次产业的比重为3.6：57.1：39.3，增加值分别为137.79亿元、2 171.37亿元、1 492.08亿元，进出口总值为90.08亿美元，其中进口总值为37.58亿美元，出口总值为52.5亿美元，固定资产投资额为2 078.4亿元。淄博主导产业以石油及精细化工、机电装备、医药、纺织、建材、轻工、冶金、信息以及新材料最具代表性，是全国重要的石油化工、医药生产基地和建材产区，被誉为"中国陶瓷名城""新材料名都"等。

（四）德州市产业经济发展概况

德州市位于山东省西北部，是山东省的北大门，西、北两面与河北省交接。处于华北、华东两大经济区连结带和黄河三角洲经济圈、黄河三角洲高效生态农业区以及京津冀城市群交汇区内。2013年，德州市地区生产总值达到2 460.59亿元，居山东省第11位，较2012年增长11.2%，人均GDP为43 542元，三次产业的比重为11.1：52.9：36，增加值分别为273.54亿元、1 301.67亿元、885.38亿元，进出口总值为35.38亿美元，其中进口总值为15.12亿美元，出口总值为20.26亿美元，固定资产投资额为1 686.61亿元。德州市现已形成纺织、机械、建材、食品等支柱产业，是全国重要的棉纺、建材、玻璃钢、太阳能能源基地和中国粮油食品城，被誉为"中国太阳城""中国功能糖城""中国中央空调城""中国粮油食品城""中国汽车零部件产业城"。

（五）聊城市产业经济发展概况

聊城市地处山东省西部，位于华东、华中、华北三大区域交界处，是辐射冀鲁豫交界地区的中心城市、中原经济区东部核心城市、山东省会城市群经济圈副城市、山东西部经济隆起带中心城市。2013年，聊城市地区生产总值达到2365.87亿元，居山东省第12位，较2012年增长10%，人均GDP为40 084元；三次产业的比重为12.1：53.2：34.7，增加值分别为287.15亿元、1 258.15亿元、820.57亿元，进出口总值为61.89亿美元，其中进口总值为41.86亿美元，出口总值为20.03亿美元，固定资产投资额为1 511.09亿元。聊城市现已形成有色金属、化工和新能源汽车三大战略性支柱产业，已形成有色金属、新能源汽车、精细化工、环保造纸、纺织、食品加工等主导产业群，是国内最大的农用车生产基地、山东省最大的氧化铝生产基地，是全国重要的化肥生产基地，中国北方重要的商品粮、优质棉、蔬菜、果品、畜禽生产基地和农副产品深加工和出口基地。

（六）济南市产业经济发展概况

济南是山东省省会，是山东省政治、经济、文化、科教中心，是黄河三角洲经济区和京沪经济轴上的重要交汇点，山东半岛城市群和济南都市圈的核心城市。2013年，济南市地区生产总值达到5 230.19亿元，居山东省第3位，较2012年增长9.6%，人均GDP为75 022元，三次产业的比重为5.4∶39.2∶55.3，增加值分别为284.71亿元、2 053.24亿元、2 892.14亿元，进出口总值为95.66亿美元，其中进口总值为40.85亿美元，出口总值为54.81亿美元，固定资产投资额为2 638.33亿元。济南现已形成汽车、电子信息制造、机械装备三大主导产业，具有信息软件、交通装备、机械装备、食品医药、金融服务五大优势产业，是我国重要的重型汽车、轿车、摩托车研发生产基地，高档彩电生产基地和铁路货车生产基地。

（七）莱芜市产业经济发展概况

莱芜地处山东省中部。2013年，莱芜地区生产总值达到653.48亿元，居山东省第17位，较2012年增长10.1%；人均GDP为49 390元，三次产业的比重为7.6∶56∶36.4，增加值分别为49.34亿元、366.19亿元、237.95亿元；进出口总值为25.04亿美元，其中进口总值为17.53亿美元，出口总值为7.51亿美元，固定资产投资额为472.63亿元。莱芜已经发展成为以钢铁为主导的新兴工业城市，是山东钢铁生产和深加工基地、国家新材料产业化基地，2013年莱芜市钢产量达到1 400万吨。莱芜盛产生姜、大蒜、蜜桃等农产品，是"中国生姜之乡""中国花椒之乡""中国黄金蜜桃之乡"。

二、黄河三角洲地区产业经济发展形势分析

黄河三角洲地区土地面积9 033平方千米，人口380.59万，历史上曾是山东省经济落后地区之一。"十五"以来，黄河三角洲地区通过新型工业化和农业产业化，推动经济社会实现又好又快发展，2013年实现地区

生产总值2 155.73亿元。

（一）黄河三角洲地区产业经济增长趋势分析

改革开放以来，黄河三角洲地区经济发展速度很快，"八五""九五""十五""十一五"时期，以滨州市为例、滨州地区生产总值年均增长速度分别为17.42%，12.99%，15.8%，14.9%，"十二五"时期前三年地区生产总值年均增长速度为10.84%。利用二次指数平滑法对滨州市GDP增长情况进行预测，滨州地区2003—2013年GDP数据，如图5-1所示，大致呈线性增长趋势，适用二次指数平滑法预测要求。[①]

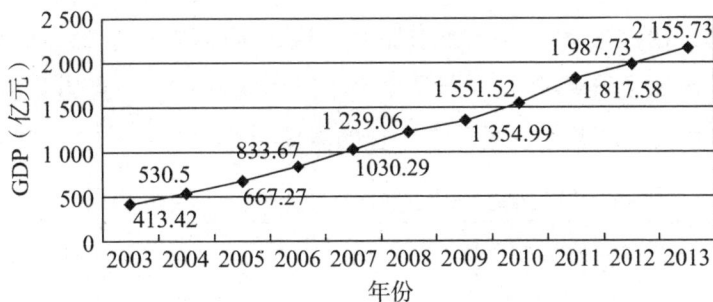

图5-1　2003—2013年滨州GDP趋势图

利用Eviews6.0计量软件，采用二次指数平滑法预测2014—2018年滨州GDP分别为2 347.22，2 534.13，2 721.04，2 907.95，3 094.86亿元。预测情况表明，2018年滨州市GDP将超过3 000亿元。但实际上，2014—2018年，滨州地区GDP分别为2 276.71亿、2 355.33亿、2 470.10亿、2 612.9亿、2 640.5亿，实际增长情况与预测相差了359.7亿元，说明滨州地区经济发展速度有放缓的趋势。

---

① 二次指数平滑法预测要求时间序列具有线性趋势。

（二）黄河三角洲地区产业经济发展比较分析

（1）黄河三角洲地区三产结构比较分析。

表5-3列出了黄河三角洲地区2009—2013年五年间三次产业的基本情况。近年来，黄河三角洲第一产业增加值占比基本在10%左右，呈现一定的下降趋势，以2011年为界，之前占比基本达到10%，之后则降到10%以下，维持在9.5%-9.8%之间；第二产业增加值占比呈现较明显的下降趋势，且下降速度随时间的推移具有趋缓趋势，2009—2013年五年间下降值分别为：1.7、1.1、0.9、1.3；第三产业增加值占比呈现较为明显的上升优势，2009—2013年五年间的下降值分别为：1.8、2.5、1.2、1。总体而言，黄河三角洲地区三次产业增加值结构比例呈现一、二产比例下降，三次产业占比上升趋势，一产占比变动较为缓慢，二三产占比变动相对较大，但总体变动较慢，且具有一定的波动趋势。

表5-3　黄河三角洲地区三次产业增加值占比情况表（亿元）

	2009	2010	2011	2012	2013
GDP	1 354.99	1 551.52	1 817.58	1 987.73	2 155.73
一产增加值	135.93	155.48	178.07	189.51	211.02
二产增加值	763.36	847.31	972.29	1 045.61	1 106.1
三产增加值	455.7	548.73	667.22	752.61	838.61
三产结构比	10∶56.3∶33.6	10∶54.6∶35.4	9.8∶53.5∶36.7	9.5∶52.6∶37.9	9.8∶51.3∶38.9

数据来源：《滨州统计年鉴》（2011—2014年）

表5-4列出了黄河三角洲地区的港口山东腹地各地市以及山东经济发达地市2013年三次产业增加值占比情况，黄河三角洲地区2013年三次产业结构增加值占比为9.8∶51.3∶38.9。山东省经济相对发达的地市三次产

业增加值占比基本特征为：青岛市服务业增加值占比高、农业占比低，烟台市工业占比高，潍坊市农业、工业占比较高，临沂市农业、服务业占比相对较高。黄河三角洲地区与山东省经济发达地市比较，农业占比较高，工业占比较之工业发达地市偏低，服务业比例有待提升；与黄河三角洲地区的港口山东腹地的其他地市比较，一产占比较高，二产占比偏低；与全省综合情况比较，一产业占比高于全省1.1，工业占比高于全省1.2，服务业占比低于全省2.3。

表5-4　2013年黄河三角洲地区三产增加值结构比省内比较

城市	滨州	东营	淄博	德州
三次产业比重	9.8：51.3：38.9	3.6：69.5：26.9	3.6：57.1：39.3	11.1：52.9：36
城市	聊城	济南	莱芜	全省
三次产业比重	12.1：53.2：34.7	5.4：39.2：55.3	7.6：56：36.4	8.7：50.1：41.2
城市	青岛	烟台	潍坊	临沂
三次产业比重	4.4：45.5：50.1	7.5：54.8：37.7	9.8：52：38.2	9.7：47.5：42.8

数据来源：《山东统计年鉴——2014》

总体而言，黄河三角洲地区的三次产业结构，农业占比相对较高，与其他地市相比，农业对GDP增长贡献了较大的力量，这与黄河三角洲是农业大市的地位是相匹配的。就全省结构来看，黄河三角洲地区的产业结构表明其发展程度还较低，低于全省平均水平。黄河三角洲地区应依托农业的优势地位，大力推进农业产业化水平，拉长农业产业链，大力发展高附加值的农产品深加工业及高端农业服务业，拉动一、二、三产更快增长。

（2）黄河三角洲地区区域产业经济发展比较分析。

滨州所辖滨城区、沾化区、惠民县、阳信县、无棣县、博兴县、邹平县五县二区，区域经济发展具有很明显的不平衡性。按照经济发展总量水平，五县二区总体可以分为四个梯队，如表5-5所示。第一梯队为邹平县（GDP总量超过700亿元），第二梯队为滨城区（GDP总量超过300亿

元），第三梯队为博兴县、无棣县（GDP总量超过200亿元），第四梯队
为惠民县、沾化区、阳信县（GDP总量超过100亿元）。前端梯队成员数
目少，后端梯队成员数目多，且不同梯队间规模差距大。第一梯队邹平县
GDP总量是第四梯队阳信县的六倍多，其GDP占总量比例为36.6%；第一、
二梯队两成员GDP之和占总量的比值超过半数，达到53.1%，但一、二梯队
两成员间差距也较大，邹平县总量是滨城区的两倍多，邹平县是黄河三角
洲地区经济发展当之无愧的"火车头"。而第四梯队惠民县、沾化县、阳
信县三成员，2013年GDP总量仅占五县二区的22.1%。

表5-5　黄河三角洲地区区域经济发展的梯队分类

梯队划分	第一梯队	第二梯队	第三梯队		第四梯队		
区域	邹平县	滨城区	博兴县	无棣县	惠民县	沾化区	阳信县
GDP	751.13	339.23	283.16	225.57	164.62	162.04	126.34
一产增加值	38.15	11.11	22.89	33.9	31.95	36.32	22.75
二产增加值	473.92	164.14	150.51	117.13	66.14	60.54	51.26
三产增加值	239.06	163.98	109.77	74.54	66.54	65.18	52.33
三产结构比	5:63:32	3:48:48	8:53:39	15:52:33	19:40:40	22:37:40	18:41:41
人均GDP	95 213	66 562	57 297	56 875	27 037	45 504	29 227

数据来源：《滨州统计年鉴——2014》，所有数据为2013年数据，除人均GDP单位为元
外，其余数据单位为亿元

从三次产业的发展情况来看，先进梯队第二产业增加值占比较大，其
中邹平县第二产业增加值占比达到63.1%；后进梯队第一产业增加值占比较

大，惠民、沾化、阳信三个县第一产业增加值比重分别达到19.4%，22.4%和18%。滨城区因是滨州地区城中心驻地，服务业发达，二、三产业增加值占比几乎相等，分别为48.4%，48.3%，一产增加值占比则低至3.3%。第三梯队所属两县，第二产业增加值占比差别不大，一、三产业增加值占比差距较大，博兴县较之无棣县一产业增加值占比较小，三产增加值占比较大。总体而言，经济越发达，二、三次产业增加值占比越高。

（三）黄河三角洲地区区域产业经济发展战略分析

黄河三角洲地区经济发展总体呈现"南强北弱"的格局，各地产业发展优势存在较大差别。南部邹平、滨城、博兴三县区经济发展程度高，邹平、博兴两县工业项目多，纺织服装、粮油加工、有色金属等产业实力强，滨城区生物制药、汽车电子等现代制造和高新技术产业发展优势明显。北部无棣、惠民、沾化、阳信四县区发展程度低，沾化、无棣两县油盐化工、船舶制造、冶金机械产业具有优势，惠民、阳信两县工业化程度较低，农业经济是主要支柱。

结合黄河三角洲社会经济发展现状，依托区域资源和产业优势，滨州地区确立了"南部跨越、中部突围、北部崛起，全力打造区域经济全面发展"战略。南部（邹平、博兴、高新区）突出"高"和"新"，着力打造国内新材料产业基地、装备制造业加工和研发基地、高端服务业聚集区；中部突围，中部（滨城、惠民、阳信、黄河三角洲经济开发区）突出"绿"和"特"，集中建设高效生态农业示范带；北部崛起，北部（沾化、无棣、北海经济开发区）突出"大"和"强"，发挥临港优势，大力建设临港产业聚集区。

同时，结合区域资源和产业优势，滨州确立了各经济开发区重点产业发展战略。北海经济开发区重点发展油盐化工、现代物流、装备制造、海洋产业等产业，滨州经济开发区重点发展纺织服装、汽车制造、农产品加工、现代服务业等产业，滨州高新区重点发展电子信息、装备制造、生物医药、生态化工、能源环保等产业，邹平经济开发区重点发展纺织服装、食品加工、铝制品深加工等产业，滨州工业园重点发展印染纺织、农副产品深加工、建筑建材、精细化工等产业，博兴经济开发区重点发展农副产品深加工、石油化工、精细化工、机械制造等产业，无棣经济开发区重点发展服装面料、高档贝瓷、清洁能源、机械制造、农副产品深加工、木制品加工等产业，沾化经济开发区重点发展食物医药、油盐化工、新材料等产业，惠民经济开发区重点发展新能源、机械制造、生物医药、农副产品深加工、汽车零部件等产业，阳信经济开发区重点发展油气化工、不锈钢制品、木器制造、农产品加工等产业。

黄河三角洲地区所确立的区域产业经济发展战略，密切结合了区域经济发展现状及所具有的优势，重视区域之间的协同作用和产业集聚作用，以主导产业为突破口，以战略性新兴产业为重要方向，勾画出以产业发展带动区域经济，以分工合作、协同发展促进区域经济全面发展的蓝图。

第二节
黄河三角洲地区港口与产业经济发展的关联分析

港口和区域经济之间是一种互相促进、共同发展的关系。与此同时，产业经济布局是促进区域经济发展的重要因素，区域内产业经济的发展情况在一定程度上体现了本区域经济的发展态势。港口在区域经济发展中具有无可比拟的优势：港口作为海陆枢纽，连接国内外市场；港口作为转运点，降低了区域产业发展的运输费用；港口作为人流、物流、资金流、信息流的节点，不但成为信息汇集中心，且为融资提供了便利；港口配套齐全的基础设施，为其他产业的发展提供基础条件；港口的区域优势条件为产业发展带来集聚效应。有无港口对城市的产业结构影响很大，港口对促进区域经济发展具有重要作用。从三次产业一般变动趋势来看，随着国民经济的发展，第一产业比例不断缩减，第二产业比例不断上升，到一定程度出现停滞或下降，第三产业比例不断上升。港口必须适应区域经济三次产业结构发展变化的要求，但从产值的绝对量上看，三次产业随着时间推移不断提升，这种趋势对港口吞吐能力和吞吐结构提出了日益增长的要求。本部分结合黄河三角洲地区的港口与产业经济发展的相关数据，对其中的关系进行实证分析。

一、黄河三角洲地区港口群[①]与产业经济关联实证分析

区域产业经济的发展受到多重因素的影响，港口是其重要的影响因素之一，但港口物流与区域产业经济关系错综复杂，它们的发展具有动态性和不确定性，是一个复杂的灰色系统。从现有研究成果来看，用灰色关联度对区域产业经济与港口关联分析已成为研究两者关系的主流方法。

将黄河三角洲地区的港口群货物吞吐量作为参考序列，黄河三角洲GDP和三次产业增加值作为比较序列。选取2001—2013年黄河三角洲地区的港口吞吐量、GDP总量、三次产业增加值为样本，为消除量纲采用各指标序列的实际增长率，得到实际样本数据，相关变量变动的基本趋势如图5-3所示。[②]

――――――――――

① 本部分港口群特指地区范围内的所有港口的集合，统计口径以地区所有港口货物吞吐量为准。

② 港口货物吞吐量增长率根据黄河三角洲港口货物吞吐量2001—2013年数据核算，黄河三角洲港口货物吞吐量2001—2012年数据来自《中国港口年鉴》（2003—2013），2013年数据来自《2013年滨州市国民经济和社会发展统计公报》，值得注意的是，鉴于数据可获得性和均衡性，2001—2012年数据均以港口年鉴以滨州港为统计口径，早期的东风港数据并没有纳入统计范畴，存在一定程度的偏差。其他四项数据均直接来自《滨州统计年鉴》（2002—2014）按可比价格计算的实际增长率。

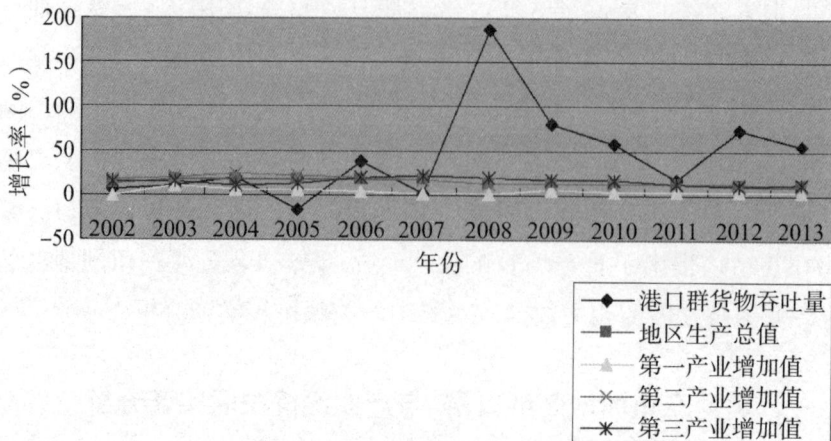

图5-2 滨州港口群货物吞吐量与产业经济增长率

图5-2展示滨州港口货物吞吐量及产业经济发展的基本情况，2002年—2013年港口货物吞吐量波动较大，对于2002—2007年和2008—2013年两个样本，前者波动程度相对较缓，后者波动较大。实际GDP增长率2006年之前主要是上升趋势，且总体发展速度较快，之后则呈现下降趋势，总体速度较慢。第一产业增长率，相对较平稳，平均增长率为4.8%，但个别年份波动较大，甚至为负值，如2002年增长率为-0.8%。第二产业增长率总体波动较缓，2006年以前增长率在20%左右，最高年份为2004年，达到24.1%，2008年之后增长速度趋缓，基本维持在12%左右。第三产业增长大致呈现与第二产业相同的趋势，波动较为平缓，2007年之前基本呈现上升趋势，之后则较为平稳下降，至2013年降为12.5%。黄河三角洲地区的港口货物吞吐量的增长情况与其他四类指标的增长趋势，呈现出一定的相似变化，接下来通过灰色关联分析法进一步实证分析。

以黄河三角洲地区的港口货物吞吐量增长率Y为参考序列，以GDP、三次产业增长率（X1、X2、X3、X4）为比较序列，利用GM软件选择灰色关联度进行运算，分辨系数取0.5，得到灰色关联度分别为0.818 7、0.647、0.818 2、0.814 1。

黄河三角洲地区的港口货物吞吐量与GDP及三次产业之间的关联度均大于0.6，关联具有显著性。[①]其中港口货物吞吐量与GDP、第二产业、第三产业的关联度几乎相当，均超过0.81，排序为GDP、第二产业、第三产业，这说明黄河三角洲地区的港口与三者有较强的关联关系。港口吞吐量与第一产业的关联度相对较弱，灰色关联度为0.616，刚刚超过0.6的临界水平，一定程度上说明两者的关联关系虽显著但相对不强。为比较研究，综合港口吞吐绝对量变化、GDP及三次产业的变化趋势，将总体样本分为2002—2007年和2008—2013年两个分样本进行计算比较，如表5-6所示。

表5-6　黄河三角洲地区的港口货物吞吐量与产业经济发展的灰色关联度分样本比较

年份	GDP	第一产业	第二产业	第三产业
2002—2007	0.874 6	0.561 1	0.873 8	0.859 4
2008—2013	0.647 9	0.478 5	0.615	0.716 6

综合比较两个样本，黄河三角洲地区的港口货物吞吐量与GDP、三次产业早期样本的灰色关联度均好于晚期样本。对于第一产业而言，前期样本关联度为0.561 1，后期样本为0.478 5，按照0.6的显著性临界判断标准，两个样本期灰色关联均不显著，这表明港口吞吐量与第一产业灰色关联度不强。

---

① 依据经验，一般而言，当分辨系数取值为0.5时，关联度大于0.6就认为关联显著。

二、青岛、烟台港口群与产业经济关联实证分析

表5-7为2012年与2013年山东省沿海港口群货物吞吐量统计表。从表中数据可知，就港口货物吞吐量规模来说，将七个港口群划分为四个梯队，分别为：青岛港为第一梯队，日照港和烟台港为第二梯队，威海港为第三梯队，潍坊、东营、滨州港口群则为第四梯队。2013年，青岛市、烟台市的地区生产总值分别达到7 302.11亿元、5 281.38亿元，位居山东省第一位和第二位；2013年，青岛、烟台港口群的货物吞吐量分别达到45 782万吨、28 680万吨，分别位居山东省第一位和第三位。选取经济和港口实力均位于山东省前列的青岛港口群和烟台港口群与黄河三角洲地区的港口群进行对比分析。

表5-7　近两年山东省沿海港口群货物吞吐量统计表　单位：万吨

	青岛港口	日照港口	烟台港口	威海港口	潍坊港口	东营港口	滨州港口	合计
2012	41 465	28 387	27 029.8	6 200	2 031	832	710	106 654.8
2013	45 782	31 800	28 680	7 001	2 331.9	1 421	1 112	118 127.9
两年合计	87 247	60 187	55 709.8	13 201	4 362.9	2 253	1 822	224 782.7
梯队划分	第一梯队	第二梯队		第三梯队	第四梯队			

注：青岛、日照、烟台、潍坊、威海五地市数据主要来源于五地市历年统计年鉴及统计公报，东营和黄河三角洲数据来源于《中国港口统计年鉴》。

（一）青岛港口群与产业经济的关联分析

将青岛港口货物吞吐量作为参考序列，青岛GDP总值和三次产业增加值作为比较序列。选取2001—2013年青岛港货物吞吐量、GDP、三次产业增加值为样本，为消除量纲采用各指标序列的增长率，得到实际样本数

据为2002—2013年。相关变量变动的基本趋势如图5-3所示。①

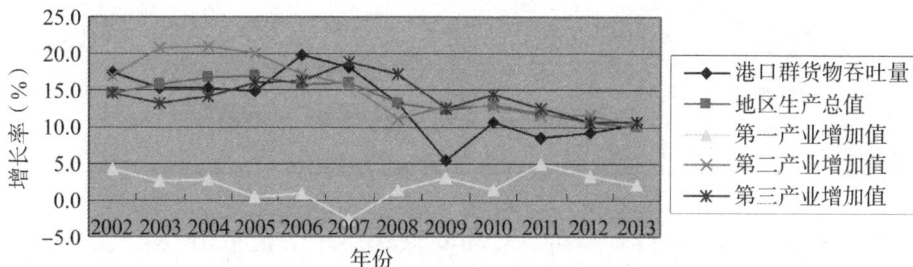

图5-3　青岛港口群货物吞吐量与产业经济增长率

青岛港口群货物吞吐量增长率2002—2005年呈现递减趋势，但2006年达到峰值19.8%，继而下降，至2009年达到谷底5.5%，继而上升至10%左右的平稳水平，总体上呈现递减趋势；地区生产总值（GDP）增长率总体以2007年为界，呈现趋升趋降过程，总体波动较小，与港口货物吞吐量增长率大致存在趋势一致性特征；三次产业增加值增长率，第一产业变动绝对值较小，第二、第三产业增加值增长率总体呈现趋降趋势，第二产业、第三产业呈现较为明显的与港口货物吞吐量增长率大致一致的趋势。

以青岛港货物吞吐量增长率为参考序列，以GDP、三次产业增加值增长率为比较序列，计算灰色关联度，分辨系数取0.5，得到灰色关联度分别为0.814 2，0.637 3，0.825 1，0.811 4。同时，将总体样本分为2002—2007年和2008—2013年两个分样本，进行对比分析，经计算各指标的灰色关联度，如表5-8所示。

---

① 港口货物吞吐量增长率根据青岛港口货物吞吐量2001—2013年数据核算，数据来自《青岛统计年鉴》（2002—2014），其他四项数据均直接来自《青岛统计年鉴》（2002—2014）按可比价格计算的实际增长率。

表5-8　青岛港口群货物吞吐量与产业经济发展的灰色关联度

	GDP	第一产业	第二产业	第三产业
2002—2013	0.814 2	0.637 3	0.825 1	0.811 4
2002—2007	0.856 6	0.643 2	0.812 9	0.899 1
2008—2013	0.899 5	0.636 8	0.830 6	0.929 7

从2002—2013年样本来看，青岛港口货物吞吐量与GDP及三次产业的关联度四项指标均具有灰色关联的显著性。其中，GDP及第二、三次产业三项指标的灰色关联程度超过0.8，且三者大致相同，比较而言第二产业关联度最强，为0.825，GDP次之。港口货物吞吐与第一产业的灰色关联度为0.64，虽具有显著性，但弱于与其他三项指标的关联。

在2002—2007年的样本期内，港口货物吞吐量与GDP、三次产业关联度均超过0.6，灰色关联是显著的，按照关联程度由高到低的顺序排序分别为第三产业、GDP、第二产业、第一产业，灰色关联度分别为0.9，0.86，0.81，0.64。在2008—2013年的样本期内，各项指标也是显著的，按照关联程度由高到低的顺序排序与前样本期是一致的，灰色关联度分别为0.93，0.9，0.83，0.64。综合来看，除第一产业外，后样本期的关联度情况要好于前样本期。

（二）烟台港口群与产业经济的关联分析

将烟台港口群货物吞吐量作为参考序列，GDP和三次产业增加值作为比较序列。选取2001—2013年烟台港货物吞吐量、GDP、三次产业增加值为样本，为消除量纲采用各指标序列的增长率，得到实际样本数据为2002—2013年。相关变量变动的基本趋势如图5-5所示。[①]

---

① 港口货物吞吐量增长率根据烟台港口货物吞吐量2001—2013年数据核算，数据来自《烟台统计年鉴》（2002—2014），其他四项数据均直接来自《烟台统计年鉴》（2002—2014）按可比价格计算的实际增长率。

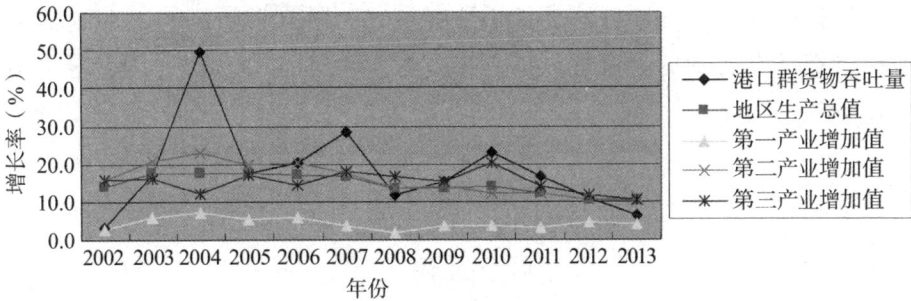

图5-4　烟台港口群货物吞吐量与产业经济增长率

图5-4展示了烟台港口群与产业经济的基本关系，从折线图来看，烟台港口群货物吞吐量增长率总体波动较大，但大致呈现递减趋势，2004年、2007年、2010年是三个峰值，分别为49.6%，28.5%，23.2%；地区生产总值（GDP）总体较为平稳，以2005年为界，前期递增后期递减，总体呈现递减趋势；三次产业增加值增长率，第一产业变动较小，第三产业波动频繁，但波动幅度相对不大，第二产业较为平缓，总体呈现趋减趋势，从图形上判断，四项指标与港口群货物吞吐量存在一定的一致趋势。

以烟台港口群货物吞吐量增长率为参考序列，以GDP、三次产业增加值增长率为比较序列，计算灰色关联度，分辨系数取0.5，得到灰色关联度分别为0.652 922，0.677 633，0.651 119，0.650 323。综合港口货物吞吐量、GDP及三次产业发展的基本情况，将总体样本分为2002—2007年和2008—2013两个分样本，进行对比分析，经计算各指标的灰色关联度如表5-9所示。

表5-9　烟台港口群货物吞吐量与产业经济发展的灰色关联度

	GDP	第一产业	第二产业	第三产业
2002—2013	0.652 9	0.677 6	0.651 1	0.650 3
2002—2007	0.614 7	0.639 3	0.616 8	0.607 5
2008—2013	0.713 5	0.654 2	0.703 5	0.724 2

从实证数据来看，各样本各指标的灰色关联度均超过0.6，说明每一项指标都具有关联的显著性，但各指标数据基本在0.6~0.7之间，最大值0.72，最小值0.61，一定程度上说明各样本指标与港口货物吞吐量关联度不强。从三类样本综合评价来看，第二分样本的总体关联程度要好于总体样本和第一分样本。就总体样本而言，灰色关联度排序为第一产业、GDP、第二产业、第三产业，但差距不大。第一分样本排序为，第一产业、第二产业、GDP、第三产业，差距也非常小；第二分样本排序为第三产业、GDP、第二产业、第一产业，前三项指标与第四项指标差距较大，但前三项指标之间差距不大。

三、黄河三角洲与青岛和烟台的比较分析

结合前两部分黄河三角洲、青岛、烟台港口与产业经济的灰色关联分析结果，综合对比分析，如表5-10所示。

表5-10　黄河三角洲与青岛、烟台港口群产业经济关联比较

港口群	样本期	GDP	第一产业	第二产业	第三产业
黄河三角洲	2002—2013	0.818 7	0.647	0.818 2	0.814 1
	2002—2007	0.874 6	0.561 1	0.873 8	0.859 4
	2008—2013	0.647 9	0.478 5	0.615	0.716 6
青岛	2002—2013	0.814 2	0.637 3	0.825 1	0.811 4
	2002—2007	0.856 6	0.643 2	0.812 9	0.899 1
	2008—2013	0.899 5	0.636 8	0.830 6	0.929 7
烟台	2002—2013	0.652 9	0.677 6	0.651 1	0.650 3
	2002—2007	0.614 7	0.639 3	0.616 8	0.607 5
	2008—2013	0.713 5	0.654 2	0.703 5	0.724 2

在2002—2013年样本期内，就灰色关联度来看，黄河三角洲地区的

港口群与产业经济关联情况与青岛港口情况类似，两者较之烟台港口与产业经济关联情况明显较好。从地区生产总值和港口、吞吐量规模来看，两项指标青岛均列省内第一位，属于强港口、强经济类别，而黄河三角洲地区生产总值规模在山东省沿海港口地市中相对较弱，而港口吞吐量也位居七个地市最后一位，但港口与产业经济的灰色关联度较高。综合对比港口与四项指标的灰色关联度，黄河三角洲和青岛数据均显示，港口群货物吞吐与第一产业的关联较之于其他三项指标要微弱得多。不同的样本期内，不同的港口与经济及产业的关联作用是不一样的。就2002—2007年与2008—2013年两个分样本，纵横比较而言，青岛和烟台均是后期样本拟合好于前期样本，而黄河三角洲则是前期样本关联明显好于后期样本，说明一定程度上黄河三角洲地区的港口与产业经济关联关系近年来具有趋松趋势。

以上分析表明，港口与经济增长互动作用是明显的，经济增长带来对港口物流的需求，港口物流的发展为经济增长带来强有力支撑，两者相互关联。但不同产业与港口关联是不一样的，从三次产业角度考察，一般而言，港口与二、三产业的关联作用远远高于第一产业。黄河三角洲地区的港口与黄河三角洲经济发展具有较强的关联作用，尤其是2002—2007年样本期内两者的关联颇具显著性，但近期样本内黄河三角洲地区的港口与经济发展的互动关联作用明显减弱，这说明近年来黄河三角洲地区的港口对黄河三角洲经济发展的支撑作用可能有所减弱或者说经济发展对黄河三角洲地区的港口发展的拉动作用可能变弱，这种关联关系的减弱同时反应在黄河三角洲地区的港口与一、二、三产业关联关系上。

第三节　黄河三角洲地区主导产业体系分析

在区域经济发展过程中，各产业所起的作用是不同的，主导产业①的作用尤为重要。主导产业选择基准在不同的社会经济条件下应有不同侧重。目前，主导产业选择的基准主要包括：产业关联基准、经济增长基准、收入弹性和生产率上升基准、比较优势基准、就业基准、生态基准、社会生活协调效应基准等，其中前三个基准被公认为产业选择的三大基准，同时比较优势基准也是主导产业选择过程中经常考虑的一个重要方面。在实际选择过程中，应结合地区发展实际，考虑各种因素的影响，综合采用多种衡量标准选择真正适合地区发展的主导产业体系。黄河三角洲主导产业选择对于港产联动的顺利实施具有非常重要的作用。

目前，黄河三角洲地区在纺织、油盐化工、粮油加工、有色金属等传统优势主导产业基础上，确立了家纺服装、生态化工、绿色食品深加工、先进装备制造四大主导产业，以及大力发展新材料、新医药、新能源、新信息、节能环保、海洋开发六大战略性新兴产业，以及物流业、金融保险业、信息业三大生产性服务业优先发展的综合产业发展体系。

一、四大主导产业

四大主导产业基本是依托传统优势产业基础而成的，已具备了相当的发展基础。纺织服装产业以传统家纺业为基础，纺织行业一直是黄河

---

① 主导产业指产值比重较高、增长率高、产业关联性强，能够对其他产业和区域经济发展产生较强带动作用的产业。

三角洲的传统和支柱产业，在工业经济中占有很大份额，是黄河三角洲规模最大的支柱产业，棉纺能力占全国的十分之一左右，2013年纱产量达到140.7万吨，其中棉纱139.1万吨，占全省的20%以上，2013年纺织业实现工业生产总值2 174.7亿元。黄河三角洲棉纺拥有众多的国内外知名大型企业，包括世界最大的棉纺生产企业魏桥集团、中国最大的毛巾生产企业亚光集团、中国最大的综合纺织印染企业华纺公司。黄河三角洲纺织产业涉及棉纺织、毛纺织、针织、印染、家用纺织品、服装等，产业链条基本完整，但产业链条基本处在资源及能源依赖大、环境承载重的初、中级阶段，初级产能有余，服装、产业用纺织品等下游成品产能明显不足，产业链条长度、深度尚有很大的发展空间。

生态化工业以油盐化工业为基础，黄河三角洲油盐化工行业依托境内丰富的油气资源和原盐资源，形成了石化、盐化、精细化工等多个行业，其贡献的经济总量占全市化工行业经济总量的80%以上。石油化工拥有京博石化、中海沥青、鑫岳化工、中海精细化工等龙头企业。产业链条基本处在对原油的一次、二次加工阶段，以天然气为原料的加工企业较少。总体上精细油化工产品在产品链中所占份额较小，高附加值产品甚少。黄河三角洲原盐资源丰富，2013年累计生产原盐203万吨。盐化工拥有滨化集团、鲁北化工、海明化工等龙头企业，产品主要有制盐、烧碱、氯气、聚氯乙烯、溴素、三氯乙烯、农药等，产品多处于产品链的上游。

绿色食品深加工业以粮油加工产业为基础，黄河三角洲粮油加工产业已形成以大豆色拉油、大豆蛋白纤维、葡萄糖、山梨醇等为主的产品系列，西王集团、渤海油脂、香驰粮油等骨干企业在国内外享有盛誉。以西王集团为龙头的玉米深加工产业链，已基本延伸到产业链条的高端部分，可以生产药用级、保健及功能性产品，企业规模和产品技术水平在国内具有一定竞争优势。大豆加工产业，以渤海油脂和香驰粮油为龙头，拥有200万吨大豆加工能力。主要以浸出制取大豆油、获得大豆粕简单加工为主，大豆深加工产业原料主要依靠进口，产业链向下游发展的程度与先进国家相比还远远不够。小麦深加工具有资源基础，以泰裕麦业为龙头，面制品市场占有率和知名度较高，但产业链向下游延伸还远远不够，产品附加值不高。

打造先进装备业制造基地是黄河三角洲"十二五"规划确立的重要目标，装备制造业也成为黄河三角洲确立的主导产业之一。装备制造业为国民经济各行业提供技术装备，是各行业产业升级、技术进步的重要保障，堪称国计民生的"工作母机"，它是各个工业化或后工业化国家的主导产业。黄河三角洲目前装备制造业涉及传统涉海装备制造业、汽车制造、飞机制造等多个领域，拥有滨州活塞、盟威集团、长星风电、滨奥飞机、华兴机械、齐星铁塔等骨干龙头企业。

四大主导产业体系中，传统产业和化工产业所占比重高，而这些产业基本处于产业链的下游环节，对其他产业的拉动作用较弱，主导产业的带动优势不足。纺织服装业产业链拓展缓慢，上游化纤、下游服装在产业链中的比值很低，总体附加值程度低；生态化工产业技术密集度较低，主要依托油盐气资源，加工程度低、研发能力弱，精细化工等高附加值链条薄弱；绿色食品深加工单位增加值中间投入高，主要源自大进大出的粮油加工环节，空间布局和物流体系的支撑尚有欠缺；先进装备制造业发展潜力巨大，但目前总体水平较低，研发集成能力较弱，对其他产业的带动作用也不足。

对比产业关联基准、经济增长基准、收入弹性和生产率上升基准、比较优势基准四大产业选择的基准，与黄河三角洲四大主导产业自身特征及黄河三角洲现有基础，黄河三角洲四大主导产业的选择，基本建立在比较优势基准基础上，综合考虑其他基准，尤其是家纺服装、生态化工、绿色食品深加工三大产业，目前已具备了相当的发展实力。但先进装备制造业除依托已有发展基础外，更多的是依托这一产业拥有的巨大增长潜力，对区域经济发展及其他产业的拉动作用明显。黄河三角洲四大主导产业的选择明显结合了地区发展优势，但四大产业自身的发展及带动作用的显现仍有很长的路程要走。

二、战略性新兴及生产性服务业

黄河三角洲以抓抢新兴产业发展的良好机遇为前提，确定了新材料、新医药、新能源、新信息、节能环保、海洋开发六大战略性新兴产业。六大产业也是建立在现有产业基础上，明确了产业发展方向。如新材料产业重点发展特种钢、铝制品新材料和镍铁合金材料等新材料、化工新材料、纺织新材料、建筑新材料、陶瓷新材料、密封材料等行业；新医药重点发展生物制药、新型原料药、海洋保健品、现代中药、医疗器械、化学药品等行业；新能源重点加快以风能、生物质能、太阳能等为重点的新能源产业发展；新信息做大做强新型电子元器件产业，大力发展新型环保电源产业，壮大光电子、半导体照明及光伏电池产业规模，大力促进软件产业发展；节能环保产业重点开发推广节能环保关键技术和装备，培育相关服务企业，打造相关产业基地；海洋开发产业重点发展海洋装备、船舶运输及港口仓储服务等外延服务及海水综合利用产业。

生产性服务业是为保持工业生产连续进行、促进工业产业升级和技术进步、提高生产效率提供保障服务的产业，生产性服务业是促进产业发展的重要支撑。黄河三角洲地区确立了物流业、金融保险业及信息业三大生产性服务业优先发展的战略，并明确了发展重点。黄河三角洲地区将物流业作为构建高效生态经济发展模式和转方式的重要着力点，整合物流资源、完善运输体系、构建物流平台，按照沿交通枢纽、中心城市、产业集群布局的原则，打造重要物流节点城市。金融保险业的发展重点是，积极引进金融保险机构进驻黄河三角洲，加快设立地方性银行，鼓励发展小额贷款公司及非银行金融机构，支持金融产品创新，不断开发保险服务。信息业发展重点是，推进信息技术应用和信息产业发展，着力构建公共信息平台，建设基础性、战略性数据库，构建"数字黄河三角洲"。

战略性新兴产业代表着产业发展的未来方向，具有良好的增长潜力和促进区域经济发展的重要作用。黄河三角洲六大战略性新兴产业的选择建立在已有产业基础上，且与四大主导产业具有一定的重合或关联，相互之间可以形成一定的产业交叉链条。主导产业对战略性新兴产业产生前后关联，战略性新兴产业为主导产业提供有力支撑。物流业、金融保险业及信息业三大生产服务性产业，是其他产业发展的重要基础和"促进器"。以主导产业为基础的综合产业体系，产生协同效应，强化各产业体系内部及互相之间的横纵关系，从而形成有力推动区域经济发展的合力。

港口与产业互相依赖、互相促进、共同发展。现代港口的功能主要体现在依托港口的运输和中转功能建立强大的现代物流系统，继而发展仓储、配送、加工包装等辅助性产业，带动各个关联产业的发展；同时各大产业也为港口提供了充足的货源，促进港口的繁荣。从黄河三角洲产业情况考察，黄河三角洲以农产品加工、装备制造、生态化工等为主导的产业体系，具有大进大出的特征，这种主导产业体系对港口物流产生很大依赖，港口物流也将成为支撑主导产业体系发展的重要基础。

第四节　黄河三角洲地区的港口产业发展策略

一、黄河三角洲地区的港口临港产业发展分析

（一）临港产业选择的一般规律

城市产业结构是由多种因素影响确定的，其中港口是其重要影响因

素之一。对港口城市而言，一定要把港口作为一种重要的条件和资源加以利用，使之成为带动产业结构调整和城市发展的"发展极"。

不同产业与港口的关联度是有差异的。根据港口与城市产业关系的紧密程度，按照港口与城市的一体化产业结构划分标准，港口城市的产业结构划分为五类：港口直接产业、港口关联产业、港口依存产业[①]、港口派生产业、港口无关产业。从发达国家经验来看，可以选择港口依存业为目标，带动其他三类与港口有相关关系产业的发展，究其原因主要在于：港口依存业一般以进口原料、出口成品为主，可以充分利用港口优势；它们大多具有资本密集特征，具有广泛的前后向关联作用；它们的发展，可扩大港口直接产业的比例，又进一步扩大港口派生产业；该类产业布局于港口区域，可缓解城市拥堵、缓解环境污染等问题。

一般港口在其周围，大都依托港口物流的便利优势，发展了各种类型的临港产业，形成了临港产业区。这些产业大多具有大进大出特点，对运输成本具有较高的敏感性，如装备制造、石油化工、金属冶炼业等。临港产业发展的一般规律包含：运输成本敏感、发展集群化趋势、路径依赖趋势、高效生态趋势。

（二）黄河三角洲地区的港口临港产业体系选择

黄河三角洲地区围绕黄河三角洲及黄河三角洲地区的港口的规划建设，《黄河三角洲临港产业核心区发展规划》提出了"一带、六区"的临港产业发展策略，即高效生态农业带，临港物流园区、综合保税区、临港工业区、绿色化工区、海水养殖及制盐区及先进制造业区。着力打造五大产业集群，即绿色化工、先进制造、临港物流、农产品精深加工、资源综合利用，积极培育新能源、海洋生物、新材料、电子信息等战略性新兴产业。临港产业的选择既结合了临港产业发展规律、区域产

---

① 主要指依托港口条件而设立的产业部门，现实中主要指建立在港口区域范围内的临港布局产业，如造船、贸易、钢铁、石化等产业。

业特点及优势，又与黄河三角洲地区主导产业综合体系融为一体，如绿色化工、先进制造、农产品精深加工均系黄河三角洲地区确立发展的主导产业，新能源、海洋生物、新材料也包含在黄河三角洲着力发展的六大战略性新兴产业内，而临港物流、电子信息又是黄河三角洲地区重点发展的生产性服务业。黄河三角洲地区的港口临港产业与黄河三角洲主导产业体系的融合效应，可以有效发挥其后发优势，尽快成为黄河三角洲主导产业体系的重要组成部分。

考察相邻地区的发展情况，黄河三角洲地区的港口及临港产业的发展也面临着激烈的竞争与挑战。黄河三角洲经济圈快速崛起，潍坊滨海新城、天津滨海新区、渤海新区、唐山曹妃甸发展迅猛，这一方面为黄河三角洲地区的港口产业经济发展带来良好机遇，可以充分利用地区协同效应，另一方面此类新区大都以装备制造、石油化工、港口物流等为主导产业，趋同化明显，竞争激烈。而黄河三角洲地区的港口周边的黄骅、东营、潍坊等港口建港较早，腹地条件相似，具有先行优势，这对黄河三角洲地区的港口"港产城一体化"战略构成严峻挑战。

因此，结合临港产业的一般发展规律和国内外临港产业发展经验，立足黄河三角洲地区的港口现有条件和资源区位优势，黄河三角洲地区的港口定位及临港产业的选择必须避免"红海"而寻找"蓝海"。综合考察各项条件，黄河三角洲地区的港口定位农产品进出口高效生态港，一方面适应世界港口及临港产业高效生态发展趋势，另一方面建设专业农产品港口可以有效避开与周围港口的激烈竞争，形成自己的品牌。同时，依托专业农产品进出口的优势，立足黄河三角洲农业优势资源及农产品加工产业优势，打造农产品精深加工、高端服务基地，以此为突破口，带动港口物流业、装备制造业、生态化工业等产业发展。

二、专业农产港定位的农业产业链分析

滨州是农业大市，农业基础良好，农、林、牧、渔各业发达，已建成

棉花、蔬菜、冬枣、水产、牧草"五个百万亩"基地，2013年，全市实现农林牧渔总产值409.5亿元。黄河三角洲农产品资源丰富，沾化冬枣、阳信鸭梨、无棣小枣等特色农产品驰名中外，中国毛虾、南美白对虾、三疣梭子蟹等水海产品独具特色，渤海黑牛、德州驴、洼地绵羊、鲁北白山羊等家畜品种独特。黄河三角洲是国家优质粮棉菜果基地，是"渤海粮仓"科技示范工程项目实施区，黄河三角洲国家农业科技园区是科技部确定的全国三家省部共建园区之一，拥有32家国家级健康养殖示范场，被农业部命名为全国肉牛、肉羊加工业示范基地。

绿色食品深加工是黄河三角洲地区确立的四大主导产业之一。黄河三角洲农产品加工业独具优势，拥有市级以上农业龙头企业超360家，具备年加工玉米390万吨、大豆310万吨、小麦212万吨、棉花31万吨、肉牛90万头、肉禽7亿只能力。目前，61%的农产品实现了加工增值。黄河三角洲部分农产品加工全省乃至全国领先，其中，西王集团、渤海油脂、香驰粮油等为代表的粮油加工企业综合生产能力全省乃至全国领先，魏棉、亚光、愉悦等为代表的纺织企业全国领先，鸿安、鑫源、亿利源等为代表的牛羊加工企业颇具实力，阳信肉牛屠宰、无棣肉禽产业位居全国县域前列，兽用生物制品生产规模全国第一，饲料工业也位居全省前茅。丰富的农业资源为黄河三角洲地区的港口农业产业集聚提供了基础，而强大的农产品加工能力又为其拓展农业产业链，实现港产联动创造了条件。

农业产业链是与农业初级产品生产密切关联的产业群所组成的网络结构，包括产前、产中和产后三个环节，涉及一、二、三产业。黄河三角洲农业在粮食生产、特色瓜果、牛羊养殖、水海产品等方面具有很大优势，在粮油加工、棉麻纺织等方面具有突出优势，这些都是打造农业产业链的突出优势。但农业产业链条精深广阔，而黄河三角洲农产业发展又存在链条浅显、附加值相对较低的情况。为此要围绕国际农产港的定位、港口物流及产业优势，全方位优化拓展农业产业链条，一方面延伸产业链长度，着力提高农产品精深加工比重，着眼于农产品加工的高附加值产业环节；另一方面扩大产业链厚度，提升规模经济和集聚效应，打造农产品加工的地理标志品牌，提高市场竞争力。

特别需要注意的是着力发展农业高端服务业和农业发展的新业态。

三、黄河三角洲地区的港口产业发展基本策略

（一）黄河三角洲地区的港口产业体系发展主导思想

黄河三角洲地区的港口依托黄河三角洲现有资源优势，适应世界港口高效生态发展趋势，顺应中国农产品进出口需求及临港产业发展规律，定位国际农产品进出口高效生态港。其发展模式是高效生态，其核心定位是专业农产港，其临港产业体系构建思路及产业协同发展思路，如表5-11所示。

表5-11 黄河三角洲地区的港口产业发展主导思想

港口定位	国际农产品进出口高效生态港
发展模式	高效生态
发展目标	港产城一体化
临港主导产业体系	农产品加工业为核心产业，生态化工、装备制造、现代物流为主导产业，新材料、新能源、新信息等战略性新兴产业为重点产业的综合产业体系。
实现四大协同	专业农产港与农产品加工业协同； 农产品加工业与农业高端服务业协同； 临港主导产业体系内各产业协同； 临港主导产业体系与黄河三角洲主导产业体系协同。

（1）港产城一体化。

从国内外港口城市发展经验来看，"以港兴城、以城促港"是临港城市港口建设的基本战略，而临港产业是促进两者协同的关键，由此港产城一体化发展也成为港口城市发展的基本经验。临港产业的选择一般具有产业集聚度高、产业关联性强、经济拉动力大等特征，能够成为推

动区域经济发展的新增长极，与港城发展形成协同效应。黄河三角洲依港而建，港产城处于同步建设中，具有很强的"后发优势"，港的发展模式定位于高效生态，城的建设特征是生态城市，而临港产业构建的关键词是高效、生态、循环。三者核心内涵一致，建设均处于起步期，协同优势明显。以港建城、以业兴港、以城兴业，港产融合、产城融合、港城融合，实现港产城一体化发展。

（2）临港主导产业体系。

临港产业体系，在整合已有产业基础上，着力打造农产品加工业为核心产业，生态化工、装备制造、现代物流为主导产业，新材料、新能源、新信息等战略新兴产业为重点产业的综合产业体系。农产品加工业与专业农产港形成品牌互动效应，两者相互支撑，成为临港产业发展及农产港品牌建设的突破口；生态化工、装备制造业，依腹地产业优势及临港产业发展规律而构建，发展优势明显，发展潜力巨大，现代物流业依临港优势及临港产业集聚而构建，能够成为临港产业发展的重要支撑，三者的产业带动和支撑作用明显；新材料、新能源、新信息等战略新兴产业以重大技术突破和重大发展需求为基础，体现知识经济、高效生态经济、循环经济、低碳经济等世界发展潮流，代表未来科技和产业发展新方向，具有技术密集、物质资源消耗少、成长潜力巨大等特征，能够对经济社会产生全局带动和重大引领作用，能够成为引领高效生态港建设的科技窗口和打造高端临港产业的支撑力。

（3）实现四大协同。

港口发展与产业体系构建过程中，努力实现专业农产港与农产品加工业协同、农产品加工业与农业高端服务业协同、临港主导产业体系内各产业协同、临港主导产业体系与黄河三角洲主导产业体系协同，打造专业化高效生态农产港的高端港口品牌，壮大黄河三角洲主导产业体系，促进黄河三角洲经济腾飞，实现黄河三角洲区域经济发展再上一个新台阶。

第一，专业农产港与农产品加工业协同。农产品加工带来农产品进口需求，制成品的外销又带来出口需求，从两个方面促进农产港的发展；农产港的农产品进口为农产品加工创造前提条件，港口的区位集聚优势又能为农产品加工带来竞争优势，从而促进农产品加工业的发展。黄河三角洲地区的港口通过专业农产港的技术和品牌效应吸引大量农产品货源，依托完善的精深加工产业链将货源转化。"前港后厂"模式，将进口、深加工、仓储、包装配送、高端物流、展览展示、交易、农产品出口等集于一体，产生港产协同效应。

第二，农产品加工业与农业高端服务业协同。黄河三角洲地区的港口农产品加工业定位为农产品全链式加工，依托货源优势形成规模经济，依托区域产业优势打造精深加工；围绕农业产业链条服务环节，全力打造全链式服务业，包括农业种养殖科技服务、农产品加工科技服务、农资服务（种子、农机、饲料、兽药）、农产品物流服务、农产品中介服务（会展、信息、集散、期货、融资）、农业生态观光旅游等，将其打造成国际农产品进出口基地、全国农产品深加工基地、农产品科技服务基地、农产品交易中心、农产品物流中转中心等，成为中国农产品供求的"晴雨表"。农产品加工是农产品服务的基础，农产品服务是农产品加工的升华，二者协同是专业农业产业打造的关键。

第三，农产品加工业与其他主导产业协同。临港主导产业体系中，农产品加工业是核心，生态化工、装备制造、现代物流业是主导，新材料、新能源、新信息等战略新兴产业是重点，三类产业存在众多交叉和互动支撑，如物流业服务于各类产业，成为支撑其他产业发展的"润滑剂"，甚至是关键力量，新能源产业的发展助力其他各类产业高效生态模式的实现，而信息业的发展将大大提升各业的效能。以农产品加工业为核心产业的发展，大大促进港口建设，为其他产业的港产互动创造有利条件。各主导产业的集聚效应，产生知识溢出，又会促进相互间协同。

第四，临港主导产业体系与黄河三角洲主导产业体系协同。临港主导产业体系与黄河三角洲地区主导产业体系融合程度颇高，两大体系的协同优势明显。农产品加工业是临港主导产业体系的核心产业，农产品加工业也是黄河三角洲地区最具实力的主导产业之一，龙头企业优势助力临港农产品加工业，临港农产品加工的区位优势及农业服务业的优势，又会将黄河三角洲地区农业产业整合为一体；装备制造业、生态化工业两大临港与腹地重合主导产业，具有明显的临港优势产业特征；现代物流业是其他产业的重要支撑，借助港口物流，港口集疏运，不但有力支撑其他产业发展，且为自身发展创造条件；临港重点发展的战略新兴产业与黄河三角洲战略新兴产业选择的重合，本身就具备了协同发展的优势。临港主导产业体系与黄河三角洲地区主导产业体系的高度一致性本身就为两者的协同奠定了良好基础。

（二）临港主导产业体系产业链重点

（1）农产品产业链发展重点。

吸引黄河三角洲地区重点粮油加工企业及国内外大型加工企业入驻黄河三角洲临港产业区，以农产品精深加工为依托，以农业高端服务为目标，打造农业中高端链条发展。

第一，主要农产品精深加工重点。

①玉米加工产业链。发展梯度加工，以玉米胚芽加工精炼玉米胚芽油为主的同时，重点发展玉米淀粉的精深加工，发展医用葡萄糖、果糖、专用淀粉、变性淀粉、食品添加剂等深加工产品，延伸加工化学品。

②大豆加工产业链。在传统榨油基础上，开发生产色拉油、专用油、保健油等高档油品。开发传统大豆制品的基础上，重点发展低聚糖、卵磷脂、各种蛋白等精深加工产品，及利用油饼粕提取天然植物酸、多酚和多糖等精深精细加工产品。

③海产品加工产业链。增加方便食品、速冻食品比重，综合开发多种保健食品，重点发展含功效成分及作用的保健食品和海洋功能食品，如藻类功能性食品、贝类功能性食品，多糖、碘系列产品及各类含活性物质的保健食品等。

第二，农业高端服务业发展重点。

①农产品进出口中介服务。积极鼓励各类进出口货代企业发展，为农产品及制品的进出口提供便利条件；重点打造农产品进出口网上平台

服务，为农产品的进出口提供快捷、高效、便利的条件。

②全国性农产品交易平台服务。一方面，依托黄河三角洲高效生态农业品牌优势和产业资源优势，打造黄河三角洲生态农产品网上交易中心，建设全国性的农产品线上交易平台；打造高端农产品交易市场，规划建设规模巨大，包含粮油交易中心、水海产品交易中心、特色农产品交易中心、有机农产品交易中心、进出口农产品交易中心等多个专业分中心的国内"首屈一指"的综合农产品交易市场，成为全国农产品交易的集结地，实现农产品线上线下互动交易，协同发展的全国性平台效应。

③农产品信息服务。依托农产品交易线上线下平台服务的数据优势，构建农产品大数据中心，编制农产品进出口指数、农产品交易指数、绿色农产品指数、冬枣交易指数等综合性、专业性农产品交易指数，提升黄河三角洲专业农产港的全国影响力。

④农产品物流服务。大力发展第三方、第四方物流服务企业，提高农产品物流的专业化水平，及农业产业链的专业分工。重点发展以物联网技术为支撑的农产品物流追溯体系、农产品冷链物流、高附加值农产品物流等。

⑤培育新型业态。大力发展农业产业金融保险服务，鼓励农业产业基金、农产品期货、农产品信用等发展，鼓励发展农产品文化和旅游服务。

⑥农业高新技术服务业。积极培育农业生物育种、农业生物肥料、农业生物饲料、农业生物医药、农业生物农药、农业生物能源、现代农机装备等农业高新技术产业。

（2）其他产业产业链发展重点。

第一，生态化工业，重点发展海洋及石油化工。对于海洋化工，按照"扩大规模、面向高端、链式延伸、综合利用"的总体思路，优化提高原盐、溴素生产能力，以溴深加工、苦卤综合利用为主要方向，重点发展下游精细化工产品，形成盐化工和溴系列、苦卤化工系列、高附加值有机氯产品系列的产业集群。对于石油化工，按照大型化、精细化、集约化的要求，拓展延长产业链，优化产品结构，提升综合实力，着眼关联产业配套性强的有机原料、工程塑料、新材料和精细化工产品，重点发展规模化、深加工、高附加值、环保型的优势产品，形成以原油加工为龙头，以有机化工原料、合成材料、精细化工为主体的石油化工产业。在发展生态化工产业过程中，特别突出"生态"功能，构建循环产业体系，有效防治化工产业的污染。

第二，装备制造业，重点发展机械基础件和通用件制造、汽车飞机零部件制造、船舶制造、风电制造、环保设备制造等。重点发展为港口、道路等基础设施和重点产业配套的基础件和通用件制造业，以及专业机械、工程机械等的加工、维修和制造；重点发展活塞、轮毂、曲轴等汽车通用零部件和功能性零部件制造，发展飞机发动机、机械零部件、航空橡胶制品等制造；重点发展风力发电机组及关键零部件设备制造，发展海上专用风电机组制造；重点发展城市污水、城市垃圾、危险废物、工业废水等处理设备制造，火电厂烟气脱硫成套设备，环境监测设备制造等。

第三，新材料产业，以基础材料深加工和高性能化、产业链拓展为重点，发展先进储能材料、化工新材料、建筑新材料等。先进储能材料，重点发展新能源材料，尤其是高科技型锂电子电池材料；化工新材料，重点发展特种环氧树脂、高档涂料和颜料、保温节能材料等产品，大力发展有机硅、有机氟、复合材料等；建筑新材料，重点发展新型建筑装饰装修材料、防水材料、保温隔热材料、新型墙体材料、新型水泥外加剂等。

第四，现代物流业，依托港口物流大力发展陆海联运。加快物流资源整合，合理进行物流产业规划布局，加强物流基础设施建设，实现物流的社会化、专业化、规模化、信息化，形成开放式、互通型的运输系统、仓储系统和服务系统。重点加强公路、铁路、港口、航空等交通运输基础设施建设，形成立体化综合交通运输网络；重点培育建设港口物流仓储交易集群区，建设各类专业交易市场和物流仓储基地；整合物流信息资源，利用各类物流信息技术，加强物流信息化水平建设；重点培育第三方、第四方专业物流骨干企业。

第六章

黄河三角洲生态港口群的空间布局

第一节　宏观空间：联动融合战略

一、对接美大

采取多种措施，加强与美洲、大洋洲的经济、人文联系，建立并不断强化黄河三角洲地区的港口在与美大农产品进出口贸易中的垄断性优势。空间上主要是完善相应的物理连接线路、划定专用性国际商贸物流空间、配套并完善相应的国际商务和信息集散功能等三个方面。

（一）通过五条途径加强黄河三角洲地区的港口与美大地区的相互连接

（1）以黄河三角洲地区的港口设立国家一类开放口岸为契机，争取开通与北美、南美、大洋洲主要国家和地区重点港口的直达航线，以提高农产品进出口贸易的通达效率，落实黄河三角洲地区的港口在该地区的港口群中的特色枢纽地位。美大地区的主要国家及其重点联系港口的选择，主要考虑大宗农产品种类、产地与综合交通成本因素。小麦——美国休斯敦港；玉米——美国西海岸西雅图港、圣弗朗西斯科港（旧金山）和长滩港，巴西桑托斯港；大豆——美国东海岸新奥尔良港和南路易斯安娜港，加拿大东海岸蒙特利尔港，巴西巴拉那瓜港；畜类产品——澳大利亚格拉德斯通、布里斯班港和麦凯港。

（2）争取新增航线的期间，还应立足实际，借助天津港、青岛港等主要港口的运力和航线资源，通过建立协调机制、提供货源喂给等方式吸引国内外农产品通过黄河三角洲地区的港口进行转运。黄河三角洲地区的港口主要在运输管理、信息搜集与处理、高效服务等方面下功夫，为农产品进出口企业提供系统解决方案，以克服因无法直达带来的二次转运缺陷。

（3）在开辟新的货运线路的同时，提升为相关国家提供人员往来便利的航空港功能，也是黄河三角洲地区的港口发展的必要条件之一。可以依托天津滨海机场、济南遥墙机场，推动开辟和增加至美洲、大洋洲的国际航空线路，为相关事项的协商、处理提供高效快速的基础设施支撑条件。

（4）设立专题介绍美大地区国家经济社会发展情况、时事新闻、农产品供需信息等方面内容的主题网站，通过互联网、卫星电视等通讯方式，及时主动地向企业主、相关人员传达各主要国家的动态消息，为农产品进出口贸易的决策提供背景消息和参考。

（5）在美大地区主要城市设立办事处。办事处是及时迅速、主动、有针对性地获取当地重要情报的有效方式，应主要布局在国家经济中心或政治中心，可尝试在美国休斯敦、巴西桑托斯等地设立类似机构。

（二）划定专用性国际产业发展空间

（1）根据国内产业结构调整趋势，结合黄河三角洲地区重点优势产业，按照进出口农产品重点品类的生产特点，可以划定针对特定国家的专业性、国际化产业发展空间，并按照国民经济和社会发展总体规划和产业发展专项规划，确立以农产品精深加工、农产品物流仓储、大宗农产品商贸市场和电子商务等为重点的业态体系，而后采用园区招商、产业招商、专题招商等多种方式，实现由过去"点式"招商向"链式"和

"择优"招商转变，推动北海经济开发区快速精准发展。比如，可以建立面向美国的玉米深加工产业园、面向新西兰和澳大利亚的畜产品深加工产业园，也可以在原材料进出口的基础上生产面向发展中国家和地区的农产品保税物流、保税加工等产业类型。

（2）划定专用性国际产业园，就是要突出产业发展主题，有针对性地吸引外来投资者、生产技术或产品市场，在资源整合的指向性和资源投入效率上更具优势，但也存在招商对象过于单一带来的风险。针对这一问题，一是要通过推介、宣传，扩大特色园区的知名度和影响力；二是要加大特色园区的建设管理水平，通过园区国际化环境、国际商务功能、国际商务规则的逐步建立和用地布局组织、基础设施、公共服务设施的不断完善，优化面向对象国的综合投资环境，使园区成为对象国客商的不二选择；三是要把握好特色园区建设和园区综合效益的平衡，为其他一般性产业和企业留有空间。

（三）配套完善国际商务和信息集散功能

发展国际农产品进出口贸易及其相关生产制造产业，是对黄河三角洲地区的港口长远发展具有重大战略性意义的方向性选择，需要不断配套完善的相关功能很多。这些国际化功能主要在于两个方面，需要在空间上予以保障和落实。

（1）国际商务配套功能。通过本地培育和借助外部市场，不断加强船舶融资、航运融资、物流金融、航运保险与离岸金融业务等航运金融服务，扶持发展船舶交易、船舶管理、船舶给养、航运经纪、航运咨询等航运服务业，积极引进世界大型船公司、物流企业、船货代企业、行业协会、海事法律服务机构、商务会展、国际船级服务、海运交易所等机构，提升黄河三角洲地区的港口商务服务功能。争取设立黄河三角洲地区的港口综合保税区，积极争取船级登记免税政策。

（2）国际信息集散功能。首先，利用明确的港口定位和不断扩大的影响力，加强与船公司及全球港口的联盟合作，与国内外、尤其是主要农产品进出口国重点港口、航运和金融商贸业建立互通互联、资源共享的航运信息平台，为港口和航运相关企业提供全球航运订仓、港口动态以及商贸金融信息等的查询、咨询服务，实现物流和信息流之间的同步与匹配。其次，建立并不断强化口岸电子平台基础框架，完善航运市场交易平台，进一步构筑完善的电子口岸和第四方物流信息化体系，大力推进大宗农产品交易平台建设，增强口岸电子平台服务功能。应划定一定范围，集中建设港口服务功能集聚区，为国际商务和信息集散等功能提供载体与交流平台。

二、连通腹地

通过综合交通基础设施建设、交通（航运）线路设置，打通黄河三角洲地区的港口与周边货源地、主要大、中城市消费地的运输联系通道，建立快捷高效的港口集疏运体系，确保农产品供需规模的快速增长。

根据《黄河三角洲地区的港口总体规划》对港口腹地的预测，相对而言，互联互通必要性、紧迫性较强的重点地区包括：

（1）京津冀北地区。随着天津滨海新区成为带动我国华北、西北广大内陆地区发展的战略布点，以及京津冀协同发展的深入推进，黄河三角洲地区的港口发展的机遇来源逐步北移。黄河三角洲地区的港口与京津冀地区连接的潜在得益点在于更好承接京津地区产业转移，利用京津地区消费群体庞大而多元的市场资源优势，建立地域经济综合体以适应各地区、各群体不同特点的生产生活需求等方面；

（2）晋蒙地区。与冀鲁豫三省相比，尽管山西和内蒙古两省区农产品产量并不高，但两省区合计产量也十分可观，且内蒙古的畜产品、山西的杂粮具有相当特色，两省区农产品通过黄河三角洲地区的港口与从其他港口转运成本相差不大。在黄河三角洲地区的港口定位不断细分、两省区人民生活水平逐步提高、农业产业链不断拉长的背景下，通过农产品流通通道的强化，黄河三角洲地区的港口也将获得部分货源；

（3）中原经济区。中原经济区以河南为主体，共覆盖30个地级市和2个县，区域面积达28.9万平方千米，涉及人口约1.7亿，粮食产量超过1亿吨，是我国最主要的粮食主产区之一。按照规划，中原经济区将不断稳定播种面积，着力提高单产，支持黄淮海平原、南阳盆地、豫北及豫西山前平原的优质专用小麦、专用玉米、优质大豆、优质水稻产业带建设，加快现代畜牧业、特色高效农业、农产品精深加工产业发展，将成为全国重要的商品粮生产消费基地，为黄河三角洲地区的港口农产品进出口贸易的国际地位发挥重要支撑作用；

（4）山东中西部地区。山东省中西部地区涵盖了济南都市圈、西部经济隆起带两大区域战略，与中原经济区地域范围有部分交叉。按照山东省区域发展战略规划，西部经济隆起带、济南都市圈也将构成黄河三角洲地区的港口的直接紧密腹地；

（5）西北地区。西北地区陕、甘、宁、新等地，地域范围广袤，关中地区、河套地区、河西走廊地区、天山北坡地区等地的农产品资源也较丰富，棉花、小麦、玉米的跨国调配也有一定需求，但对陆桥通道、长江通道有历史依赖性，可作为黄河三角洲地区的港口的松散腹地。

因此，在现有交通联系的基础上，考虑公路、水运和铁路等多种交通运输方式，与腹地地区的连通要重点打通五大通道，即：沿海通道，向北连接黄河三角洲地区的港口与天津滨海新区，并通过滨海新区与天津、北京、冀东北、晋蒙地区建立顺畅、快捷联系；向东连接黄河三角洲高效生态经济区，与四港四区等区域核心功能区联动，也可加强黄河三角洲地区的港口与胶东半岛城市与港口的联系；黄河三角洲地区的港口—黄骅—沧州通道，与石家庄、太原两大中心城市及其周边客货运线路相衔接；黄河三角洲地区的港口—德州通道，向西可与邢台、邯郸等冀中南城市及临汾、运城等晋中南城市相联系；黄河三角洲地区的港口—济南通道，向南联系黄河三角洲地区西翼各县区及济南、聊城、菏泽等山东中西部城市，发挥黄河三角洲地区的港口作为济南都市圈最近出海口优势，并通过菏泽继续向西连接中原经济区及关中等西北地区广大农产品市场；黄河三角洲地区的港口—黄河三角洲通道，向南联系滨州、淄博、莱芜、临沂等城市。

具体而言：

（1）公路方面，要积极争取国家和山东省在资金、土地方面的支持，加快建设沿海高等级公路/高速公路，直接接入国家和地区主干公路G18（荣乌高速）、G25（长深高速）、G1811（黄石高速）、S11（河北省沿海高速公路）；主动与河北省、东营市在线路建设等级、线路走向、功能定位、建设工期等方面进行协调，以形成国家沿海高等级公路/高速公路的一部分；加快黄河三角洲地区的港口疏港公路建设，与S12（滨德高速）、G205（国道205线）、G18（荣乌高速）等相连接，提请滨州升级改造惠民、阳信、无棣、沾化境内S239、S237等省道建设等级，提高黄河三角洲地区的港口各方向对外联系的效率；加快济南—滨州高速公路建设，争取早日建成通车；建设黄河三角洲地区的港口至规划黄河三角洲机场高速公路，为人员进入、离开提供最快捷交通方式。

（2）铁路方面，加快推进黄大铁路、德龙烟铁路和疏港铁路建设，将黄河三角洲地区的港口货运转运线路和车辆编组纳入与国家和地方铁路货运管理体系，使其运输联系远至京津、冀北、石家庄、晋北、晋中、山东半岛等地；积极推动滨州—济南市铁路建设，使黄河三角洲地区的港口疏港货运可以铁路方式连接至冀中南、晋南、中原经济区乃至西北地区；整合现有线路，打通黄河三角洲地区至淄博货运线路；同时也要争取在北海开发区设立铁路客运站，为商务人士往来、休闲旅游等提供便利。

（3）水运方面，开通黄河三角洲地区的港口与天津港、曹妃甸港、秦皇岛港、烟台港西港区、青岛董家口港区、日照港岚山港区等主要港口的货运班次，满足货物相互运输及喂给的需要。

三、周边融合

根据黄河三角洲地区的港口地处冀鲁交界的区位特点，重点在京津冀和山东省范围内考察现有城市、产业与港口布局，不断细化黄河三角洲地区的港口的功能优势与特色，推动与周边地区的统筹发展、错位发展，实现与区域发展大格局的深度融合。

（一）与周边城市互动发展

（1）深化、定型黄河三角洲地区的港口及北海开发区的产业专业化分工。与周边中心城市、区域性中心城市、县市城区及周边开发区相区别，北海开发区重点以农产品物流加工为主线，侧重发展生产原料和产成品运输量大、即时性较强，尤其是原料来源和产成品市场都需要借助港口、对土地占用强度和规模较大的产业类型，以发挥土地资源较为丰富的优势。而各级城市及周边开发区日益面临着严重的土地资源瓶颈，要把更多资源投入到现代服务业、先进制造业和高新技术产业上去，从而形成一个较为合理的产业梯度。当然，北海开发区也要采取多种措施，促进区内传统产业向高附加值、低资源占用方向转型，但在建设初期，与周边城市的产业落差是不可避免的。

（2）紧紧抓住国际国内产业分工调整的重大机遇，在产业分工的基础上，凭借产业梯度形成的企业流动性，大力优化综合投资环境，积极承接京津、济南等中心城市和周边县区的产业转移。要依靠市场的资源配置力量，坚持北海开发区特色发展定位，突出龙头企业、主题园区、产业集群在招商引资中的引领作用，不断提高产业承接的规模和质量。要深化行政体制改革，更好发挥政府在要素市场培育中的公共平台作用，不断优化以企业为主体的综合营商环境，促进投资贸易便利化。充分发挥行业协会、商会的桥梁和纽带作用，搭建产业转移促进平台。积极推进合作模式创新，鼓励引进发达地区成熟的管理体制和经验，探索委托管理、飞地经济等形式共建园区，实现优势互补、互利共赢。可以重点引导黄河三角洲现有的出口规模、粮油加工规模比较大的企业进入北海经济开发区，招引京津地区、长三角、珠三角出口加工企业到开发区落户。

（3）延伸港口功能。首先在黄河三角洲地区各县区，逐步向周边省市延伸，建立无水港以构建更紧密的腹地——港口联系，为黄河三角洲地区的港口巩固腹地提供支撑，同时也能显著促进其他地区投资贸易的便利化水平。主要方式包括在无水港内设置海关、动植物检疫、商检、卫检等监督机构，为当地企业提供报关、报检等手续；设立货代、船代和船公司分支机构，便于订舱、收货、还箱、签发多式联运提单等。

（二）与周边港口、园区错位发展

深入研判相关地区和港口发展规划及变化动态，积极争取国家和地区政策进一步明确各港口发展定位，并以基础设施建设、重大项目布局、产权交易体系等各类公共平台进行协调落实。

（1）黄骅港目前共分为煤炭港区、综合港区、散货港区和河口港区四个港区，拥有20万吨级深水航道和25个万吨级以上泊位，是黄河三角洲地区的港口群中最具成长性的深水亿吨大港，未来结合正在进行建设的原油、液体化工、LNG、煤炭等系列码头，应发展成为以大宗油品、煤炭等为主要板块的重型港口。

（2）东营港主要发展石油、成品油及液体化工产品运输的港口功能，以此为基准进行码头、泊位、管线等相关基础设施和公共服务设施配套建设，并重点形成以生态化工、现代物流、清洁能源、机械装备制造等为主体的产业体系。

（3）潍坊港应依托卤水、石化盐化、装备制造等资源和产业优势，重点发展化工产品、纯碱、机械装备等矿产品和制成品运输业务，也可以依托寿光作为全国最大蔬菜集散中心和蔬菜生产基地的现状条件，大力发展蔬菜产业国际贸易。

（4）根据目前的发展形势，莱州港最有希望成为黄三角地区首个5 000万吨级大港，但其优势业务是液化品运输及仓储，在建材、化工等货种方面也正在加大探索力度，可以根据其周边产业布局态势，重点明确其液化品、化工和建材运输方面的定位。

黄河三角洲地区的港口应坚定不移地突出以农产品及加工制成品的进出口贸易为主要特色的经营业务，也可根据黄河三角洲地区产业发展需要兼及其他货种，并以港口定位为依托，重新思考北海开发区的产业定位与规划，促进形成"港产区一体"的良性联动格局。特别地，黄河三角洲地区的港口与黄骅港空间邻近、建港条件类似、腹地范围多有重叠，但黄骅港业已形成更为突出的规模优势并拥有河北赋予、京津冀协同发展带来的政策优势，黄河三角洲地区的港口应开拓视野、解放思想，从国家层面、黄河三角洲一体化的角度，推动探讨与黄骅港跨地区一体化的发展模式。

第二节　中观空间：布局重组战略

围绕黄河三角洲地区港口的新功能定位，重新开拓、整理、组织、优化北海开发区空间资源，提高港口通行能力、仓储转运能力、加工增值能力和综合服务能力，为港口及开发区发展提供更好保障。

一、港口物流空间

（一）港口通行空间

根据分析，黄河三角洲地区的港口大宗农产品的进口来源国将集中在美大地区，由于航运距离远，大运量船舶的使用及相应航道、泊位建设将是必然要求。随着巴拿马运河的改造提升，目前主要使用的6万吨~8万吨级船型也有增大趋势，美大地区主要港口也基本能够适应这一变化。按照相关研究，后巴拿马运河时代，我国进口散粮运输船舶的主船型将是8万~11万载重吨，而黄河三角洲地区的港口设计航道等级仅为单向3万吨级，而3万吨级船型和港口在国际农产品运输中越来越不具备竞争力，显然与港口定位和农产品进出口需要有较大差距，无法支撑黄河三角洲地区的港口功能定位。因此需要：

（1）提升航道建设等级至10万吨级，远期应建设第二港池及双向15万吨级航道。利用好现有海域空间，尽早开展航道提升论证及可行性研究，加大投入力度、创新港口融资方式，使黄河三角洲地区的港口在2~3年内可以停靠5万吨以上船型，并使巴拿马船型可乘潮靠泊，以基本适应国际农产品贸易需要。可配合采取从周边天津港、烟台港、青岛港等港口进行二次装载或锚地转运、减载靠泊等方式进行处理。五年内应实现10万吨级船舶可直接靠泊。

（2）增加深水粮食泊位。泊位等级偏小、缺乏大型粮食深水泊位、粮食专用泊位能力不足，适应不了大型散粮船型到港的需求，增加了运输成本。应与主要船型预测结果、航道建设相适应，或者适度超前地组织港区泊位设置，以适应农产品运输停靠需要；依托现有干散货泊位和通用及多用途泊位，增加粮食专用泊位比重，配套建设新型机械连续式卸船机、吸粮机等专业化装卸货设备，优化农产品集疏运线路，提高港口作业效率。

（二）仓储物流空间

针对大宗农产品运输的较强仓储转运空间保障能力，正是黄河三角洲地区的港口的优势所在。通过信息化、标准化、市场化、自动化等技术与制度创新，提高仓储转运空间的供给水平与效率，将是港口发展的重要动力。除港区内、开发区功能组团以及企业内部的仓储空间，分别用于相应区域的配套性仓储转运需要外，应在邻近港口区域设置专业化仓储物流产业聚集区，使其成为连接港口运输、转运与分拨、配送、加工制造的枢纽，进一步拓展港口的服务领域、服务范围和精细化程度。

立足于成为区域性物流中心，结合农产品进出口贸易特色定位，北海仓储物流产业聚集区的主要功能构成应包括：

（1）货物一般中转及加工。对港口装卸货物进行集中存放，借助第三方物流、第四方物流进行货物的国内中转或单向进口、出口，完成港口最基本的功能。在此基础上，着眼有效利用资源、方便用户、提高物流效率和促进销售，对产品进行分拣、除去杂质、再包装、刷唛等初级或简单再加工。

（2）仓储配送。利用临近口岸和专业化、信息化的优势，在库存仓储、存货管理的基础上为企业生产提供后勤服务，即时配送企业所需原材料、零配件等物料，提供包括专业物流方案设计、库存管理、实物配送和搬运装卸、包装加工等一系列物流服务，从而使货主企业节省运输、仓储成本。

（3）货物贸易。基于港口货物中转和信息资源优势，积极开展国际转口贸易，发布商品交易信息，召开商品展示及贸易洽谈会等。可尝试为国内外品牌产品、原材料、工业品的生产、经销和代理销售商提供规模最大、成本最低、服务最全的商品批发、零售和采购服务。

（4）保税物流及加工。积极争取设立综合保税区，开展"两头在外"的保税物流及加工，一是保税仓储、商品展示等贸易服务功能，二是国际转口贸易功能，三是出口加工功能。

（5）虚拟业务。在政府有效监管下，建立公共信息平台，以信息处理引擎为中心，为用户提供销售、采购、结算、融资、物流五类信息处理模块，并为外部系统（如银行、海关、供应商、第三方物流等）提供信息接口模块。借助公共信息平台，大力发展电子商务、物流金融等新型虚拟业务，促进实体功能运营效率的提高和运营空间的拓展。

二、产业集聚空间

按照产业集聚、布局集中、发展集约的要求，以"大分区、小混合"为基本模式,以不同产品的产业链条为依据,明晰重点发展区域,建立农副产品加工、临港先进制造、仓储物流、战略性新兴产业等各具特色的产业园区或片区,引导企业向各类开发园区、工业集中区集聚。但在各片区内部可适当混合布局,以充分发挥产业的集聚效应和网络效应,促进产业能级和创新环境的优化提升。

(一)制造业聚集区组织

充分发挥港口货物和信息流转成本低的优势,以商贸物流业带动制造业发展,实现原材料和初级加工产品的本地增值,是促进开发区产业体系加快完善、产业链不断延伸、推动北海开发区跨越式成长的关键途径。产业空间的布局及建设重点是:

(1)调整产业体系发展思路,并以此更新开发区用地供给策略。《滨州国民经济和社会发展第十二个五年规划》提出,要"优先发展化学工业,突破发展临港产业,积极发展农特产品种养及加工业,积极培育战略性新兴产业"。面对黄河三角洲地区的港口建设国际农产品进出口高效生态港的重大战略转变,在国际经济形势变化和国家产业结构优化调整的新背景下,迫切需要从根本上调整该思路。新的产业发展思路应调整为"优先发展农副产品加工产业,突破发展临港先进制造业,积极培育战略性新兴产业,适度发展化学工业"。在此基础上,重新定位开发区空间发展战略,将用地供给结构及规划与产业发展新思路统一起来。

(2)农副产品加工产业聚集区。以大豆、玉米、小麦、棉花、油料作物等大宗农产品和畜产品、水产品、特色农产品等为原料,突出发展粮油、水产品、林果、畜产品等的生产和精深加工产业。考虑企业物流的便利性和食品加工业对生态环境的敏感性,该产业区应相对独立布置于邻近港口或仓储物流产业区的区域,部分企业可与其他产业区结合布置。

(3)临港先进制造产业区。临港制造业的发展重点应调整为冶金、机械零部件制造、轻工装备制造、船舶修造等产业。其中冶金、机械零部件制造主要依托港口优势和魏桥创业等北海开发区业已形成的产业基础吸引产业集聚，但要推动企业的技术改造，使产业发展满足节能减排的要求。轻工装备制造主要考虑农副产品加工产业的需要，进行有针对性的产业链延伸；船舶修造是考虑黄河三角洲地区的港口取得长足发展后，充分利用海洋资源和为港口提供更强支撑的需要；临港先进制造产业区的布局也要充分结合港口物流，但应与农副产品加工产业区背向布置。

（4）积极培育战略性新兴产业。以新能源、新材料、新医药、新信息和海洋开发及高端装备制造产业为重点，积极引进大型企业，培育配套产业集群，鼓励本地企业不断延伸拉长产业链，为壮大蓝色经济和黄河三角洲未来发展提供后续支撑。战略性新兴产业区的选址较为灵活，可在与港口有一定距离、能较好依托现有城镇和产业区的区域布局。

（5）适度发展化学工业。在定位冲突、化工产业产能过剩、北海开发区与东营、黄骅等地并不具备竞争优势的条件下，化学工业应适度发展。要绝对坚持"面向高端、链式延伸、环境友好、综合利用"的发展思路，依托汇泰集团、正海科技等龙头企业，以原油、氯气、溴深加工、苦卤综合利用为主要方向，形成规模化、深加工、高附加值、环保型的精细化工产业集群。化工产业区应选择相对便利、对生态环境和食品工业干扰最小的区域进行布局。

（二）构建资源循环利用的园区互动模式

运用循环经济理念，探索"综合利用、动脉扩张、静脉串联、动态循环"的循环经济发展模式，实现资源在区域内的闭路循环和废弃物资源化。

（1）设计合理的资源综合利用技术流程，并根据资源利用过程组织产业和企业选址布局。比如海水的"一水六用"，可首先用于池塘养殖鱼、虾、蟹等海产品，浓度升高到初级卤水时放牧卤虫；中级卤水和抽取的地下卤水先送纯碱厂、热电厂等供工艺冷却；吸收了化工废热之后的卤水送到溴素厂吹溴，提高溴素提取率；吹溴后的卤水送到盐场晒盐；晒盐后的苦卤送到硫酸钾厂、氢氧化镁厂生产硫酸钾、氯化镁、氢氧化镁等产品，实现卤海水中有用成分的充分利用。

（2）动脉扩张。利用工业共生和生态"食物链"关系，加快区内产业集聚，各类企业通过资源和能源循环链接，纵向一体化扩展延伸产业链。比如可根据农产品港口运输、分拣、仓储、加工、精深加工、包装、销售、物流配送的工艺流程，形成相应的企业组群，进而形成上下游产品配套发展的布局模式和特色产业集群。

（3）静脉串联、动态循环。遵循"减量化、再利用、再循环"的原则，以相关产品、技术、装备生产、服务、矿产资源综合利用，废物综合利用、再制造、再生资源利用等为重点，加快推进重大节能技术与装备产业化工程、"城市矿产"示范工程、再制造产业化工程、产业废物资源化利用工程、重大环保技术装备及产品产业化示范工程、节能环保服务业培育工程等重大工程，把废弃物资源化利用与产业链条延伸扩展有机联系在一起，互相补充、相互增值，形成一个以上下游产品接续成链、关联产品复合成龙、资源封闭循环综合利用为特色的生态工业"互联网"，实现资源的充分利用和能量、产品之间的动态循环，同时把节能环保产业培育成为支柱性产业，更加有效支撑黄河三角洲高效专业化港口群的建设。

（三）产业聚集区布局模式

（1）借鉴"工业邻里中心"规划理念，在园区布置一个或多个公共服务核心。公共服务核心主要配置研发、管理、景观、商业文化服务等功能，各企业组成各具特色的外围工业组团。一般每个公共服务核心的服务半径可达到1千米~2千米，具体设置还要考虑园区规模、产业类型、街区大小、交通方式、园区人群构成等因素，使整个园区形成围绕公共服务核心的组团式布局结构。工业组团之间、工业组团内部实现共生和循环利用关系，从而形成园区内部相对紧凑、内聚的空间组织形态。

（2）根据园区内各个工业组团的产业发展方向，大力引进培育各个领域规模大、效益好、市场前景好、科技含量高、产品关联性强、知名度高的若干核心企业，并对其实施优先供地、财政税收扶持等鼓励政策。然后围绕核心企业进行功能整合和产业

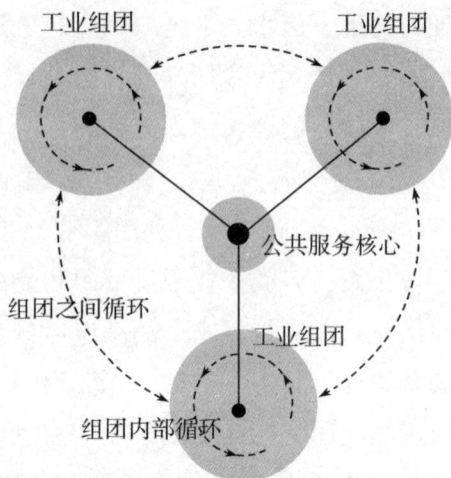

图6-1 园区空间布局模式示意

配套建设，打破从研发到生产、销售、服务等一系列环节的界限，重组各项资源，促进要素的合理流动，向前加强成果研发和转化，向后促进产品的营销与服务，逐步形成以技术和产品为纽带的产业链条。在此过程中，核心企业也会围绕其主营项目或产品，通过分包、转包等方式形成合理的上下游产业关联，彼此之间通过生产与服务过程的投入产出联系，形成一种合理的分工和协作状态，进而形成产业集群。因此，在各个园区的布局结构中，核心企业应尽量处于空间上的核心区位，以发挥其带动扩散效应。

三、城市功能空间

坚定不移建设北海新城，以城市、社区、工业邻里中心等各级平台为依托，以不断健全完善城市功能为抓手，优化综合投资环境。

（一）加快北海新城建设

我国开发区发展的历史经验表明，长期过度强调产业功能、忽视城镇功能和社会网络的培育，必然导致经济结构单一、外部风险高、社会融合度和根植性低等矛盾，将阻碍自身健康可持续发展。更重要的是，

目前北海新城的建设已成为改善综合投资环境、促进社会稳定和培育社会资本、建立文化认同感、集约节约利用空间、促进多元政治参与等各个方面的迫切需要。

（1）加强区域联系，建成黄河三角洲的重要交通节点。强化与黄河三角洲地区的直接快速联系，加强与各对外交通枢纽站场之间的交通联系，加快与京津、黄骅、济南等黄河三角洲地区其他城市的交通网络建设，使北海新城成为周边地区的新交通枢纽，为客货资源的流动与集聚提供条件。

（2）打造滨河临海的城市格局特色。充分利用套尔河、潮河、新河等良好的景观资源基础，将人工环境景观和自然环境景观有机结合，采取"核心—廊道—轴带"等多种形式，连通"海—河—湖—绿"格局，构建生态景观网络，提高滨水生活性岸线比重，为居民提供亲水休闲的公共空间，形成蓝天碧海、绿树映水、现代明快的滨水城市景观风貌。

（3）加快完善各类配套功能，促进产城融合。规划建设高标准的居住、商务、商业、教育、医疗、文化、体育、餐饮、娱乐、旅游接待等各类公共服务设施，满足不同层次群体的需要；完善开发区内以及与周边城市的交通运输，尤其是公共交通功能，促进工作、就业空间的快捷联系与总体平衡；按照"整体规划、滚动开发"的原则，完善和提高市政基础设施及其承载能力等。

（4）以产业工人和村庄改造为突破口，加速集聚人口。可通过行政划拨土地建设和鼓励开发商参与相结合的方式，开发建造公共租赁房，以解决产业工人和其他转移人口的住房需求。利用城乡增减挂钩政策进行旧村改造，一方面整理储备建设用地资源，另一方面为农民提供相应就业岗位、并使其在新城集中，加快新城人口集聚步伐。

（5）以现代服务业为先导，提高城市服务能级。结合港口发展需要，积极引进港口服务类企业，策划建设大型交贸市场等能聚集人流、物流和资金流的业态，促进人口向城镇集聚，促进城镇基础设施和公共设施不断完善，推动城镇职能的转型升级。

（二）城市服务功能布局

按照新的港口功能定位与北海发展战略，重新定义城市服务功能的重点，并对这些内容进行有效的组织，形成"区、块、点"相结合、统筹一体的布局模式。

（1）区状服务空间。对港口和北海而言，区状服务空间主要涉及旅游休闲服务，以为区内居民、工人、企业家、外来商务人员提供愉悦身心的产品。以滨海休闲观光、现代农业观光、海鲜产品品尝为重点，依托现有旅游资源，加强区域合作和产品整合，健全完善配套服务体系，建设高起点、有特色、开放型的黄河三角洲原生态旅游特色区，成为黄河三角洲地区重要的滨海旅游休闲观光带、现代农业观光区和海产品品尝地。一是以滨海原始自然景观和渔村、渔船等人文景观为主线，开发贝壳沙滩休闲、芦苇湿地观光、防潮大堤观海、岛屿狩猎等自然观光项目，并开发温泉、垂钓、海产品市场及海鲜品尝和捕鱼、渔民生活等特色旅游，建设北部滨海旅游观光区；二是以贝壳堤及湿地自然保护区为依托，保留海水养殖、制盐等原生态景观，开展地质遗产及传统制盐文化旅游，建设西部湿地生态旅游区；三是以冬枣、农业科技园为依托，开发果园观光、果实采摘、农家乐等旅游项目，建设南部现代生态农业观光旅游区。

（2）块状服务空间。依托北海新城，建设北海开发区生产生活服务中心，集中布局行政管理、房地产、金融、文化教育、卫生体育、商贸零售、住宿接待、旅游、餐饮娱乐等综合服务功能，并积极引进咨询、评估、会计、审计、法律、工程设计、广告和市场研究等中介服务机构，开展经济发展战略与咨询、投资咨询、技术转让、资产评估、信息服务、法律服务、产权交易、货运代办代理等生产性服务业。依托马山子镇现有基础，侧重发展面向生活配套的服务功能，建成黄河三角洲城市功能副中心。在临港地区建设港口服务功能集聚区，为港口建设管理、船舶维护管理、船舶给养、航运经纪、航运咨询、物流管理协调等提供即时便捷的信息和技术服务。

（3）点状服务空间。根据生产运营需要，将服务功能向特色园区、生产经营前沿和基层单位延伸，不断提高公共服务的便利度、均衡度和人性化水平。如在各产业片区提供职工公寓、基本生活服务和公共绿地等设施，城镇外居住社区完善餐饮店、诊所、幼儿园等基本公共服务。

四、港产城联动

推进港产城一体发展、互为支撑、相互促进，使港产城联动成为北海拉开框架、塑造形象、重构发展动力的重要途径。

（一）以打造特色产业基地为核心，统领港产城联动发展

一方面，要以大进大出型产业为首要选择，优先布局支撑港口发展的临港产业，尽快聚集形成农副产品加工、临港先进制造、战略性新兴产业、绿色化工等临港产业群，并配套发展临港物流业等生产性服务业和滨海休闲旅游等服务业；另一方面，要以黄河三角洲地区的港口成为国际农产品进出口港为契机，积极发挥港口地区原材料、信息资源丰富的优势，不断延伸产业链条、实现货物的本地增值，促进产业基地快速成长。

（二）以运输体系为纽带，强化联动发展的基础设施支撑

要着力加快港口航道、泊位、防波堤、沿海高等级公路、疏港铁路等交通基础设施的建设步伐，实现高等级公路、铁路与港口的无缝衔接，使港口能够更好服务产业和城市、城市能够更好支撑港口和产业、产业能够不断壮大港口和城市。同时，借助城市功能建设，也使港口、产业能够更有效地融入济南都市圈、蓝色经济区和黄河三角洲经济圈等区域发展大格局，促进港、产、城能级的提升。

（三）以机制设计为基础，强化联动发展的制度支撑

借助政府力量和市场作用，建立港口、产业、城市间的利益平衡通道，合理评估三者成本收益的总体状态，推动建立灵活多样的交流协商机制，以优化调整各自的功能定位、空间布局、发展重点。

（四）以生态优化为目标，提高生态环境品质，打造港产城联动发展的高效模式

全面建设生态保护制度，推行环境污染强制责任险、排污权和碳排放交易、生态补偿等环保制度，形成统一的生态制度。在空间布局上明确保护范围，划定重要生态功能区域，严格落实环境保护政策和措施，加强污染治理、生态建设和环境保护执法力度。以海域为起点，科学布局港口、仓储物流、农副产品加工、先进制造、油盐化工、其他工业、生产性服务业和滨海新城，建立生态保护隔离带，通过技术进步，以生态产业链为标准，促进污染型行业向生态型转化，形成和谐的生态界面。

（五）以新城建设为契机，探索新型城镇化道路，落实港产城发展以人为本的共同目的

通过新城建设和城市功能延伸，更好地扩大就业，提高本地及周边地区群众的收入水平与现代化程度，是黄河三角洲建设的最大成就。

第三节　微观空间：绿色营造战略

一、空间品质提升

在宜居宜业基本要求的基础上，既要增加国际元素，使国外商务人士能有效融入，又要塑造本土特色，这同样是实现高效专业化港口群建设的重要部分。

（一）空间国际化

（1）规划设计国际化。结合中央十八届三中全会精神，积极推进多规合一，在开发区率先推进全域规划、一张蓝图规划编制办法改革，实现规划的系统整合。按照国际先进港口、城市、园区的规划理念，高标准编制具有前瞻性的、可操作性的、理念先进的总体规划、分区规划、专项规划和控制性详规。按照规划，从市容环境、生态生活环境、交通环境、社区环境、人文环境等方面，确立黄河三角洲的空间建设标准并制定实施计划。实施杰出建筑和公共艺术精品计划，深化城市细节设计，打造地标性建筑精品和城市亮点，在城市规划、建设、管理中融入更多文化内涵、体现更多人文关怀，增强城市吸引力。严格落实建筑高度、容积率、建筑密度、绿化率等方面规划与设计，把握好项目的立项、论证、设计、审查、审批五个重点环节，维护规划权威性。

（2）功能现代化。以适应不断增长和多元化的服务功能为目标，加快建设综合配套项目，提升各类基础设施和公共服务设施的服务水平，完善国际生活社区、国际教育、医疗、文化、娱乐等高端服务项目，实施公共场所外语标识规范化建设工作，营造国际化配套环境。还要加快建筑、环境、道路、管网的整体完善与提升，改善人居环境，提升保障能力。

（3）管理现代化。树立"依法严管城市"理念，以法治提升城市环境治理现代化水平，建立完善常态执法机制，更好地解决城市环境"重建轻管"等问题。调动街道、社区、广大市民，甚至企事业单位参与城市管理的积极性，促进城市管理主体多元化。通过各种科技手段，建立城市管理信息交流平台，打造"数字城管""虚拟城管"，实现城市环境治理体系和治理能力现代化。

（二）空间特色化

（1）保护空间特色资源。要在对资源系统普查、理性评价基础上，对黄河三角洲范围内有价值的空间特色资源点、特色意图区以及文化、景观廊道分门别类地提出有针对性的保护举措和策略。要通过保护、整治、更新等手段，塑造富含韵味、饶有意趣的开发区特色空间。

（2）传承营建文化传统，创造时代空间精品。一方面，要在保护传承的基础上，以发展的理念对待历史，以开放的心态对待传统，倡导多元协调、和而不同的空间营造策略；另一方面，要精心规划、精心设计、精心建造新空间、新建筑、新园林，要把每一次新建、改建作为整合新与旧、创造整体协调的高品质空间的机会。在区域层面，要加强对水网特征和原生地貌的保护，以大地景观为背景，巧妙因借自然，建立良性的城市与环境关系；在城市层面，要以绿道、蓝道、文化步道、特色街道等串联整合各类空间特色资源点和地段，构建内涵丰富、开放多元、特色鲜明的城市公共空间体系；从建筑塑造角度，要传承发展地域建筑文化，推进建筑科技创新，努力创造符合群众需求、体现时代精神、具有地域特色的建筑精品；从园林景观塑造角度，要加强风景名胜资源保护和宜人景观环境塑造，推进生态城市、生态园区创建，加快构建开放便民的公园绿地系统。

二、建设管理生态化

按照环境友好、资源节约、绿色低碳和经济社会协调发展的原则，在企业、建筑、交通、个体等微观层面，构建绿色生产方式、生活方式和消费方式，实现对水资源、土地资源、能源资源的节约集约利用，降低人类活动对生态环境的干扰，建设高效专业化港口群。

（一）绿色建筑

（1）新建建筑。将绿色建筑比例纳入各层次规划，并落实到具体项目，落实固定资产投资项目节能评估审查制度。积极引导商业房地产开发项目执行绿色建筑标准，鼓励房地产开发企业建设绿色住宅小区。大力推广农房节能技术，切实推进生物质能利用。加强建筑设计方案规划审查和施工图审查，严格建筑节能专项验收，对达不到强制性标准要求的建筑，不出具竣工验收合格报告，不允许投入使用并强制进行整改。

（2）大力推进既有建筑节能改造。以围护结构、供热计量、管网热平衡改造、建筑门窗、外遮阳、自然通风等为重点，积极推动太阳能、浅层地能、生物质能等可再生能源在建筑中的应用，推进既有居住建筑、大型公共建筑的节能改造。鼓励采取合同能源管理模式进行改造，对项目按节能量予以奖励。提高供热系统热源效率和管网保温性能，推广热电联产、高效锅炉、工业废热利用等供热技术。

（3）加强公共建筑节能管理。加强公共建筑、公共机构的能耗统计、能源审计和能耗公示工作，对超限额用能（用电）的，实行惩罚性价格。推行能耗分项计量和实时监控，推进公共建筑节能、节水监管平台建设，研究开展公共建筑节能量交易试点。公共建筑业主和所有权人要切实加强用能管理，严格执行公共建筑空调温度控制标准。

（二）绿色交通

（1）促进各种交通方式的有机衔接。各种交通方式应通过黄河三角洲地区的港口、新城公共交通站点等交通枢纽进行空间整合，实现物理空间一体化、运营管理一体化、信息服务一体化、票价票制一体化。结合综合交通枢纽，进行TOD式开发建设模式，实现用地的紧凑布局、混合使用。

（2）建设以公交为主导的城市综合交通系统。全面规划、精细设计公交系统，实现与慢行交通系统的一体化、无缝衔接，打造舒适、健康、可持续发展的高品质城市。

（3）提高道路网络建设的合理性。首先要强调道路性质与周边用地的协调，不同性质用地决定了道路的不同功能，进而决定了道路的横断面构成和道路交通管理方案。其次，应注重道路的级配结构和连通关系，避免左转车辆严重阻碍对向直行车流以及直行车流妨碍右转车辆进入右转专用车道等现象。高速公路应与城市快速路或城市主干路很好地衔接，实现排除过境交通和方便进出城市的双重功能。

（4）完善道路安全设施。双向六车道以上道路应全部设置行人过街安全岛，以交通功能为主的主次干路酌情设置隔离护栏，完善过街斑马线和其他标志标线。同时，要持续努力改变人的交通行为并进行交通文化建设。

（5）强化停车设施的规划建设。根据规范要求和城市交通发展战略，建设必要的社会停车场。通过分析，设置适量的路边停车泊位。

（6）科学实施交通需求管理。根据不同发展阶段的特点和交通需求特性，采取合理的交通需求管理措施，以实现城市交通供求关系的动态平衡。

（三）智慧港口建设

（1）提高港口基础设施智慧化水平。一是闸口的全智能化。将箱号识别技术、车号识别技术、箱体检查技术、EDI、GPS、GIS和实时控制等先进技术予以有机结合，实现过卡口不停车，加快卡口通行速度。二是码头装卸设备智能化。通过集成大型设备PLC运行、状态信息，实现对大型设备的集中监控，增强设备安全与控制，也可对港口固定资产完成全生命周期管理；通过设备内部管理网络与互联网的联通，实现港口设备远程监控及故障排除，也可实现向司机传达指令。三是堆场仓储管理智能化。采用扭矩传感、视频监控、识别传感等技术，使装卸机械正确识别需要操作的货物，并了解货物重量和装卸设备的工作状态。

（2）完善港口生产运作与管理体系。加强生产业务协同管理系统的深度开发和推广应用，整体提升港口作业的协同管理水平和管控决策能力；加大码头生产管理系统、信息化整体解决方案的开发和推广力度，完善系统功能，提升港口生产管理的信息化水平；进一步做好与港口作业相关的引航、外理、轮司等相关信息化应用系统的提升、推广、应用工作。

（3）提高港口集疏运网络体系智慧化。通过加快港口集疏运场站内部的物流装备、信息化建设，形成港口集疏运网络结点内部各个功能区之间的互联互通，提高物流结点内部物流作业过程的全面感知与实时监控水平，提升节点内部物流企业对运作业务的及时执行能力。加强不同物流节点之间业务衔接与功能协调，形成互联互通，提高物流节点的企业集聚力和物流服务辐射力。

（4）推动电子口岸升级为"智慧口岸"。围绕以进出口"船、箱、货、人"的统一申报与查询和口岸单位的政务监管，建设能向企业及口岸各监管单位提供多种数据、信息及服务的"云服务"模式的电子口岸物流信息公共服务平台。

（5）建立统一化物流信息服务体系。推进第四方物流市场与港口物流信息平台、交易市场、电子商务网站的互联互通，将港口与港口、口岸查验单位、货主、物流运营商连接起来，实现数据无缝对接与共享合作，形成覆盖供应链全过程的综合性信息网络。

（6）推进港口物流企业智慧化转型。大力推动发展智能交通、智能电网、移动通信、网络应用等物流装备的设计和生产，不断提升港口物流企业的装备水平；推广应用标准化信息软件，大力引进智慧物流软件研发、软件设计、应用推广等企业，开发专业化、特色智慧物流软件，提升港口物流企业信息化水平。

第四节　制度空间：多元治理战略

在空间资源稀缺条件下，农民、外来务工人员、中小企业等弱质性群体无疑面临空间不公正的挑战，应通过广泛的多元治理，建立城乡公平、大中小企业公平发展的格局。

一、城乡公平

黄河三角洲的工业化和城镇化需要不断吸纳周边的人口、土地，也要推进农村社区和新农村建设，这是推动城乡公平、促进社会和谐的必由之路。

（一）外来务工人员

针对外来务工人员，主要是要积极稳妥地推进建立城乡一体、以居住就业地户口登记制度为重点的户籍制度改革。鼓励有合法固定居所和相对稳定职业或合法生活来源的农业人口到城镇落户，并提供子女入托、入学、参军、社保和就业等方面的均等待遇。以解决城镇中低收入群体和农民工保障性住房为重点，坚持以市场供应为主，以公共租赁住房为主，完善住房保障体系。研究远期外来务工人员与农村权益脱钩的政策机制。探讨常住地实行分类管理、宅基地换住房和保障、推进以种田大户为对象的农业补贴政策调整等改革举措。

（二）失地农民

坚持工业反哺、财政兜底，与时俱进地提升保障水平，妥善解决失地农民住房、就业、子女教育和社会保障问题，建立起失地农民福利与经济发展同步增长的机制。健全公共就业服务体系，实施失地农民职业技能提升计划，并通过联系企业、政府购买岗位、鼓励自主创业和劳务输出等多种方式，提高居民就业率和就业层次。使失地农民安居乐业的同时，组织、引导新老居民积极参与社区文化建设，增强社区居民的认同感和归属感，让失地农民更快和更好地适应城市新生活，加快向市民转变的步伐。推进管理创新，集中解决一批群众反映的具体问题，增强群众有序参与、议事协商、主动监督的积极性。

（三）村庄城镇化的农民

对于村庄被城镇化的农民，应以"四改两化"为途径加快推进综合保障，即：撤销农村村委会，建立社区居委会，建立配套的社区管理和服务体系；将农民改为居民，农业就业改为非农就业，与城市居民享受同等的待遇和生产生活方式；将村集体经济组织改为股份制公司，采取资产变股权、村民变股东的方法，实施股份制改造，社区村民委员会主要负责人与社区集体经济组织脱钩制度，实现经济职能与社会职能相分离；推广社区"网格化"管理和市场化物业管理，建立社区管理和物业管理联动机制。

（四）现有农民

按照城乡一体理念，建立农村产权确权、定价和交易流转机制，推进农村集体经济资产股份化和土地承包经营权股权化，促进农业经营模式转变，增强农民流动能力。做好农村土地承包经营权确权颁证、资产价值评估体系、统一的农村资产资源交易中心、宅基地超标准部分有偿使用制度、产权流转综合服务体系、农村产权交易管理网络、就业创业支持机制、抵押融资机制等基础工作。同时，采取加大公共财政投入、整合政策性资金和社会资金等多种途径筹措资金，提高农村新型社区建设标准，促进城乡基本公共服务均等化。

二、企业公平

在土地资源趋紧的背景下，由于大企业强势、中小企业发言权有限、政府控制因土地切割过细而增加的管理成本等因素，中小企业用地难的问题普遍存在。但在黄河三角洲发展过程中，中小企业在培育产业集群、增加就业、抗抵风险等方面具有积极作用，因此应为其提供更为公平的空间资源配置政策。

（一）增强供地能力

（1）着力抓好土地开发整理。利用好区内区外两个市场，通过旧村改造复垦、未利用地整理、异地耕地指标交易等形式，最大限度地新增耕地，以保障用地报批过程中的耕地补充指标。

（2）盘活存量土地，提高建设用地利用效率。一是优先开发利用空闲、废弃、闲置和低效利用的土地，努力提高建设用地利用率；或从土地出让收入中划出一定的比例资金，建立国有土地收益基金，用于土地收购储备，增强政府对土地的调控能力。二是充分发挥工业园区的集聚效应，除特殊情况外，停止在工业聚集区外安排零星工业项目用地。三是严格执行工业项目建设用地控制指标，对不符合国家产业政策和宏观调控要求的工业项目，一律不予供地。建立工业用地履约保证金制度和用地退出机制，防止企业违规占地、粗放用地。四是可采取土地出让金政策手段，积极鼓励企业对现有工业项目在原用地范围内加大投资力度，鼓励和引导建设多层标准厂房，提升生产技术水平。

（二）优化土地供给结构

（1）加强建设规划对供地地块大小配比的调控，增加中小企业获得用地的机会。由发改、规划、国土部门进行联合会商，工业企业地块规划中，可规定小地块必须高于一定比例，比如明确20亩以下地块的数量和总规模等控制指标，也可对小地块进一步细分，如细分为5亩以下、5亩~10亩、10亩~20亩等，并限定其份额下限。合理调控供地地块大小配比，让中小企业获得相对合理的用地占比份额，促进企业梯次健康发展。

（2）考虑到管委会的行政成本，也可参考发达地区经验，划定一定空间，集中设立中小企业产业园区，配套提出相应的土地供应政策，使相应业务便于操作和管理。

（3）建立工业用地出让市场准入评价机制。对企业或个人能参加多大地块和地类的招拍挂进行调查评估，以确保真正需要土地的优质中小企业和项目得到相应土地。

（4）在开发区进入门槛设置上，要更多考虑投资强度指标，弱化对投资规模的限制，使大企业能更加注意集约用地，使中小企业能够获得更多机会。

（5）对科技含量高、规模较大、解决民生问题的重要中小企业项目，尽可能争取在省、市直接立项，尽量争取省、市级的统筹用地指标，缓解开发区自身压力。

（6）根据开发区产业发展规划布局，在特色产业园区内建设相应行业类型的功能细分的标准厂房，满足不同中小企业的厂房需求，使中小企业摆脱用地要素的制约、降低企业投资成本。

第七章
黄河三角洲生态港口群的组织安排

民间资本参与港口建设可以为港口服务机制注入新的活力，在缓解资金约束的同时提高企业经营绩效。港口民营化改革的国际经验表明，要提高港口服务的有效性和竞争力，必须进行制度革新，引入多元化投资主体和经营管理形式，培育有效的竞争机制。因此，多元化产权结构是促进黄河三角洲地区的港口更快发展的组织形式。

第一节　产权结构更加优化

目前，黄河三角洲地区的港口的建设运营统一由黄河三角洲地区的港口务集团有限责任公司（以下称"黄河三角洲地区的港口务集团"）负责，黄河三角洲地区的港口务集团是一家国有大型企业公司，代表市政府负责港口建设和对外合资合作事宜。黄河三角洲地区港口的建设运营需要庞大的资金支持，完全依靠黄河三角洲地区政府财政解决并不现实。吸收社会资本进入港口建设领域，既可以减轻政府的财政负担，又能为民间资本找到投资出路。

一、扩大融资渠道

黄河三角洲地区的港口发展正处于关键的起飞时期，所需建设资金和相关的配套资金巨大，港口经济发展离不开金融的支持。为此，在充分利用自身资源不断争取国家支持的基础上，优化金融市场结构，扩大融资渠道，从以政府财政和银行贷款为主导的资金供给模式向多元化的资金供给模式转变，引入并不断扩大来自证券市场、信托、融资租赁、产业基金等行业竞争者，不断拓展筹资渠道，间接融资与直接融资并举[①]。逐步实现投资主体多元化，为广泛的社会资金提供多种渠道投资港口建设，形成全方位的港口投融资模式。

随着港口业市场化改革的不断深化，港口投融资兼具公共性、企业性的双重特点。全球经济一体化进程加速，在世界市场的不同发展时期，这两个方面的性质都在发生着不同程度的变化。其投融资过程不是单纯的竞争性项目，但也并非完全的公益性项目。如何更好地发挥政府资金和社会力量的合力，是港口建设投融资需要深刻思考的问题。世界大型港口的发展实践证明，港口行业的迅猛发展必然需要港口建设融资渠道的多元化，政府买单或港口自身累积资本已经难以满足当前发展的需要，民营资本开始掌控港口经营，政府逐步向监督角色转化。多元化的融资方式主要包括政府专项资金、企业自筹资金、银行贷款、发行股票和债券、融资租赁、企业合资合营、PPP模式等。

民营资本是完全的市场主体，追逐利润是民营资本的本性。因此，吸引民间资本的核心是设置科学合理的投资回报模式，风险太大不行，收益过低也不行。上述所提到的几种港口建设融资的模式，对黄河三角洲地区的港口来说，可操作性比较强的当属PPP（Public-Private-Partnerships）模式，即"公私合营模式"。这种模式下，政府部门设立

---

①《滨州市金融业"十二五"发展规划纲要》。

专门机构与投资者签订协议，授权项目公司在一定的期限内建设经营政府专属的基础设施并获得合理的收益，特许期满后将项目无偿移交给政府，PPP模式在中国基础设施建设中已有成功的应用。例如，北京地铁4号线就使用这一融资模式解决了部分资金短缺问题。项目的建设工程分为A、B两部分，A部分主要包括车站、轨道、洞体等工程建设，公益性投资由政府承担。B部分包括车辆及通信、信号等机电设备、自动售检票机等投资、运营和维护，B项目的建设由社会投资方和政府投资方组建的特许经营项目公司来完成。

黄河三角洲地区的港口的建设运营可以借鉴这一建设思路，公益性基础设施建设（如防波堤、各类航道和道路等）由政府财政直接投资；经营性基础设施（如码头泊位、系缆设施等）由大型民营企业投资和经营，按质收取服务费用。经营性基础设施引进民间资本时，政府可以提供制度上的支持，保证私人资本有利可图。具体来看，PPP投融资模式这个大的概念下还包含了多种具体实施模式（表7-1），这些模式可以融合、变通，使PPP模式满足不同领域和环节各种特定项目建设的特别需求，使用起来灵活自由。[①]

表7-1 PPP模式的具体实践类型

PPP模式类型	含义
设计建造（DB）	在私营部门的合作伙伴设计和制造基础设施，以满足公共部门合作伙伴的规范，往往是固定价格，私营部门合作伙伴承担所有风险。
运营与维护合同（O&M）	私营部门的合作伙伴，根据合同，在特定的时间内运营公有资产。公共部门的合作伙伴保留资产的所有权。

---

① 财政部：《关于推广运用政府和社会资本合作模式有关问题的通知》。

PPP模式类型	含义
设计-建造-融资-经营（DBFO）	私营部门的合作伙伴设计、融资和构造一个新的基础设施组成部分，以长期租赁的形式，运行和维护它，当契约到期时，私营部门的合作伙伴将基础设施部件转交给公共部门的合作伙伴。
建造-拥有-运营（BOO）	私营部门的合作伙伴融资、建立、拥有并永久的经营基础设施部件。公共部门合作伙伴的限制，在协议上已声明，并持续监管。
建造-拥有-运营-移交（BOOT）	私营部门的合作伙伴被授权在特定的时间内融资、设计、建造和运营基础设施组件（和向用户收费），在期满后，转交给公共部门的合作伙伴。
购买-建造-营运（BBO）	一段时间内，公有资产在法律上转移给私营部门的合作伙伴。
建造-租赁-营运-移交（BLOT）	私营部门的合作伙伴在租用的公共土地上设计、融资和建立一个设施。在土地租赁期内，私营部门的合作伙伴运营该设施。当租约到期时，资产转移给公共部门的合作伙伴。
经营许可证	私营部门的合作伙伴获得许可或经营的法律许可来运营公共服务，通常在指定时间内。

二、发展产业基金

产业投资基金，是指对未上市企业进行股权投资和提供经营管理服务的利益共享、风险共担的集合投资制度，即通过向多数投资者发行基金份额来设立基金公司，由基金公司委托基金管理人管理资产，委托基金托管人托管基金资产，从事创业投资、企业重组投资和基础设施投资等实业投资。产业投资基金是一种集合投资制度，不仅能在短时间内汇集大量社会闲散资本，解决港口建设资金缺口问题。而且专项基金全部从事港口产业投资，从投资领域来看，不仅提供资金支持，而且提供资本经营增值服务，具有潜在的利润。①通过产业基金为大型基础设施建设融资已经有成功的典型案例，例如，2011年3月，大连市政府批复筹设总融资规模计划为50亿元的"大连港航产业基金"，大连港航产业基金管理有限公司正式创立，该公司将负责基金的募集、管理和运营。大连港航产业基金是由地方政府主导成立的，发起人分别为大连长兴岛开发建设投资有限公司、大连港集团有限公司、上海福隆投资管理有限公司、大连船舶配套产业园有限公司、万邦（上海）船舶工业技术有限公司等。该基金依托辽宁沿海经济带临港工业的发展，借助港口资源整合的契机，主要投资港口码头、现代航运和现代物流服务等产业领域。这是一次增强东北亚国际航运中心综合实力及国际竞争力所必需的尝试和创新。

借鉴大连港航产业基金的成功经验，黄河三角洲地区的港口可以通过产业基金的形式来募集港口建设资金，在黄河三角洲地区政府的领导下，由黄河三角洲地区的港口务集团牵头设立"黄河三角洲地区的港口建设经营投资基金公司"，吸引社会资本参与港口及相关产业。产业基金设立的关键是寻找稳定的、符合募资规模要求的资金来源渠道，能与产业基金进行对接的募资渠道较多，如大型企业和上市公司、政策性银行、信托公司、保险公司、社保基金、金融控股公司、国外资金等。产业基金作为投融资平台，好的匹配项目决定了基金公司能否为投资人获取稳定的回报，也关系到产业基金能否做大做强。黄河三角洲地区的港口务集团可以寻求与实力强、信用好的大型国有企业或民营企业，并与之达成战略合作关系，如中粮集团、山东魏桥创业集团等，甄选质地优良的投资项目，实现共赢。

---

① 吉富星. 基础设施产业基金的可行性与运作模式探析［J］. 重庆与世界·学术版，2013年第11期。

第二节　经营管理更加高效

传统港口不能满足于装卸仓储等传统作业方式，粗放型发展不是可持续的发展方式，港口的投资管理体制、经营理念和认识也被打破。现代港口业的发展应该跳出港口看港口，在更广更高的视野上探索港口发展方向，要构建全球物流配送中心和电子商贸中心的理念，塑造更加开放、更有弹性的港口边界。

一、港口民营化改革的类型

港口有效运作所必需的三项要素包括：港口规制者、港口土地所有者和港口运营者。港口规制者的主要责任是维护进港航道并收取维护费、船舶交通管理、确保安全及防污染法规的实施、制定港口发展规划、防止垄断形成以保护港口用户利益等。港口规制主要是政府职能，较难实现民营化。第二项港口土地是可以被民营化的要素，港口企业很可能是城市中最大的土地所有者，港口土地所有者的主要任务是：管理和开发港口地域、贯彻港口规划和发展战略、提供和维护相关的基础设施等。港口运营作为可被民营化的第三项要素，指的是货物在水陆之间的物理移动，此外，港口运营还包括在港口地域内的一系列相关增值活动，如仓储、包装、制造等。

根据港口三要素的不同组合，可以设计出私人部门参与港口建设经营的四种可能性方案（表7-2），从而形成港口民营化改革不同模式选择：第一种模式为公共港口，其三项要素均为政府部门的职责，没有私人部门参与；港口活动中最有可能被民营化的要素是港口运营，这种港口民营化的模式叫做民营化I型，这种类型港口模式的规制活动和土地所有权仍由公共部门承担；如果港口经营权和土地所有权两项要素都由私人部门控制，称为民营化II型，这种情况下，私人部门将在港口事务中起到主导作用；最后一种模式是民营化III型，即所有三项要素均成为私人部门的责任，除了处理一些安全及环保方面的问题外，政府部门将彻底退出港口建设及经营。

表7-2　港口构成三要素及民营化改革模式

港口模式	港口规制者	港口土地所有者	港口经营者
公共港口	公共部门	公共部门	公共部门
民营化I型	公共部门	公共部门	私人部门
民营化II型	公共部门	私人部门	私人部门
民营化III型	私人部门	私人部门	私人部门

从黄河三角洲地区的港口发展现况来看，黄河三角洲地区的港口完全由公共部门控制，港口规制者为黄河三角洲地区港航局，港口土地所有者为黄河三角洲管委会，港口经营者统一到山东港口集团，这种管理模式存在一定弊端。同时，由于港口是带动黄河三角洲地区发展的新的增长点，在"以港带城、以城兴港、港城一体化"发展战略下，这种管理模式有其固有的优势，可以较好地落实政府的经济发展战略和城市发展规划。因此，黄河三角洲地区的港口发展模式比较适宜选择民营化I型，只在港口经营管理领域引入私人部门，这样既可以提高港口发展效率，又能按照当地政府的发展战略执行。

二、港口组织管理模式

按照公共部门和私人部门参与程度和在港口中的不同地位，可以划分为四类港口管理模式。（表7-3）

表7-3　港口管理模式比较

公共服务港（Public Service Port）	设备港（Tool Port）
优势：基础设施和码头作业由同一部门负责，能够保持高度的一致性和协调性。 劣势：·有效竞争不足，导致低效率。 ·受到政府过多干预，以及对政府财政的过度依赖，导致资源浪费与投资不足并存。 ·港口经营管理非市场导向，缺乏创新。	优势：基础设施由公共部门统一负责，避免重复建设。 劣势：·私人部门没有经营设备的所有权，限制了公司的长远发展。 ·存在公共部分投资不足的风险。 ·缺乏创新激励。
地主港（Landlord Port）	私人服务港（Private Service Port）
优势：·基础设施领域的政府扶持。 ·经营领域的资产所有权和经营权属于同一私人部门，投资和经营的市场导向。 劣势：·不同私人部门竞争者的眼里，存在过度投资的风险。 ·对港口扩容的时间进度有决策失误的风险。	优势：港口投资和经营高度灵活，实现以市场为导向的长远发展。 劣势：·政府部门无法实施港口与城市经济发展的长期规划。 ·私人部门存在利用港口土地进行套利的动机。

（一）公共服务港

公共部门不仅投资、维护和管理港口基础设施和所有经营性设施，而且还是港口具体业务的直接经营者。公共服务港模式是一种比较传统的港口建设模式，其要么过度强调了政府的作用而忽视了企业，特别是私人机构的作用，形成政府高度垄断、市场失灵；要么走向另一个极端，扭曲了公共部门特别是政府在港口产业中应该发挥的作用，导致政府失效和港口企业事实上的垄断经营。

（二）设备港

公共部门负责投资和管理港口基础设施和所有经营性设施，而私人部门通过租赁大型经营设施和设备来从事港口生产性业务。该模式由政府或其委托的国有企业负责投资、管理港口的基础设施和所有的经营设施，但允许其他企业以租赁方式进入港口生产性业务，可以说是地主港模式的过渡形态。

（三）地主港

公共部门只负责港口规划和投资港口基础设施，把港口经营权出让给私人部门，并收取特许经营费和租赁费。私人部门通常获得特许经营权后，长期租用港口土地、基础设施并自行解决经营所需的岸上设施，提供综合的港口服务。地主港模式较好地解决了政府和企业在港口开发建设中的权责关系，一方面保持了港口的准公共产品属性，另一方面通过港口经营权让渡企业包括私营企业，为港口注入了市场活力，因而为各国港口开发建设者所推崇。

（四）私人服务港

政府部门基本上完全退出港口领域，私人部门投资和拥有包括港口土地、基础设施和经营性设施在内的全部港口资产，并依据追逐企业利润最大化的商业目标进行港口经营。

三、地主港模式的优势

从世界范围来看，美国、欧洲等国家和地区的港口大多采取了地主港模式，地主港模式又被世界银行评定为向世界推荐的港口开发建设的主要模式。

（一）政府始终掌控岸线及港区土地资源

按照地主港模式进行港口的开发建设，岸线资源、港区土地以及港口码头等基础性设施的所有权始终掌控在政府手中，保障了港口作为公共资源的公益性，便于从经济全局和长远利益出发，对港口进行规划布局，避免重复建设和同质化竞争，提升岸线资源的利用效率。

（二）港口开发建设及运营维护的主体明确

按照地主港模式进行的港口开发建设，无论是港口管理局还是组建的特许经营机构，作为非营利性的公共法人，确保了港口基础设施的开发建设以及运营维护的主体地位。

（三）兼顾政府和港口运营企业的利益

特许经营机构和港口运营企业的加入，减轻了政府的财政负担和繁杂的港口经营业务束缚，政府部门负责搞好港口的总体规划、实施港口法规、保证港口作业安全。港口运营企业由于不需要耗巨资去建设公共基础设施，可以集中精力投入经营性设施的建设和运营，避免了港口投资的风险。将公共基础设施和经营性设施拆分开，交由不同主体投资，有效地避免了政府失效和市场失灵，既保障了国家的权益，同时也降低了企业的资金压力和投资风险，兼顾政府和企业双方利益。

（四）确保了港口的可持续发展

港口的扩建和基础设施的维护都需要庞大的资金支撑，通过港口码头、港区土地等租金收入确保了港口开发管理主体持续运营的能力，为港口扩建和基础设施维护提供了重要的资金保障，减轻了各级政府的财政投入，实施滚动开发，为港口的长远发展和有效管理提供了保障。

总体而言，地主港模式是当前世界港口业发达的国家所推崇的港口开发模式，它较好地解决了政府和企业在港口开发建设中的权责关系，既凸显了政府在港口开发建设中的主导地位，确保了岸线资源、港口土地以及港口码头等基础性设施的国家所有权，保持了港口的准公共产品属性，又通过港口经营权对企业的让渡，为港口注入了市场活力。[①]在中国现行经济体制下，黄河三角洲地区的港口建设采取地主港模式，可以有效地化解港口建设与经营中的两大难题：一是实行所有权与经营权的分离，最大限度地发挥土地资源的利用效率，增强港口持续滚动发展的内生动力，实现与国际通行的港口管理方式和经营模式的接轨；二是有效缓解了港口开发建设的资金压力，分散了港口建设风险，有利于港口的长远发展。

---

① 王赤风. 将伙伴式合作引入港口投融资，中国交通报，2014年11月11日，第007版。

第三节　组织形式更加合理

按照地主港模式的要求，黄河三角洲地区的港口开发必须着力解决和处理好两大核心问题：一是理顺领导管理体制[①]，港口开发建设和城市发展规划过程中，处理好各级政府部门、黄河三角洲地区的港口务集团及相关投资主体的角色定位问题；二是解决好港口建设与未来经营的投入产出关系，建立合理的利益平衡机制，实现投资主体与属地政府的共赢发展。

一、当前黄河三角洲地区的港口建设开发模式

港口的开发建设是一个系统工程，既包括了集疏运体系、防波堤、航道、港区基础设施等具有公共产品属性的公共性设施，又包括码头、堆场、装卸设备等具有市场属性的经营性设施。如果确定选取地主港模式，黄河三角洲地区的港口必须在模式认定、模式衍生与创新、港城发展理念等多方面与地方政府（黄河三角洲地区政府、黄河三角洲管委会）达成共识，这是在中国推行地主港模式最基本的前提条件。在权责明确的条件下，黄河三角洲地区的港口建设定位就愈加明晰了。按照地主港开发模式，政府既可以自行进行港口的开发建设，也可委托特许经营机构进行港口开发建设。总体上，实践地主港的创新模式包括开发区形式和项目形式[②]。

---

① 《加快北海开发推进工作领导小组第一次全体会议纪要》，2014年1月15日。

② 徐秦，方照琪. 国外地主港模式差异化分析及对我国港口发展的思考［J］. 水运工程，2011年第4期。

（一）开发区形式主要针对城市新港区的开发建设

其基本建设思路是：政府界定岸线、港区等，成立港区开发建设管理委员会（简称"管委会"），作为地方政府的派出机构，统一负责港区规划、开发和管理，管委会下设港务集团（或港口建设投资公司），作为港区开发建设的投资主体和融资平台。"港投公司"以独资、合作、联营、参股等方式投资建设港口经营性和非经营性基础设施，建设完成后以租赁、出售或者合营等方式交付港口经营企业管理经营，管委会获得相应的租赁费或出让费，一部分交上级财政，一部分用于港口再投资和维护。

（二）项目形式主要针对老港区扩建或改造码头的开发建设

其基本建设思路：政府基于港口发展的需要，界定出新建、扩建或改造码头等基础设施项目，成立"特许机构"代表地方政府统一规划与开发，又作为该项目开发建设的投资主体和融资平台，把项目的开发权、使用权交给"特许机构"。"特许机构"利用政府财政或银行贷款把项目交给建设单位建设，项目建设完成后经评估合格，以出租、转让等方式交付给港口经营企业经营，"特许机构"获得相应的租赁费和管理费，其中一部分上交给地方财政或还银行贷款，剩余部分作为自身管理费用的分摊和收益，待期满后交还给地方政府。

从黄河三角洲地区的港口发展来看，黄河三角洲地区的港口的开发形式选择的是开发区模式，政府自行从事港口的建设经营，黄河三角洲地区的港口务集团代表政府负责港口建设。黄河三角洲地区的港口地主港模式主要采取的是政府部门（黄河三角洲地区政府）管理的地主港模式，港口管理机构（黄河三角洲地区的港口务集团）自行按照规划，建设码头、库场，出租给港口业务经营企业从事经营。但问题是，作为国有企业的黄河三角洲地区的港口务集团受黄河三角洲地区政府直接领导，与当地政府部门——黄河三角洲管委会属于平级部门，不受管委会的管辖，港口建设与属地经济发展出现不协调，难以保证地主港开发模式的顺利推行。

二、黄河三角洲地区的港口组织管理方案

港口是城市经济贸易的主要构架，对于地区经济发展影响重大，意义深远。港口的建设作为系统的综合工程，其工程资金投入大、周期长、投资回报具有不确定性。在我国现行的经济体制下，许多项目的资金筹集都要依靠政府来协调，因而港口建设的投融资主导仍然是政府。从中国港口建设的实际情况看，在当前和今后较长一段时期内，政府依然是港口规划、建设、投资的主体。政府的主导作用还可以通过其他形式得以体现，例如可以通过土地置换和划拨、给予建设企业优惠政策和低息贷款等方式来确保政府在港口建设投融资模式中的应有作用。

根据港口投资的收益构成和港口设施的基本性质，可以把港口投资分为三种类型：公益性投资、营利性投资和经营性投资。其中，公益性投资是指为进出港口的船舶和车辆提供各类水陆通道和其他基础设施进行的融资，主要包括码头防波堤、码头岸线、港口锚地、港口护岸等，也包括各种用于进行港口通关和检验检疫工作的办公场所和建构筑物，以上所提到的这些设施要严格按照当前港口收费的相关规定，所以不会产生直接的经济效益；营利性投资是指对港口码头船舶装卸的基础设施融资，这里的基础设施主要内容包括港口码头泊位和港口各类浮动停泊的设施等，这一类投资可以通过装卸生产服务来获取直接的经济效益；经营性投资是指对港口其他专用生产经营设备的投资，港口企业可以通过向用户提供包装、装卸以及仓储等服务，直接收取费用。

综上所述，黄河三角洲地区的港口建设应当按照"政府主导、市场运作、投资多元化、管理民营化"的建港思路[①]，黄河三角洲地区的港口建设运营必须在山东省黄三角农高区管委会的统一指导和总体规划下，

---

① 《滨州市国民经济和社会发展第十二个五年规划纲要》。

由"管委会"作为黄河三角洲地区政府的派出机构，对黄河三角洲地区的港口及属地的开发建设实施统一领导、统一管理、统一规划和统一开发，行使港区规划范围内项目投资综合管理职能。"管委会"对国有独资公司——黄河三角洲地区的港口务集团享有领导权、监管权和控制权。黄河三角洲地区的港口务集团作为政府开发建设港区的投资主体和主要融资平台，负责港区基础设施的建设、开发和使用权。港务集团可以利用独资、合股、合作等方式开发港口基础设施，待项目完成后经评估合格，采用出租、转让、合营等方式让渡港口基础设施使用权，并收取相关费用（包括租赁费、管理费、转让费等）来实现港口基础设施的滚动开发。

三、黄河三角洲地区的港口投融资模式

港区基础设施建设所需资金量大，迫切需要解决投融资问题。建设周期长、资本流动性差造成生产能力和投资回流的周期长，决定了港口投资风险大而资本产出率低。中国港口在投融资体制、运作模式等方面仍存在不少问题，很大程度上制约了中国港口建设乃至整个港口业的快速发展。目前，政府财政和银行信贷仍然是港区建设资金来源的主渠道，港区建设投融资中存在雄厚实力的融资平台缺乏、资产负债率高、融资渠道单一等问题，需要整合政府资源、开拓新的融资渠道和方式。

根据功能不同，港口投资项目可分为公益性基础设施投资、营利性基础设施投资和经营性投资三类，不同的投资项目可以根据需要选择相应的投融资模式，港口公用的航道、防波堤、锚地等明确由政府投资，资产归政府所有。港口码头的基础设施建设可采用政府主导的多元化投资方式，码头建设既可以由政府单独投资，建成后采取收取租金或者无偿提供给港口当局使用，也可以引进国内外大公司投资参股，负责码头的开发建设与经营；而地面经营性设施采取多方投入，主要吸引社会资

金和外资的投入。

（一）政府资本承担非经营性基础设施建设

由于港口项目的建设经营周期较长、资金需求量大、资产专用性高，其综合风险系数较高，港口建设特别是港口基础设施的建设主要是由政府投资，主要资金来源于中央和地方财政税收，纳入财政预算用于固定资产投资。政府对港口项目的投资行为不仅会改善港口产业的发展环境，而且会揭示港口产业在未来经济社会发展中的突出地位，同时，政府的投资行为也会产生一定的收益。

（二）民间资本积极参与营利性基础项目、经营性一般项目建设

目前投资于黄河三角洲地区的港口基础设施的政府经营性投融资公司主要有黄河三角洲地区的港口务集团有限公司，公司为全资国有企业，投资资本主要来源政府财政，港口经营性基础设施所需的庞大资金给政府财政造成不小的负担。由于经营性项目一般是有利可图的，这为民间资本和外资参与经营性基础项目投资提供了可能。民间资本的参与，一方面解决了港区建设资金不足的问题，另一方面也有利于提高港口的管理和竞争力。具体来说，民营资本参与港口经营性项目建设的途径主要包括管理合同、融资租赁、特许经营、市场准入和资产出售等（表7-4）。

表7-4　民营企业参与港口投资建设的途径

管理合同	政府部门或港口当局把港口的经营管理权通过签订合同的形式委托给民营企业，并通过支付管理费的方式对该企业进行补偿，管理费通常依赖于企业的经营绩效。政府部门仍然享有港口资产的所有权，并负责后续的投资建设，民营企业不承担投资和商业风险。
融资租赁	政府部门把一部分港口资产的使用权通过合同的形式转移给民营企业，但与管理合同不同的是，租赁方式是通过对基础设施的使用者收费。港口租赁设备的所有权仍属于政府部门，民营企业必须承担企业经营的商业风险和必要的设备维护，但不具有投资义务。

特许经营	民营企业在一定时期内获得许可，提供码头装卸等经营性服务，期满后可续约。与租赁相比，该方式要求获准特许经营的民营企业承担商业风险和重要的投资义务。特许经营在授权双方确立了明晰的法律关系，政府部门在吸引民营资本的同时可以保留对重要港口设施的长期控制。
市场准入	私人企业被允许与现有的国有企业竞争，参与港口建设和经营，同时享有港口资产所有权。
资产出售	通过投标等方式，将港口土地及附属设施的所有权全部转移至民营部门。作为存量意义上的民营化，这种方式成为1983年以后英国政府实行港口民营化的途径。

（三）积极创新信贷管理模式，充分利用银行、投资公司等金融机构的信贷资源

通过推动黄河三角洲地区各商业银行类金融结构，改善现有的信贷机制，适当完善信贷管理机制。尤其是中小商业银行，可以通过信贷管理模式的创新，尝试建设具有港口特色的专业性银行。借鉴国内推行港口金融、物流金融以及航运金融的中信银行、深圳发展银行和浦发银行的先进经验，结合黄河三角洲地区的港口的实际，逐步建立港口经济金融服务专营机构，完善港口经济相关企业授信业务制度，提高港口经济贷款的规模和比重，不断优化金融机构对港口建设和临港产业发展的支撑。

第四节　发挥政府引导作用，保障港口改革顺利进行

民营化改革绝不意味着港口建设完全脱离政府的引导，相反，政府的作用在某种意义上应该进一步加强，随着私人部门更广泛地进入港口

产业，经济主体的自主性得到进一步增强，政府需要提供新的制度供给，规制改革是形成有效竞争的制度保障。新时期，黄河三角洲地区的港口的建设要在政府的统一管理下，广泛吸收社会资金，利用政府投资基础项目、社会资金投资经营性项目的联合投资模式是黄河三角洲地区的港口建设的新途径。该模式不仅有利于资金的筹集，同时也有利于提高港口的运行效率，对于港口市场化改革有着积极且深远的影响。

一、推行优惠政策，提高服务意识

首先，市场准入方面，中国港口投融资市场发育程度较低，存在严重的市场准入限制，港口项目特别是基础性港口项目具有较为明显的自然垄断特性，政府干预程度较高。要想吸引社会资本进入，政府必须放松规制，建立和完善市场竞争机制。随着技术进步、需求增长和市场结构等诸多因素的变化，在非自然垄断环节和形成竞争的港口市场放松规制、引入竞争、完善竞争制度是改善港口产业绩效的努力方向①。

其次，税收优惠方面，中国港口产业并不是国家税收优惠的重点领域，相对于高技术产业和涉农产业而言，港口企业税收负担成为民间资本和外资参与港口建设的制约因素。政府部门给予参股企业税收优惠、财政补贴及部分政府投资配合，或在资金、原材料、价格、缴费等方面给投资者以优惠。对于不以营利为目的的公用设施用海，可依法申请减少或免缴海域使用金。最后，金融支持方面，民间资本和外资参与港口投融资活动需要良好的金融支持，黄河三角洲地区当前金融体系仍不健全，特别是对港口投融资的金融支持力度较小，客观上降低了民间资本和外资投资港口的积极性②。因此，港口建设投融资方面，要严格遵守

① 战焰磊.民间资本和外资参与港口投融资的制约因素及求解路径［J］.水运管理，2008年第7期。

②《滨州市金融业"十二五"发展规划纲要》。

资本市场和的运行准则，发展多渠道融资，除贷款、债券和拨款等渠道外，通过股票市场进行融资也是一种有效的手段[①]。

二、引入激励性规制，促进有效竞争

港口基础设施投资兼具经济效益和社会效益，港口基础设施的经营并不能完全市场化，这在一定程度上限制了港口行业资本的流动性，与外来资本投资港口的逐利性存在矛盾。通过创新地主港模式来建设经营港口，政策扶持是必不可少的条件，需制定相应的鼓励措施来吸引民间资本。在市场力量不足以约束企业垄断行为的港口市场，仍需要政府的直接规制，以促进有效竞争。为了尽可能避免规制失效，应引入激励性规制，构建市场经济体制下的激励性规章制度。一是为私人部门提供制度激励，包括产权界定以及给予投资激励措施等，为民营化创造良好的制度环境；二是为民营化提供稳定、透明和一致的政策环境[②]，包括市场准入政策和招投标政策，促进有效的市场准入。

三、开拓投融资渠道，保证投资主体地位

由于每个港口的地理位置、基础设施、融资渠道、建设规模存在较大差别，因此，黄河三角洲地区的港口在选择融资路径之前，都应该对各个项目进行实地踏勘和收益测算，合理确定投资回报率，根据有关情况科学制定投融资方案。融资方案至少要满足两个方面条件：一是要立足当代，着眼长远，建设后的港口要有稳定的业务往来和合理的收益机制；二是在建设过程中尽可能避免国内外经济环境影响和经营风险的发生。地主港模式通过二次融资实现运作，多方开拓融资渠道，基础建设方面，除政府独资外可通过合作、入股、参股、合营等方式吸引外部资

---

① 《滨州市国民经济和社会发展第十二个五年规划》。
② 《2014年滨州市政府工作报告》。

本介入港区基础设施的开发建设，实现第一次投融资。特别需注意的是，在以土地、海域等资源作为出资与国内外投资者进行资产合作时，应尽可能将合资企业置于政府主导或国有控股之下，确保土地、岸线等的国有控制力，有效发挥港口作为战略性基础产业的公共服务功能。

四、营造规范的投资环境

一是实施各项优惠政策，确保港口建设免受不必要的掣肘和干涉；二是公共服务部门为港口建设提供必要的配套设施和服务保障，港口项目建设过程中，涉及到大量的用水、用电、用煤、运输等问题，需要政府出面协调保障[1]；三是要加强港口的规范管理，港口投融资工作要坚决避免暗箱操作，引入公平、公正、公开的竞争机制，通过公开的市场竞争降低建设成本，防范经营风险，有效遏制违法违纪行为的发生，防止国有资产流失[2]；四是政府要给予税收和政策方面的支持，有效地吸引投资者和金融机构介入，还要制定和出台稳定持续的管理体系，在给予特殊的税收优惠方面，要结合地区实际给予倾斜，如免除协议期内港口企业所得税、土地使用费以及其他有关税费附加等，采用税费优惠可以更加有效地提高项目质量和政府投资效率，并从其他方面获得更多的补偿。

五、创建合理的融资结构

随着市场化进程的不断深入，港口基础设施的资本构成正悄然变化。民营资本的数量和规模不断提高，民营资本包括个人资本、社会非国有资本以及国外资金。因此，民营资本在港口投融资建设中大有可为。一方面，能够有效缓解港口建设资金来源完全依赖国家的局

---

① 《滨州市国民经济和社会发展第十二个五年规划》。
② 《滨州市金融业"十二五"发展规划纲要》。

面；另一方面，有利于打破港口建设过程中存在的国家垄断经营的局面，形成适度、有序竞争的局面，提高港口的建设运营效率和综合竞争能力。中国港口民营化改革的主导路径包括两方面：一是引进国外资本，二是通过国有企业上市吸收社会资本。中国港口民营化改革的重要特征是以引进外资的方式使私人资本进入港口建设，投资重点集中在市场规模大和投资回报率高的集装箱码头上。例如，2007年年初，由阿联酋迪拜港口世界公司（DPW）独资建设的青岛港前湾港区码头项目获得核准，这是中国首个外商独资港口项目。港口建设资金需求量比较大，虽然近年来民营企业不断发展壮大，但多数企业在规模和投资能力上仍比较有限，所以短时间内民营企业还难以从整体上完全替代国有大型企业。因此，引进外资在中国港口民营化进程中占据重要地位。同时，通过资本市场融资也是实现港口民营化的有效途径，国有港口企业通过上市的方式，利用股票市场融资，具有筹资数额大、无还本付息的压力等优点。

第八章
黄河三角洲生态港口群的文化发展

第一节　港口文化理论概说

文化是人类在社会实践中创造的物质、精神财富总和，是一定的社会政治和经济的反映，同时又给社会政治经济巨大的影响和反作用。

一、港口文化定义和作用

港口作为多种交通方式的交汇点，承载着国家和城市之间的经济、文化、贸易交流，作为国与国、城与城在经贸、文化交流的平台，是多种文化交汇的聚合点。港口文化是人类在港口这个特定空间和地域所创造的物质财富和精神财富的总和。港口文化是港口以其特有的包容性、接纳性、亲和力发展出的特定文化形态。在多种文化交汇融合过程中产生发展的港口文化，不仅是港口发展的重要精神力量，也是港口发展的现实支撑。港口文化的作用，一是提供凝聚人心、激励斗志的源动力，二是塑造鲜明的城市和港口形象，三是通过文化创意和服务产业提供直接的经济发展要素。

二、港口文化的历史归纳

学者们对港口文化的研究主要是从港口发展归纳的文化特质。梁启超先生在对比研究中西方文化后，在《地理方位和中国文化》一文中提出，与中国传统文化相比，港口文化带来了几个重要的素质，它们是传统文化不太有的，第一是进取，第二是冒险，第三是自由，第四是活泼。这是梁启超先生对港口文化的精神素质的定位。所以梁启超先生认为，要用海洋文化与港口文化，来改变中国文化当中的素质的缺漏。尽管现在离梁启超先生所作归纳已有多年，但这些论述仍很深刻。当代作家余秋雨提出，港口文化的三个特点是全球视野、高敏感度的节奏和多元生态的结合。

三、港口文化的当代特点

综合以往研究和国内各地调研，笔者认为，港口文化的显著特点就是开放性、多元性和务实性。

（一）开放性

所谓开放，是相对于过去的"不开放"而言，相对于内地的比较封闭保守而言。港口处于海洋与大陆的边缘，港口城市是陆上腹地经济的主要外向通道，港口城市交通具有明显的外向性特征。就外洋港口而言，又处于中国与国际直接交往的门户，相对于其他一些不能够或没有机会与国外直接交往交流的行业和地区，更具有开放性。港口是港口城市对外开放的门户，也是城市文明的窗口。它不仅对经济发展起着重要作用，而且对城市环境和城市形象也起着十分重要的作用。

（二）多元性

多元性是由港口的自然属性决定的。港口是多种交通方式的交汇点，空运、铁路、公路、水路、管道五种运输方式，其他城市可能只存在几种，唯有港口城市汇集全部五种方式。港口城市往往是海洋、陆地、河流、平原等多种地理形态的交汇点，同时也是各种经济形态和文化形态的交汇点。就文化而言，港口作为海洋文化与内陆文化的交汇点，具备两种文化的优点，能很好地实现文化的碰撞交融。

（三）务实性

这一特点主要体现了商业文化的影响，注重效率、重规则和信用，这些都是商业发展需要的文化特质。作为重要的物流枢纽，特别是近代以来，港口的发展和全球商业发展是同步的，在商业社会的高度竞争中形成的守信、效率、法治、规则同样适用于港口。这一点在欧美港口体现的比较典型，对中国港口及港口城市的发展尤为重要，因为这恰恰是中国港口最欠缺和需要加强的。就国内不同区域而言，中原内陆及黄三角文化与经济较发达的长三角、珠三角文化相比，这些方面差距尤其明显。

第二节　文化禀赋和发展港口业的文化优劣势分析

一、黄河三角洲的文化特色底蕴

（一）地域文化独具特色

滨州是孙子故里、董永故乡、吕剧发祥地，是全国闻名的"吕剧艺术之乡""草柳编艺术之乡""曲艺艺术之乡""秧歌艺术之乡"。

（二）历史悠久，资源丰厚

滨州文化源远流长，是黄河文化和齐文化的发祥地之一，以老渤海革命文化为代表的红色文化，以黄河三角洲剪纸、胡集书会、博兴吕剧、沾化渔鼓戏、东路梆子、鼓子秧歌、泥塑等为代表的民间文化，以孙武、东方朔、范仲淹、董永等为代表的历史名人文化，以孙子兵法城、魏氏庄园、秦皇台为代表的历史名胜文化异彩纷呈、影响广泛。全市现有市级以上重点文物保护单位53处，市级以上非物质文化遗产项目63项。

（三）文化设施基础较好

黄河三角洲地区一直不断加大文化建设投入力度，增加文化事业经费，渤海革命老区纪念园、航母娱乐城，邹平、博兴文化活动中心等一大批公共文化服务设施建成并向社会开放。

（四）特色文化品牌有亮点

通过举办中国滨州·黄河文化创意产业博览会、中国滨州·博兴小戏艺术暨董永文化旅游节、中国滨州·惠民国际孙子文化旅游节、邹平读书文化节、阳信梨花节、沾化冬枣节、惠民胡集书会、市农民文化艺术节等节庆活动，形成了具有一定影响的特色文化品牌，取得了良好的经济效益和社会效益。

（五）自然和生态环境好

滨州是山东原棉、粮食、蔬菜、水果、肉禽、水产、林产的主产地之一。邹平鹤伴山、博兴麻大湖、无棣碣石山、沿海湿地、贝壳堤岛、滩涂等自然资源得天独厚。

二、发展区域文化促进黄河三角洲高效生态港建设的优势

（一）区位优越，经济基础较好

黄河三角洲已成为继珠三角、长三角之后，上升为国家开发战略的第三个大河入海口区域经济中心。黄河三角洲地处黄河三角洲腹地，位于京津冀和山东半岛两大经济区的连接地带，也是黄河三角洲经济圈和济南都市圈结合部，是黄河三角洲开发建设的主战场，高速、高等级公路纵横交错、四通八达，被交通部确定为国家公路运输枢纽城市。黄河三角洲物流、信息流流通便利，若能建成深水港，临港工业发展将带动

人流聚集，形成新的文化形态。

（二）新区没有历史包袱

多个城市的实践表明，在受传统文化影响较深的老城区，新的文化形态可能较难产生发展，在新区反而会容易一些。黄河三角洲历史上少有人居住，建成后将陆续吸引产业和人群进驻。区域新居民形成文化共识、新的文化氛围相对容易。由于没有历史包袱，可以在全新的城区发展更积极、更开放的区域文化，建设以海洋文化为底色的港口文化，在白纸上描绘最美的画卷。

（三）生态和谐

滨海特色生态保护较好，旅游资源丰富。北部沿海的贝砂岛是全国唯一的特殊地貌类型，有超800种水生生物资源，野生植物上百种，各种鸟类约187种。此外，邹平鹤伴山、博兴麻大湖、无棣碣石山、沿海湿地、滩涂等自然资源得天独厚。优美的自然环境和丰富的物种资源为新区文化形成提供了自然基础和宽松的环境，更利于形成尊重自然、爱护生态和可持续发展的氛围。

（四）人本思想浓厚，信义思想和契约意识暗合

信用是儒家文化的支柱之一。作为受儒家思想影响较深的地区，黄河三角洲有浓厚的人本思想，这一点在发达的民间文化中有突出体现。同时，诚实守信是地域文化的亮点，市场经济基础是规则和信用，商业文化的核心是契约意识，诚信作为黄河三角洲地域文化的亮点，使黄河三角洲建设面向海洋的港口商业文化有独特的优势。

三、黄河三角洲发展高效专业化港口群的文化短板

文化的发生和发展有自身的特殊规律。历史和区域文化发展表明，越是历史文化悠久的地区，文化积淀深厚反而越成为新事物新文化的阻力。从黄河三角洲的文化禀赋来看，占据主流的仍是传统的黄河文化，海洋文化所占的比重较少。仅有的少量海洋文化的成分，也呈现出典型

的农业文化特征。这与中国深厚的农耕文化传统密切相关。

（一）农耕文化长期处于主导地位

尽管中国海岸线漫长，古代航海业一度很发达，曾出现海上的丝绸之路，广州港、宁波港和扬州港古代已经是对外交流非常重要的门户和通道，明代时候有郑和航海的壮举，但是从各个角度来看，我们的文化没有很好地接受海洋文化，造成了中华文化对海洋文化既亲近又陌生的状态。学者们普遍把中华文明看成是农耕文明。中国港口文化是在农耕文化和海洋文化交汇处产生和发展的，从其发展历程上看，内陆文化一直是主导，海洋文化呈现出典型的农业性特征。这是经济模式决定的。为保护内陆的农业经济，修建"滨海长城"，也即海塘，发展海洋垦殖盐田、潮田等，实际上是将海洋作为农业资源的补充。滨州受儒家思想影响较深，呈现比较典型的农耕文化占主导地位的地域文化特征。对儒家文化要一分为二地看待，除了前述重视信义、以人为本的积极作用外，也有排斥商业、等级观念强造成社会运转低效的负面影响。

（二）新港口发展有诸多文化障碍

凡是受海洋文化影响较大的城市大多历史较短，历史文化积淀较薄弱，为港口城市接受外来文化减少了阻力。不论是上海还是深圳，历史都不久远，在成为港口城市之前，传统文化的影响力不强。所以在经历外来文化的冲击以后，能够迅速吸收外来文化的优点，迅速发展。相反，天津这类历史悠久的城市，开埠已经上百年，传统文化根深蒂固，不仅对开放、重商、务实的外来文化不予接受，而且具有文化优越感，排斥外来文化，给城市的发展和经济的发展也带来阻力。

（三）港口间城市间激烈的竞争

文化的形成是个相对漫长的过程，在黄河三角洲文化形成的过程中，传统的地域文化、港口的主要业务品类、临港产业的发育程度、港口的经济实力等因素都会有较大的影响。同时，港口文化也会反作用于以上因素，在经济、产业、城区发展过程中交互影响。目前，黄河三角洲有8个亿吨大港，山东沿海密布着26个港口，很多已经形成了独居个性的港口文化。后发的黄河三角洲地区的港口，缺乏港口文化的积淀，港口和城市形象不鲜明，需要一段时间的积累。如果借助地域文化优势，克服文化短板，在文化建设上取得突破，建设独具个性魅力的地域文化和港口品牌，会在激烈的竞争中为港口发展争取更大的空间。

第三节　文化与城市发展

根据"文化发生学"理论，一种文化特点的形成，是在文化的初期阶段完成的。文化特点形成后，在文化的成熟期，外来文化对其不再产生决定性的影响。由此理论，目前是构建黄河三角洲地区的港口和黄河三角洲文化模式的关键时期。为构建新的文化体系，必须具有鲜明的区域特色，依托自身的历史文化、自然景观、地理区位、人力资源等优势，展示出自身的特点和风采。

综合各方面因素，黄河三角洲加强文化建设、促进港口和城市发展的总体思路是：实现传统农耕文明向现代商业文明创造性转化，在创造现代港口文化、园区文化、企业文化、地域文化过程中提高软实力，打造黄河文明、海洋文明、齐鲁文明三位一体的文明发展高地，以文兴港、以文兴区、以文兴市、使港产城同步发展，使黄河三角洲成为黄三角、山东省、黄河三角洲、东北亚的一张亮丽地域名片。为此，特别应当倡导的蓝黄精神是：包容、诚信、高效、和谐。

一、黄河三角洲文化建设的目标

总体目标是贯彻社会主义核心价值观，提高居民文化素养和文化生活水平，为新区超常规建设发展提供文化支持和文化动力，为港口建设发展提供基本文化保障和文化环境。

（一）建设开拓创新的区域文化

从著名港口发展的历史看，无论是主动还是被动的开放，直接的结果就是伴随物流、贸易而来的开放过程和文化碰撞交流。远洋航运和贸易的高风险造就了从事船运和贸易人群的冒险精神，在他们经常停留的港口，冒险精神逐渐冲击原有的观念，使封闭保守的传统观念被革除。建设、管理港口离不开勇于冒险、敢于担当的开拓精神，也离不开永不满足、持续创新的激情。改革开放以来，我国港口的每次蜕变都得益于创新的理念。只有创新才是港口和企业发展的内在动力。创新才能与时俱进，加快发展。

黄河三角洲应该认真反思文化中固有的保守、守成、平均主义的惯性思维，注重培养竞争意识，量才录用，让每一个人都有展示自己的舞台和空间，树立良好的竞争意识和竞争观念。其次，新区文化的建设不是一朝一夕的事情，这是一项长期而又艰巨的任务，应该注意到优秀文化的继承性，在文化的形成过程当中，难免会与时代产生矛盾。时代的发展要求有新的文化与其相适应，这就要对传统文化进行扬弃。在具体的实践中，应注意传统与现代的联系、中外文化的融合，要推陈出新，洋为中用，实现经济与文化的互动。

（二）建设兼容并包的区域文化

在市场经济发达的地区，区域文化都有兼容性，例如影响长三角的吴越文化和影响珠三角的岭南文化。在兼容性文化的影响下，上述两地才能广纳百家之长，迅速发展。所以黄河三角洲北海的文化体系的构建，首先应注重兼容性。兼容性的文化一般有两种分类，即"熔炉式"

文化和"拼盘式"文化。前者是指不同地方的人聚集到一起，为了这个区域更好地发展而形成的统一式文化；后者则是指不同地方的人聚集到某个区域，虽然为了这个区域的发展而奋斗，但是彼此之间的文化并没有被同化，而是仍然保持着各自的特点。这两种文化并没有好坏之分，但是就目前情况而言，笔者认为滨海应该发展拼盘式文化。深入分析长三角，珠三角的文化体系后，可以发现，两地鳞次栉比的高楼人厦压抑着人们的精神，外来的人们在感受到经济发展的同时，有深深的陌生感和孤独感，满怀乡愁，找不到归属感。构建港口和新区文化体系时，在延续地域历史文脉、发扬特色文化传统的同时，既要重视当地人，又应重视外地人，尊重、包容来自五湖四海的人才，寻找共同的文化标识，同时适当留出外来文化表达的空间，增强港区、城区的文化认同感。通过打造文化亲和力来增强滨海新区的凝聚力。

（三）建设诚信港口文化

港口作为城市对外交往的平台，往往成为外国人、外地人踏上国土、市域的第一站，港口的形象影响地区形象。所以，应当着力提高规则和法治意识，营造遵守国际公约、遵纪守法的良好氛围。黄河三角洲地区的港口文化建设应发挥传统文化的优秀基因优势，弘扬儒家文化和黄河文化、齐鲁文化中重信义、守承诺的特点，将诚信意识与现代商业提倡的契约精神结合，打造黄河三角洲地区的港口诚信品牌。

（四）建设务实高效的黄河三角洲新区文化

对一个港口城市来说，文化的务实性、致用性非常重要。可惜的是，以儒家为代表的齐鲁文化在务实致用上还是有所欠缺，更有歧视抑制商业的传统。在长三角占据主导地位的吴越文化，具有经世致用、务真求实的特点，还有实业传统和工商精神，并且与外来文化结合形成了海派文化。港口城市的人们普遍重商务实，频繁的对外贸易使港口城市易于形成浓厚的经商意识，以商为业、以商为荣成为人们普遍的价值取向。这一方面特别值得黄河三角洲借鉴。

二、黄河三角洲公共文化建设

黄河三角洲公共文化建设的目标是：建立以黄河三角洲居民为服务对象，以政府提供服务为主导方式，以公共文化服务机制、服务设施、服务机构和队伍建设为核心，逐步形成结构合理、发展平衡、网络健全、运营高效、服务优质的黄河三角洲公共文化服务体系，保障居民基本文化权益，增强新区文化软实力和品牌影响力。

规划建设好一批与新区需求相匹配、具有时代气息且能体现黄河三角洲和港口特色的标志性文化设施。继续加大政府对公益性文化设施建设的投入。坚持政府主导，多渠道筹集资金，充分吸纳民间资金，改善文化设施投资环境，加大管理和利用力度。建设一批惠及群众的基础性公共文化设施和特色文化活动阵地，论证规划有关海洋文化和港口文化的博物馆、文化馆建设。推动公共图书馆和专业艺术馆建设，在新区居住片区建设文化中心，包括小型图书馆（图书阅览室）、小型文化广场、多功能影剧院以及青少年活动中心等文体娱乐设施。与新区建设同步，几年内基本形成布局合理、设施完善、功能健全、公益性与经营性文化设施有机结合、和谐发展的区域文化设施网络。

提高居民修养和素质，广泛开展各具特色的群众文化活动。新区的文化品位的高低，不仅体现在文化设施的好坏上，还应体现在居民的文化修养和文明素质上。居民的平均受教育程度、思维方式和行为方式的现代化程度决定着新区的文化形象。因此，黄河三角洲应该重视教育和各种文化活动，从价值观、人生观、道德观等方面提高居民整体文化素质，引导规范居民行为，不断增强广大居民的公民意识、诚信意识、开放意识、法治意识等。适应居民文化需要，发挥以文化人的教化作用，构建组织机构规范化、服务对象社会化、文化内容丰富化、活动形式多样化的基层文化发展格局。积极推进广场文化、社区文化、家庭文化建设，广泛组织社区广场文化等活动，把健康向上的文化产品和服务送到城乡基层，丰富农村、城市低收入群体和进城务工人员的精神文化生活。将居民素质提升、新区文化观念引导融入各项活动中。

办好城市文化节会活动。充分发挥黄河三角洲地理位置和海岸历史人文、自然生态等文化资源优势，全力打造黄河文化、红色文化、滨海文化、齐文化、民俗文化等文化品牌，建设具有黄河三角洲特色的文化体系。继续办好沾化冬枣节等节庆活动，创办富有特色的民间文化节庆活动，组织好春节、元宵节、清明节、端午节、中秋节等传统民族节日的文化活动，鼓励、支持和规范富有黄河三角洲特色的和具有新兴的港口城市特点的以及健康的民族民间节庆文化活动，用先进文化占领基层文化阵地。

造就一批有黄河三角洲和港口烙印的名家名作。着眼于培养造就一批造诣高深、成就突出、影响广泛的思想文化领域杰出人才，重点扶持、资助一批哲学社会科学、新闻出版、广播影视、文化艺术、文物保护名家承担重大课题、重点项目、重要演出，开展创作研究、展演交流、出版专著等活动。造就文化名家的重点工作是推出名家名作的激励机制，营造本乡本土的文化氛围。加强艺术创作生产，实施精品战略，注重抓好重大题材，特别是新区建设和港口发展题材。

三、加强黄河三角洲形象建设

城市形象指一个城市的内部公众与外部公众对该城市的内在综合实力、外显前进活力和未来发展前景的具体感知、总体看法和综合评价。它包括城市的经济、政治、社会、科技、教育、文化、生态、环境以及市容市貌、社会风尚、市民素质、社会秩序、政治廉洁、服务效能、生活质量、历史文明等诸多方面。城市形象建设可以刻画城市个性、弘扬城市精神、传播城市文化、陶冶市民情操，使人们对该城市产生深刻的认同感，增强与城市经济社会的情感联系，从而提高城市的综合竞争力，达到繁荣城市经济，促进城市经济、社会、文化协调与可持续健康发展的目的。

城市形象包括直观的视觉形象，也就是环境景观、建筑色调及各种视觉标志物和有关标识符号；还包括听觉形象，就是耳朵直接感受音乐、广告词、话语等产生的形象。另外，还包括通过直接形象综合反映在人们头脑中的心理形象。目前，各港口城市都很注重城市形象建设，例如扩大绿地、街景美化、夜景工程、建设雕塑和小品、创建卫生城市等。一部分城市在政府和市民共同努力下，创造了个性鲜明的城市整体形象，如大连的绿色海港城市形象、张家港的精神文明城市形象等。 城市之间竞争的加剧和城市竞争的全球化，使城市的核心竞争力正在慢慢地从以城市经济实力为主，越来越多地转移到注重城市个性特色、城市文化、魅力的影响上来。对于港口城市而言，城市的形象和港口的形象在港口竞争和城市竞争中显得尤为重要，在城市建设中体现港口文化、形成港口城市特色氛围，需要从多方面努力。

（一）黄河三角洲和港口形象建设目标

（1）体现水的特色。

水体是活跃城市空间的最主要因素，为观赏城市景物提供了难得的佳地。可利用不同水体的不同特色，将水面的视觉可达性与滨水空间开发为开放空间，尤其是将中心区与滨水空间结合，这样既改善环境，又创造景观。以纽约为例，从大西洋乘船进入纽约港口的人，无不为曼哈顿的人造景观所折服，但这景观如果不是放在三面环水的岛屿，则很难产生如此壮丽的效果。从城市建设与海洋、河口的结合上看，较类似的海港城市，纽约无疑在适应自然条件和重视水环境对城市影响方面有着明显的优势。

（2）综合交通便捷衔接的形象。

长期以来，人们往往将综合交通看成各种运输方式的简单叠加，对运输的衔接重视不够。实践中，如果各种运输方式衔接不畅，会影响城市综合交通的整体功能发挥。在交通运输业的发展过程中，人们已认识到要协调各种运输方式和内外交通的关系的重要性。例如，在港口建设时要妥善安排港口的集疏运路线，城市原有道路不适应的地方要进行扩建。对不同的运输对象采用不同的运输衔接方式，例如，对来港食用油脂运输应建配套管道，对散装大豆运输应建相应的运输配套。城市交通的发展，要有一个包括港口在内的综合运输大纲，使软、硬件配套和大、中、小网络合理布局。

（3）数字港口形象。

港口城市的数字化首先是要克服水陆分割的局面，建立水陆兼顾的地理信息系统。在现阶段，港口城市对数字化服务提出了全方位的要求，不仅提出要建设信息港，而且要配合物联网和智能运输、智能居住，以信息流加快物流、能量流和人流的速度，提高效率。

（4）绿色港口形象。

港口城市的区位特征之一是海陆交换作用强烈，对大气和水质都具有较高的自净能力。我国环境十佳清洁城市中九个都在沿海。黄河三角洲应当发挥滨州生态环境好、植被多样、物种丰富的优势，做好规划，强化生态和谐港口的形象，从多方面做好节能减排和生态友好的港口建设，打造绿色港口的品牌形象。

（二）港口景观建设建议

在港口规划设计时，应当充分考虑文化地域特色，精心选择文化符号，体现港口与城市的文化特色，打造靓丽的港口名片。在建立港口景观时，应在充分调查和分析的基础上，总结提炼出黄河三角洲独有的人文文化特征、人文建筑特征以及地域特色动植物。将这些人文特征通过美学设计转换成各样人文符号，运用到港口的景观规划中。还可以运用构筑物材料的组合，建筑出具有黄河三角洲人文特点的构筑物，使港口在景观视觉形象上区别于其他地方的港口，解决现有城市港口景观"千港一面""千城一面"的现象，借助港口的流通性，打造具有文化特色的港口景观，弘扬当地文化。

四、黄河三角洲和港口形象推介与宣传

城市区域对内文化形象主要满足居民对稳定、丰富的文化生活的需要，而对外文化形象是发展城市、提高港口竞争力的重要手段。应统筹考虑黄河三角洲的对内形象和对外形象，适当推广新区形象，增强港口的辨识度和竞争力。

要在科学总结提炼黄河三角洲文化符号的基础上，设计区域文化形象系统，遴选符合新区和港口气质特点的代表和形象大使，科学制定形象推广宣传计划，针对不同受众进行宣传。拓宽传播渠道，充分利用先进技术手段改造和提升传统传播模式，着重发挥各类媒体和互联网的信息传播功能；丰富传播手段，运用好广告、公关等传播方式，利用图书、动漫、影视剧、大众媒体、畅销书、会展、体育比赛等形式广泛宣传推介，加快品牌推广，提升品牌形象；开展推介活动，定期举办各级各类品牌推广和宣传活动，在全社会形成品牌传播的整体合力。争取在国内一线城市举办文化交流（宣传）活动，展示黄三角、黄河三角洲地区的文化精髓和现代文化艺术成就，提高北海和黄河三角洲地区的港口的知名度和影响力。积极促进北海和黄河三角洲地区的港口实施文化"走出去"战略，着眼于世界文化发展的前沿，以加快发展为主线，进一步拓宽交流的渠道和领域，深化区域、多边文化交流与合作；加强对外文化宣传工作，广泛传播黄河三角洲地区的港口优势和潜力，提升文化品牌的美誉度、吸引度和忠诚度，在国际上树立良好形象。

第四节　专业化生态港口企业文化建设

一、港口文化建设的内容

一般说来，文化分为四个层次：一是物质文化，是人的物质生产活动及其产品的总和，构成整个文化创造的基础；二是制度文化，是指人们在社会实践过程中缔造的社会关系以及用于调整这些关系的规范体系；三是行为文化，是人们在交往过程中约定俗成的习惯性定势所构成的具有鲜明民族或地域特色的行为模式；四是精神文化，是指人们的精神生活方式和意识形态。

具体到港口企业文化，一般包括三个方面：一是港口经营文化，例如有的港口提出的"讲感情、讲信誉、讲效率""向两头延伸，抓中间环节"等；二是行为文化，例如有的港口提出的"有利于服务社会，有利于投资者利益，有利于企业进步""高层要有事业心，中层要有上进心，一般层面要有责任心"；三是管理文化，例如"尽职用心""超前思维、超常工作"等等。另外，还有的将港口企业文化细分为廉政文化、服务文化、环境文化等，都是从不同的侧面对企业文化进行定义和分类。

黄河三角洲地区的港口企业文化建设可以分三个层面考虑。一是企业文化的物质层面。是港口文化的外在表现，处于文化建设层的最外围，是最直观最鲜明的文化符号，包括港旗、港徽等标志，自然环境、绿化，标志服、宣传栏，标准色和支付，以及港口报、电视、宣传栏、广告牌等文化媒体和网络。二是制度和行为层面。这是港口文化的中间层。制度文化和行为文化集中体现了物质层和精神层对港口企业组织行为和员工行为的要求，主要规定了企业员工在生产经营过程中应当遵循的行为准则和风俗习惯。主要包括工作制度、操作规程、特殊制度和习惯惯例四个方面。三是价值和精神层面。这是在历史传承和长时间的实践中形成的统一的价值判断、认识、共识，是文化的核心和灵魂，是文化物质层和行为层的内涵。

二、黄河三角洲地区的港口企业文化建设借鉴

天津港建立起了以"中华鼎"为象征的企业文化体系，形成了"道为核、鼎为行、聚为神、力为果"的文化体系。鼎有三足两耳，天津港文化建设的三大目标是把港口建成一个兴旺和谐的大家庭、一只训练有素的军队、一所培养人才的学校。两耳是朴素的经营哲学：企业如何对待员工，员工就会如何对待企业；员工如何对待顾客，顾客就会如何对待企业。确立了以人为本的经营理念，发展港口、成就个人是天津港文化特质的精确阐释。天津港的"鼎文化"有四层含义：革故鼎新，创新和发展使天津港始终保持对环境变化的快速反应能力；一言九鼎，鼎文化的中心是追求真诚和构建诚信；大名鼎鼎，打造国际港口运营商，打造文化品牌；鼎盛发达，科学发展、和谐发展，建设世界一流大港。

大连港提出"以人为本，以德兴港"的企业核心价值观，以建设东北亚领先的现代化国际港口集团为愿景，坚持以港兴市、港城共荣，提出"胸怀大海，港容天下；追求卓越，超越自我；赶超先进，只争朝夕"的港企精神。

拥有百余年历史的青岛港积极树立"诚纳四海"的服务品牌，体现青岛港以德兴港、诚信为本的价值观、服务观和发展观。对内培育"德为重、信得过、靠得住、能干事"的忠诚员工队伍，对外通过诚挚服务和亲情融汇，不断提高顾客对港口的忠诚度，实现港口和服务伙伴的共

赢的经营理念。相继创出"振超效率""孙波效率""集装箱保班10小时完船""零时间外轮签证"等服务品牌。

烟台港提出建设"生态型、可持续发展的现代文明和谐港口"的远期目标,由亿吨大港向一流强港转变,由又快又好向又好又快转变"的阶段性目标,以"秉诚兴港、求是立业"为核心价值,提出"开放的枢纽港,自豪的大家园"的企业愿景。

日照港自2006年开始打造"阳光企业文化",倡导"开放创新、与时俱进"的阳光思维、"自信乐观,激情执着"的阳光心态、"共赢发展、和谐共生"的阳光性格、"诚信立企、客户至上"的阳光品质和"饮水思源、福泽社会"的阳光形象,在战略引领、能力支撑、文化驱动三者的共同作用下,促进港口发展。数年来,日照港艰苦创业,在夹缝中求发展,正确处理企业、社会、员工关系,树立高度的责任感和使命感,坚持求真务实、知行合一,谋则到位,行则有为,把企业的价值观贯穿到日常工作中,用真情和阳光般的服务铸就了"阳光港口、装卸真诚"的服务品牌。

三、黄河三角洲地区的港口企业文化的特色和建设目标

港口企业文化发展不能脱离港口的定位和发展单独存在,而是要将企业文化建设与港口的定位和发展思路结合,将企业文化建设作为港口建设不可缺少的有机组成部分考虑。港口文化建设也要从属港口发展大局,为港口发展提供精神动力、形象标志、团队凝聚力和发展活力。

(一)建设倡导服务的港口文化

港口间的竞争不仅是建设规模和自然条件的竞争,更是港口服务能力和水平的竞争。为此,黄河三角洲地区的港口作为黄河三角洲区域的后来者,在自然条件、规模方面和传统大港存在差距的情况下,提高服务能力显得尤为重要。服务型的黄河三角洲地区的港口一是要服务辐射范围内的腹地经济社会发展,成为腹地区域加快发展的重要依托;二是

要服务所在区域，成为黄河三角洲和黄三角优化生产力布局、调整产业结构、促进经济社会发展的重要支撑；三是要服务高效生态农业和临港相关产业发展；四是要服务港口航运业的各类主体。为此，港口文化要在价值、行为和物质层面强调服务意识和服务态度，激发企业和职工在经济社会发展大局下思考服务与企业发展、个人事业的关系，提高服务的主动性和精细化程度。

（二）倡导建设合作共赢的港口文化

黄河三角洲地区港口众多，所以在实行错位竞争、主打农产品进出口的黄河三角洲地区的港口，更应该加强与周边港口的合作和分工，形成区域港口群的协调发展，在竞争与合作中拓展市场和发展空间，拓展腹地和货源。在港口文化建设方面，应强调协同合作，倡导共赢文化。在各地纷纷建设深水港，有限腹地空间内出现众多港口的情况下，强调竞争的同时，也应当强调合作双赢。近年来，港口间有竞争白热化的趋势，一方面是港口所在城市政府为了经济发展和城市形象，纷纷决策加快港口开发，另一方面港口企业产权分散化与股权多元化使包括民营资本在内的各类资本进入港口业，资本逐利的属性使竞争加剧。直接的结果就是产能过剩，越来越多的港口竞争主体分食有限的腹地资源，损害了港口物流系统的整体效率，也损害了港口和所在城市的发展机遇。所以，提倡协作竞争、错位竞争、竞争中寻找机会合作应当是港口文化建设的目标所在。

（三）建设生态友好的港口文化

目前港航系统的扩建面临着越来越明显的环境和资源约束。黄河三角洲地区的港口地处国家级生态规划区，货物品类以农产品为主，更应当强调港口的生态保护和环境友好。应当通过科技创新实现节能减排，提高港口的资源利用率，营造"区域-港口-船舶-人-自然"和谐相处的环境。在港口文化建设方面，坚持文化建设和生态文明相融合，突出生态特色，与规划建设相衔接，把生态和环境作为文化建设开发的大背景，在人与自然的和谐中彰显文化特色和文化价值，把"生态黄河三角洲"的理念贯彻到港口的建设、运营中，擦亮生态港的港口品牌。

四、黄河三角洲地区的港口企业文化建设的着力点

（一）塑造名牌

培养港口的正面、鲜明的形象，突出高效、生态的特点，在港航业打造黄河三角洲地区的港口的品牌，争取在3年~5年内初步树立黄河三角洲地区的港口独具特色的品牌形象。合理规划设计，将港口的大品牌以及港口系统的行业品牌、产品品牌、服务品牌和领导品牌树立方面，排出阶段性目标和时间表。提炼港口企业精神，塑造精神形象，对黄河三角洲地区的港口企业精神、经营哲学、企业道德、企业价值观等进行总结、提炼、升华形成精神理念和核心价值观，形成企业文化的基石，并通过适当方式表现和推广。

提升港口建设、服务的工作质量，提升港口的信誉度和美誉度，树立良好的公众形象。树立和塑造企业文化品牌应遵循以下原则：一是反映具有特色的现代港口企业风貌；二是有鲜明的个性，有区分度和显现度；三是集思广益重视群体智慧，取得广泛共识；四是通过行为塑造形象；五是通过物化形象、视觉形象表现。

（二）强化法治意识，打造制度文化

完善制度文化是推进港口企业文化的关键环节，是港口企业文化的基石和条件。制度的创新是理念创新的保障，企业核心理念的灌输和推广需要激励机制提供物质保障，需要一系列的制度文件支撑。同时，科学完善的管理制度是克服"人治"弊端的有效手段。制度文化是塑造精神文化的主要机制和载体，严格的管理制度是规范员工的动力和约束机制。完善规范港口企业制度文化对港口精神文化有固化和传递功能。打造制度文化应当坚持以下原则：一是强化法治意识，遵守规则是制度文化的核心；二是遵守契约，重合同守信用是基本的要求，对外向型港口

而言，遵守国际公约和国际惯例有特殊的意义；三是完善管理结构和组织体系，完善领导者的责任和监督体系，完善沟通机制，避免单线性管理体系，加强管理队伍建设。

（三）建设高效安全的行为文化

规范行为文化是港口企业文化的重要内容，行为文化是企业精神文化在实践中的动态体现。港口行业的特点决定了加强港口安全的重要性。黄河三角洲地区的港口文化应当高度重视安全文化的树立，牢固树立以人为本的安全建设思想，积极促进安全意识的形成和安全习惯的养成，将安全从被动行为转变为主动行为，为港口高效运转提供保障。安全是港口运行的生命线，是关系员工生命和港口声誉的大事，不能有丝毫的放松。塑造港口安全文化是一项长期、艰巨和细致的工作，需要有目的、有意识、有组织的长期倡导和强化。应当采取一切必要的手段用行为规范人，用视觉标志提醒人，减少事故发生几率。

建设安全的行为文化应遵循以下原则：一是以人为本原则，人命关天，人是港口生产管理的主体，维护员工的生命财产安全是一切工作的出发点和归宿，没有人，港口安全生产就失去了原动力；二是效益原则，保障效益是港口安全生产的目的，港口投资大、回收周期长，同时还具有很强的公益属性，一旦发生事故损失往往是巨大的，没有安全生产，效益就无从谈起；三是效率原则，安全与效率并不矛盾，是互相促进的，员工养成了安全的行为习惯，会提高港口的生产效率。

（四）建设廉政文化

应当从港口事业的健康发展出发，旗帜鲜明的反对贪腐，反对商业贿赂。一方面推进惩治防范体系的建设，让人不能腐，另一方面通过加大廉政文化的力度，充分发挥廉政文化对人的引导和行为约束能力，让人不愿腐。

第五节　港产城联动发展

一、发展港口文化产业的作用和必要性

目前，现代港口正由传统的以装卸、中转服务为主，向具有仓储、现代物流、临港工业、金融、商贸和信息服务等多种功能的现代化港口发展。如前所述，地域文化和企业文化资源提供发展动力、形象支持、组织支持、劳动力支持，提供文化环境，港口文化对港口经济发展的重要推动作用主要通过人力资本状况、技术创新能力、文化价值观来间接影响经济增长。此外，文化资源变成文化创意产业要素还可以通过完善港口服务功能、完善产业链条等方式，直接拉动经济增长。

港口区域文化资源的主要存在形式是精神内涵，它具有开发、形成多样性商品的特性，这决定了港口文化资源无穷的开发潜力。国内外实践表明，港口地区以创意产业为产业支撑的多产业发展是可行的、富有成效的。港口文化资源可转化为生活性创意产业，如创意旅游、艺术家创作基地、科普与爱国基地等，既能传承港口文化，又能创新港口文化资源利用模式，有助于增加地方文化认同、丰富港口地区居民文化生活、增加就业机会等。另一方面港口文化资源还可转化为生产性创意产业，如以创意将传统港口工业、服务业等改造为现代临港工业或物流业，创意产业的渗透与介入，既可提升港口产业所处价值链能级，又形成了新型港口产业。

黄河三角洲应该注重文化产业的发展，建立起一种经济、社会、文化互动发展的新模式，通过新的价值观、新的制度安排、新的政策环

境，以及公益性的文化、文化产业的连接互动等文化元素的共同作用，促使传统文化、文化资源转化为现代形态的生产力，从而成为推动黄河三角洲经济社会率先发展、科学发展、和谐发展的深厚巨大的力量。实现港口文化资源产业化过程的经济、社会、文化与环境效益的有机融合，需要创新港口文化资源开发理念，探索开发新路径。

二、黄河三角洲发展文化创意产业的制约因素和发展路径

黄河三角洲虽然拥有丰富的文化资源和较好的经济基础，但是文化产业发展缓慢，存在以下劣势：一是产业意识淡薄，长期以来，计划经济思想一直主导文化行业的发展，过于强调文化的事业属性，忽视了文化的产业属性，不能充分认识到文化只有形成一种产业，才能在市场经济条件下生存和发展的道理，缺乏对其产业性质、特点和规律的研究，实践不够，对经济效益关注不足，整体的发展思路不是很清楚；二是体制改革相对滞后，文化体制改革提出多年，某些环节也取得了进展，但整体推进难度较大，特别是计划经济的巨大惯性，在文化领域的体现仍比较明显，表现为产业不经济、事业不公共，制约和阻碍了文化产业的发展；三是文化创意产业的发展以人流聚集和产业聚集为条件，在新区初建期，还需要一定时间来完善这些条件。

经研究，黄河三角洲地区的港口地区文化资源在转化潜能、转化介质、转化路径、转化模式、运作机制五方面都具备可行性。结合各地发展实践和黄河三角洲实际情况，黄河三角洲发展文化创意产业的建议路径和条件包括以下内容：一是超前规划加强引导和培植，港口文化资源转化为创意产业的适宜条件是由创意、资本、管理等要素结网构成创意场域，即在市场主导下将文化资源与现代创意、媒介、市场需求等网络式融合，实现较为合理的经济社会效益分享与环境保护，以促进地方持续发展，这就要求必须将文化资源利用、创意产业培育、市场前景评估统一于地方发展框架之内，培育以价值链为核心的资源创意型产业集

群；二是明确收益主体，发挥市场机制作用，实现区域企业与居民有效分享转化过程的利益，是文化资源转化为创意产业的持续发展根源所在，这个过程中必须坚持市场化取向，在港口文化资源利用过程中，要始终坚持"谁开发、谁受益、谁保护"原则，利用收益反哺文化资源保护，积极构建以开发促保护和以保护促开发的良性互动模式；三是突出特色鼓励创新，要跳出创意产业考虑港口文化资源孕育港口创意产业的多样性与海陆文明交融性，致力于产业联动、融合以及创意产品的多元化，突出海岸、海洋、海岛与港口特色，发展创意产业。

三、发展文化创意产业的选择

临港现代服务业。重点发展农业加工的人力资源外包服务业、生活服务业、广告设计业。借鉴上海浦东临港文化创意产业园的发展模式，依托临港园区发展创意产业。浦东临港文化创意园作为国家级开发区和保税港的组成部分，园区依托洋山国际深水港和临港新城的开发建设，成为国内唯一致力于凝聚多方广告创意传媒精英、整合创意传媒各界力量的特色产业园区，致力于建设富有特色、效益显著、功能齐全、带动力强的具有海洋文化产业特色的传媒及文化产业集聚区，园区特色注册行业有广告传媒、影视制作、演出经纪公司，投资管理公司。

（一）滨海旅游业

充分挖掘本地独特的滨海旅游资源，突出黄河三角洲滨海原始自然风光新、美、奇、特、旷的特色，以沿海湿地、贝壳堤、岛屿、盐田和入海河流等为依托，做足做好沿海观光、湿地旅游、滨海垂钓、岛屿狩猎、水上运动、海鲜品尝、休闲度假文章，叫响黄河三角洲原生态自然景观旅游品牌，重点开发建设黄河岛滨海湿地公园、黄河岛休闲度假区、盐田旅游区、沾化徒骇河国家级城市湿地公园、沾化县秦口河国家水利风景区，努力把黄河岛滨海湿地公园打造成特色鲜明的国家级滨海湿地公园。突出滨海旅游特色，把滨海旅游与其他旅游相结合，做大做强旅游产业。

为此应当加强旅游配套设施建设。建设一两家五星级宾馆，提高综合接待能力；修建游艇码头、蹦极等旅游设施，促进休闲游向体验型旅游过渡；发展壮大旅游中介组织，积极组建旅行社，引入国内知名旅行社的分支机构，加强与境内外大型旅行社的合作；开发特色旅游产品，加大旅游商品、纪念品、工艺品的研制开发力度，提升市场推介能力，重点做好贝瓷、枣木雕刻、冬枣等特色旅游纪念品的开发；制定科学强势的促销战略，重点开拓京津塘、黄河三角洲和省内周边旅游市场。

（二）生态休闲农业

依托优势资源，拓展延伸产业链，发展休闲农业。依托林果（枣）种植及深加工业，发展冬枣休闲游、假日农庄等休闲产业。加快发展冬枣、金丝小枣种植，以优质、规模化枣类产品生产基地为依托，完善配套设施，建设宾馆、休闲农庄等，提高综合接待能力，建设互动式的旅游设施，促进休闲农业发展。

第九章

黄河三角洲生态港口群的品牌建设

第一节 国外专业化港口群发展的成功实践及经验

港口是具有水陆联运设备和条件，供船舶安全进出和停泊的运输枢纽，是水陆交通的集结点和枢纽和工农业产品和外贸进出口物资的集散地，是船舶停泊、装卸货物、上下旅客、补充给养的场所。由于港口是联系内陆腹地和海洋运输（国际航空运输）的一个天然界面，因此，人们也把港口作为国际物流的一个特殊结点。随着国民经济的快速发展，港口已成为国民经济的重要基础设施及交通运输枢纽，对区域经济发展有着重要的推动作用。但是当前的发展模式对港口及近海的生态环境造成了较大影响，无法适应环境保护的需要。港口发展模式的转变迫在眉睫。近年来，港口与环境的协调问题越来越受到重视，专业化港口群的概念也随之出现。

所谓专业化港口群，是指既能满足环境要求又能获得良好经济效益的可持续发展港口。从经济学上讲，专业化港口群需要在生态环境、资源持续供给、经济增长和社会文明进步这四者之间寻求均衡点；从生态学上讲，港口的扩张带来的经济发展、生态环境负面影响不会超过资源的更新补给能力和速度以及自然系统的承载能力。

随着当今世界对环境保护重要性认识的不断加深，各国政府以及港口当局也日益意识到港口发展与环境保护的不可分离性，尤其是美国、日本等发达国家的大港口，纷纷提出要建设专业化港口群，并在港口规划、设计、施工和管理过程中加强了对环境影响的预防和保护工作。

一、美国加州长滩港

美国加州长滩港是"专业化港口群"的倡导者之一，在专业化港口群建设方面取得的成就为世界瞩目，是全球专业化港口群建设的楷模。作为美国西海岸重要的贸易口岸之一，长滩港对地区经济的影响非常深远，目前每年通过长滩港的进出口贸易总值达1 000亿美元。但随着吞吐量的逐年上升，污染也日益加重。如何解决二者之间的矛盾，促进港口的良性发展，就成为迫在眉睫的问题。2005年1月，长滩港首次推出"绿色港口政策"，制定了包括维护水质、清洁空气、保护土壤海洋野生动植物及栖息地、减轻交通压力、可持续发展、社区参与等七方面近40个项目的环保方案，目前长滩港水质已达到十年来的最佳水平。绿色港口政策是减少港口运营过程中对环境负面影响的综合方法，作为建立环境友好型港口的指导方针，它主要包括五个导向原则：保护群落免受港口运营导致的不利环境的影响，分清港口在环境保护工作中是处于领导地位还是从属地位，促进港口的可持续发展，采用最有利的技术以避免或减少环境影响，推进社区参与和社区教育。长滩港的绿色港口政策包括六个基本元素，每一个都有独立的总体目标：野生动植物——保护，保持和恢复水生生态系统及海洋生物栖息地；空气——减少港口的有害气体排放；水——改善长滩港的水质；土壤/沉积物——去除、处理或实施以使其能重新利用；社区参与——就港口运营和环保规划与社区互动，并进行社区教育；可持续性——将可持续发展的理念贯彻到港口设计、建设、运营和管理的各个方面。

二、纽约·新泽西港

纽约·新泽西港位于美国东部，连接世界和国内主要消费市场。2004年，纽约·泽西港就开始在公用泊位和船舶给养区域执行环境管理体系（EMS），后来逐渐扩展到航道疏浚以及码头操作等各个方面。纽约·新泽西港务局主要通过建立港口环境管理体系（EMS）进行专业化港口群建设，该体系主要采用 ISO1400 的规范作为指导标准，这是一个比较全面系统地综合了环境和组织目标的评估方法。这套方法的实施，有利于评估港口的各项工作对环境造成的显著影响，并且便于港务局发现潜在的危害根源，这对预防污染、节约能源和合理应用港口资源大有裨益。同时，在内部人员培训和对外宣传方面，将可持续发展理念融入港口发展与操作过程，帮助社会大众了解港口的发展目标以便对港口的经营行为进行监督。

三、休斯敦港

休斯敦港是美国第一大港，于2002年率先在美国港口中取得 ISO14001 认证。休斯敦港务局将专业化港口群理念引进到当前的运作中，并更新设施，减少对环境的不良影响。2000年，休斯敦港务局开展了一项系统活动来评估并降低废气的排放，并完成了一份综合清单，按照美国标准，这份清单是独一无二的。该清单并没有采用任何假定，而是针对休斯敦港务局的产业和在休斯敦航道通行的远洋轮上的装备所排放的气体，从许多船舶和运行设备上收集数据。同时，休斯敦港务局邀请了美国各地有不同设施的 14 座城市的有关专家，在两年期间作为环保顾问献计献策。更新技术，尽可能减少对环境的不良影响，如用对环境无害的产品来代替有害产品，从废物流中重新回收利用有用物质。

四、东京港

东京港是日本108个港口中的国际大港，了解东京港，可以看到日本建设21世纪新型港口的风貌和思路。东京港最大的特点就是在建设港口的同时，注重周边自然生态的保护，建设港区公园绿地，如公园绿地中野生植物的利用、无铺装的园路广场，还有生态护岸，都体现了生态的思想，充分考虑了海水生物恢复、野鸟保护、乡土植物保护、海水水质改善等的需要。

在港口建设的同时注重环境建设，不仅营造了优美的港区容貌，也使城市热岛效应等气候问题得以改善，同时也为鸟类、鱼类、陆地野生植物及海岸带生物提供了良好的生活空间，充分体现了人与自然的和谐共处。

总体来看，西方发达国家港口的生态建设已经进入了实质性阶段，已将可持续发展理论运用到码头的设计建设以及日常运作中，并建设了完善的港口政策和管理条例。比如，美国联邦政府和各州政府的环保机构已对港口的环境保护明确了可以量化指标的改善目标并强制执行相关措施；监管部门也一直对港口环保方面严格检查和审查；港口自身也不断加强环保方面的管理，环保意识已经融入企业运作过程中；同时，政府及社会各界对港口的环保工作也大力支持。西方发达国家的这些措施不仅适应了现代港口的发展，同时也体现了专业化港口群的内涵。

第二节　中国专业化港口群发展现状

中国专业化港口群建设目前尚处于起步状态，伴随着我国环境保护工作的进一步深化，我国港口的环境保护工作也进一步加强。目前，上海港、天津港、秦皇岛港、深圳港等港口相继提出建设绿色专业化港口群的口号。

一、深圳盐田国际

自1994年开港以来，盐田国际主要通过推行可持续发展的环保政策来建设绿色港口，其环保政策包括：遵守国家和各级政府保护环境的法律法规，尽可能采取与之相比更高的环境标准，努力降低能源消耗，循环使用材料物资，有效减少污染和废物；在制订业务计划、码头设计规划及进行基础设施建设时，一并考虑环保因素；鼓励重视环保的供应商和承包商，使他们也对环境保护作出积极贡献；鼓励员工参与环保活动；在进行对盐田环境有影响的发展项目、交通工程及其他工作时，优先处理好环保问题；主动收集、分析并向相关单位及人士公布环境质量指数，确保工程符合环保要求。

二、上海港

近年来，上海港十分重视可持续发展战略，在港口经济发展的同时重视环境保护，坚持贯彻落实国家环境保护的各项方针政策和法律法规，坚持环保科技投入，强化环境管理，保护港区水、陆域环境和生态环境，以港兴城，为经济可持续发展服务。从2004年开始，上海港口管理局根据上海市市政府建设生态城市的目标和措施，及时地把"如何实践上海地区'生态港'建设"列为重要研究课题。本书初步提出了"生态港"的定义及其标准、条件、目标和措施。在《上海港扬尘污染防治管理实施计划》颁布实施的基础上，上海港于2005年初在我国率先开展专业化港口群建设规划方面的研究，并积极探索完善《上海港环境保护管理办法》。作为国家环保总局在国内第一批环境监理试点项目，上海洋山深水港区一期工程施工时，变以往环境保护工作的末端控制为过程控制。同时，洋山港在施工建设过程中，通过及时清理废物，有效保护了港区水域环境，促使洋山港的海域能够持续满足海水水质四类标准要求。

三、天津港

天津港环境保护工作始于20世纪70年代，当时的主要工作是港区的初期绿化、"三废"治理以及锅炉、茶炉等燃烧设备的消烟除尘，环境监测，以及进行一些港口初期的环保基础设施建设。进入20世纪90年代，随着国家环境标准提高以及天津港货物吞吐量不断增长，特别是逐步扩大了煤炭下海的规模，天津港环保工作呈现出任务重、难度高的特点。2009年，天津港在我国率先实施专业化港口群建设规划，实行"装卸生产清洁化、污水处理达标化、节能减排标准化、道路周边林带化、功能设施景观化、环境卫生标准化"，大大推动了港口的生态环境建设。一是实施"蓝天工程"，不断改善港区大气环境质量。为了控制港区大气污染，重点开展了以下工作：食堂大灶改燃、采暖锅炉双重治理、港区煤尘专项治理、完善港区生产及生活固体垃圾的处理设施，加快港区绿化建设步伐，营造国际港口的生态环境。通过上述环保举措，有效地改善了港区的整体环境。2003年以来，天津港新港地区大气环境质量好于二级良好水平的天数已超过85%。二是实施"碧水工程"，保护港区水域不受污染。近十年来，为了执行国家环保法律、法规和国际海事组织公约，贯彻天津市政府关于实施"碧水工程"的精神，天津港对港区生活、生产污水以及船舶含油污水进行了有效的治理，加大了港区污水治理力度。三是实施港口规划布局调整。为了持续改善港区环境质量，采取了消除与限制并举的治理措施，优化港口布局，将港口分成北疆港区和南疆港区，形成"南北疆并举、黑白分家、南散北集、两翼腾飞的战略格局"，推进货场喷淋设施建设、大规模的港区绿化建设，实施了"北煤南移"战略，使港区环境发生了显著变化。在此基础上，天津港以建设世界一流大港为目标，在发展中不断改善环境，港口建设方向已从注重生产性项目建设向生产性项目与环境改善性项目并重转变。

四、大连港

（一）建立健全海域海岸污染防治应急预案

针对港口营运期污水、垃圾治理，大连市建立健全了海域海岸污染防治应急预案。严格控制港区污水、垃圾排放量；对建设期遭受污染的主要渔业资源实施生态修复和环境整治方案，最大限度降低污染物浓度和毒性；建立健全防范程序，做好溢油污染、危险货物泄漏事故应急反应系统及防治对策等。大连港务局所属的很多公司都已按要求配备了完备的污染处理设施。

（二）推广新工艺、新技术

大连港在工程环境管理中除严格遵守国家基本建设程序和环保法规外，还大力推广新技术、新工艺的应用，重视用科技对方案进行优化。例如在矿石码头工程施工中，应用中水回用工艺将喷洒除尘的水收集后送入污水处理厂处理，合格后再重新回到喷洒流程中重复使用，这样既避免了污水进入海域造成污染，又为喷洒提供了水源，节省了宝贵的淡水资源。

（三）新项目建设工程与环境保护兼顾

大连建设东北亚国际重要航运中心时，在扩大港口建设规模、提高港口建设速度的同时，注重保护好工程周边的海域环境和生态环境，使工程建设与环境保护相互兼顾、相互统一，步入良性发展的轨道。大连市在多项海岸工程中，实施了环境监管和监督监测工作，并开始逐步探索尝试建立海岸工程建设项目环境监理制度。

五、秦皇岛港

秦皇岛港的环境保护工作是随着中国环保事业的发展而发展起来

的。20世纪70年代初到80年代初为起步阶段，重点是对"三废"进行污染控制，减少或降低污染物排放量；20世纪80年代初至90年代初为港口环保创业阶段，重点是做好港口建设的"三同时"管理，把污染防治纳入到基本建设环境管理中，从尾端的治理转向中端和首端的防治，有效地控制了污染物排放，同时这一阶段还加大了管理力度，相关管理办法、考核办法相继出台，企业环境保护水平得到较大提高；20世纪90年代初至今为巩固提高阶段，这一阶段国家环保法规不断完善，企业经营也相继发生变化，秦皇岛港环境保护工作坚持从强化管理入手，陆续制定出台了一系列适合港口实际的环境管理制度，逐步形成了规范的环境管理制度体系，建成了一套比较齐全的环保设施体系，环境监测水平进一步提高，形成了一支较完善的环保组织体系。秦皇岛港重点开展了目标责任制，环境目标管理实施动态环境考核，举办岗位培训，实施总量控制、规范污染物排放口，以及强化环保设施管理等，提高了港口环保工作的地位，控制了环境污染。在污染防治工作中，坚持以科技为先导，不断引进新技术、新手段，补充改造污染防治设施，建立了较为系统完善的污染综合防治体系。为进一步加强港区的环境治理和保护，从2007年到2015年，秦皇岛港投资10亿元，加大对港区的环境治理和保护，重点治理和控制煤粉尘污染，进一步搞好港口绿化，把秦皇岛港建成绿色枢纽、生态良港。

第三节 专业化港口群的品牌建设

目前，国际性的企业竞争某种程度上已经进入品牌的竞争时代，作为一种国际性商品以及服务的符号，品牌在企业竞争中具有举足轻重的作用。从商品竞争的角度看，国际性的品牌已经出现在每一个消费者的周围，例如苹果、IBM、可口可乐、麦当劳、肯德基、耐克、摩托罗拉等，这些品牌超越了国界，超越了民族文化的障碍，以特有的品牌内涵，吸引着全球消费者的目光。但是，企业的竞争并非只是体现在商品的本身，随着消费者需求的变化，企业的竞争更加突出地体现在服务方面。究其原因，一方面是企业产品之间的质量差异逐步缩小，另一方面是消费者的消费意识与以往相比发生了质的变化，消费者的社会责任感已经开始影响消费倾向。港口企业本身属于提供港口物流服务的专业化企业，扩大港口规模，增加港口设备投资，不断满足货主等相关当事人的需要，无疑会提高港口企业的竞争力，但是，因为港口企业服务对象的社会责任感的不断提高，所以有必要针对港口企业的生产特点，建立体现生态型绿色港口品牌内涵的港口企业，从而使港口企业处于市场竞争的高端并符合港口企业的未来发展趋势和社会经济的发展方向。

一、专业化港口群品牌的内涵

专业化港口群品牌是专业化港口群企业的名称、术语、标记、符号、设计等要素，或者是上述各种要素的组合运用，其目的是以港口企业提供的生态性、低碳性、可持续发展性的港口物流服务使之同竞争对手相区别，专业化港口群品牌的要点是港口企业向服务对象提供服务的同时符合低碳型环保经济的发展趋势。专业化港口群品牌最持久的含义是其社会责任感，它确定了绿色港口品牌的基础。专业化港口群品牌具有特有的品牌属性，这种属性包含质量、技术、价格、个性、社会责任，其中尤为突出的是社会责任。

二、专业化港口群品牌建设的理论基础

马斯洛需求层次理论是行为科学的代表理论之一，该理论由美国著

名的心理学家亚伯拉罕·马斯洛在其1943年出版的论文《人类激励理论》中首次提出的。需求层次理论将人类的需求划分为五个阶段，这五个阶段像阶梯一样从低到高，按层次逐级递升，分别为生理需要、安全需要、情感归属需要、受人尊重需要、自我实现需要。马斯洛认为，只有满足了最基本的需要，才会追求更高层次的需要。世界港口的发展历程也体现了马斯洛需求层次理论的核心本质，第一代传统型港口的主要的功能是货物的仓储与运输，服务功能单一，没有衍生的服务功能，服务对象对港口也没有额外的功能要求，这种状况主要是由于当时的社会经济发展水平较低，港口只能提供基本的服务功能，而且港口的服务消费对象对港口的要求也只能停留在初级水平。但是，随着经济社会的不断发展，港口装卸工艺与装卸设备的不断改进与提高，港口的服务对象对港口的要求不断提高，在此背景下，出现了"运输服务"型港口、"国际物流"型港口与"国际枢纽"型港口。进入21世纪，工业化程度提高，社会对港口的建设模式又提出了新的要求：不仅要具有上述几代港口的功能与服务水平，而且港口建设要与社会经济发展、环境保护相融合。这就是第五代港口——绿色港口，因此，有必要建立一种具有专业化港口群品牌内涵的、满足社会对港口发展要求的新一代港口。

三、中国专业化港口群发展存在的品牌建设问题

中国港口整体上处于第三代港口向第四代港口转型的过程中。与西方发达国家相比，我国专业化港口群建设还未引起社会各界的重视。长期以来，港口在规划设计上缺少对环境保护的考虑，没有把可持续发展理念加入港口发展体系；而经营者缺少环保意识，港口生产缺乏相应的污染处理设施；同时，港口的生态建设大都停留在港区绿化、污染源的治理等较低层次上，这些原因导致了我国港口环境问题极为严峻。

（一）品牌意识薄弱

长期以来，国内港口由于受到政府管制、经营机制、业务范围、作业地域、人力资源、经济环境等因素的影响，港口发展规模滞后、思想保守、管理水平落后，港口生产和经营仍然停滞在长期的垄断经营和固定的业务模式，稳固的生产效益使得企业经营者忽略了品牌的创立与发展；另外，部分港口还因政府领导任期而无法有力保障品牌创建及品牌战略这一漫长过程的实现。种种众多因素造成港口建设的品牌意识薄弱。

（二）品牌定位不确切

港口以轮驳企业为依托，而轮驳企业以拖轮、驳船、浮吊、交通艇等生产资料，提供船舶进出港靠离泊、长距离拖带、大件吊装、驳运、抢险、保驾护航等船舶作业，以往该类企业的品牌定位以生产为主导，过分强调船队规模发展和生产指标的不断提高，而忽视了其服务职能。无论是港口本身还是以港口为依托的轮驳企业，定位应围绕服务来展开。在激烈的市场竞争中，服务很容易被竞争对手模仿和替代，导致客户在认识上模糊化、不易区分。因此，港口品牌定位要建立在服务差异化的基础上，要看到竞争对手缺陷，并依托企业自身资源、技术优势和背景来定位，在市场中找准位置，在细分市场中发现商机。

（三）品牌设计不合理

目前，大多数港口缺乏有效的品牌设计，有的港口甚至没有简单的英文缩写标记，不确切的品牌定位也误导了品牌设计，使得多数港口存在品牌设计不合理的现象。

第四节　中国专业化港口群品牌创设的重点工作

一、提炼品牌核心价值

专业化港口群品牌核心价值的提炼要借鉴国际一流港口的经验，要有效把握自身实际和所处环境，并根据提供的服务特性，用高度总结和精炼的语言表达出来，获得客户的一致认同。目前，大多数港口所提供的服务是多样化的，这与品牌的核心价值并无出入，是很好的品牌价值延伸。

二、注重员工发展与协作

一流的港口应该有一流的品牌，更应该有一流的员工。港口的价值创造及品牌树立都要依靠员工来实现，品牌是企业综合素质的集中体现，这些都离不开人的因素，因此，员工素质是影响品牌创设的重要因素。对于港口而言，要大力实施员工策略，改变现有员工的不良状况，提高其能力与素质，推行"以人为本"的管理方式，激发员工的生产力和创造力，将员工塑造成港口名片，实现港口与员工的双赢。

三、构建服务体系

在港口日常经营活动中，其已经十分重视对服务过程的控制，注重服务态度和质量的提高，但是，在现有经营模式下，更应该注重服务方式的改变，将服务职能前移，变售中、售后服务为售前服务，要在客户需求上多动脑筋，根据客户需求制定多样化、个性化的物流方案，以此来创新服务手段，提供完整的服务，构建服务体系。

四、推行精益化管理

由于历史原因，港口的建设管理基础薄弱，因此，要实行精益化管理不能一蹴而就。精益化管理要从"精"的角度来组织港口的生产经营，在经营中兼顾安全、效率、效益及成本等"益"的目标，要始终贯彻"管理以人为本，人以精益为本，工作以精细为本"的思想，重视对生产过程的控制和对生产数据的精细化要求，强调对管理信息系统的应用和优化，利用计算机技术为港口提供精益的生产数据和系统保障，为企业进行精确决策、计划、控制、考核等工作提供有力依据。

港口要进行精益化管理就要查找现有管理模式的不足，打破守旧的工作方式，突破管理工作中的瓶颈，本着"精益求精、与时俱进"的态度，对任何工作都要有计划、有步骤、有目标、有评估、有改进，将精益化管理思想融入到港口管理的各个工作环节中去，努力实现自觉更新。要相信，实施精益化管理将会大幅度提升港口的管理水平，提高港口的生产效率和服务能力，能更好地塑造品牌。

第五节　品牌经营建设的内容

一、品牌经营

（一）树立品牌经营观念

以往国内港口面对市场往往注重自身地域优势或设备优势等技术资

源，靠港口规模和服务能力来达到经营致胜的结果，但是在当今市场区域国际化的背景下，竞争日趋激烈，这套做法已跟不上时代需求，港口的经营发展不仅仅是提高设备优势、壮大规模这么简单，而是要有品牌经营观念，要以品牌作用和价值在激烈的市场竞争中取得一席之地。要将品牌经营作为争夺市场份额、求得企业生存的主要手段之一，要正确认识品牌经营的内涵和作用，提高品牌附加值，要在营销活动中让每一位客户深刻感受到港口品牌的核心价值，变被动接受为主动购买。

（二）强化品牌宣传

由于港口的日常业务相对简单，而且受地域限制较为严重，使得港口的品牌宣传不可能像大众品牌那样大张旗鼓地进行，但不宣传，品牌的效应又无法充分发挥作用，这是宣传工作的一对矛盾。品牌宣传是一个价值意向传递过程，进行该项工作的方式方法有很多种，作为港口，服务质量是该项工作的基础，此外，大力承揽重点工程项目、积极参与公益事业，有效进行网络推进、专业活动推广以及让消费者共同参与品牌创设过程等都是行之有效的途径，但是，这些途径都要围绕充分体现企业核心价值这一中心来进行，这样品牌宣传工作才会取得良好的效果。

（三）品牌经营战略选择

作为港口，要根据自身实际情况及所提供的服务类型来确定品牌经营模式，这种经营模式选择不需要很复杂，它可以是单一品牌经营也可以是独立产品品牌组合经营，不论选择哪种经营战略模式，都要将品牌经营理念贯穿其中，都要有利于港口提供的服务产品参与市场竞争，都要有利于保护客户利益，要用有效的营销手段来满足市场需求、实现客户期望，从而巩固和确立品牌的市场地位。

品牌创设是一个动态、复杂的过程，强调整体性和一致性，其根本目的是不断增强港口的市场竞争力。在进行品牌创设的过程中，要打造专业化的品牌管理制度和人才队伍，要从港口的实际出发，正确定位、设计、提炼核心价值，然后传播和经营。品牌创设是保证港口发展的重要举措，是港口获得竞争优势和稳定收益的重要手段，更是港口走向成功和又好又快发展的必经之路。

二、专业化港口群品牌建设的主要内容

（一）建立与完善专业化港口群管理制度

建立与完善专业化港口群管理制度是发展专业化港口群的基础，只有建立与完善专业化港口群管理制度，才有可能实现港口从单一的生产服务型不断向生态环保型发展，才能够不断地增强港口生产服务人员的绿色意识，从而不断地丰富港口生态品牌的内涵。

（二）完善专业化港口群新建、改建、扩建项目规划体系

完善专业化港口群新建、改建、扩建项目规划体系是建设专业化港口群品牌的有力保障。在港口新建、改建及扩建项目的可行性报告编制阶段，就必须根据港口建设项目特点、港口生产环境的特征以及国家或地方环境保护法律法规，对港口新建、改建、扩建项目规划实施后港口区域可能造成的环境影响进行环境影响分析、预测、评价，在评价的基础上提出预防、减少环境污染的措施，防止规划实施后可能造成的负面的环境影响。

（三）加强港口生产服务的环境检测、监测与环境公告

港口生产服务环境的复杂性、港口主要生产服务设备与服务对象的多样性，以及港口主要污染源对港口区域环境影响的动态性，决定了在专业化港口群的建设过程中有必要对港口区域的环境状况进行严密有效的检测与监测，并定期对相关的环境影响结果向社会公众公告，从社会责任的角度赋予专业化港口群品牌特定的内涵。

（四）优化港口资源配置，采用先进生产工艺与设备

优化港口资源配置，采用先进的生产工艺与设备是发展专业化港口群的必要条件。在专业化港口群建设过程中，采用生态环保的生产工艺，选择低碳性的生产设备能够减少港口生产服务过程中产生的环境污

染源，针对港口特殊的生产工艺，应当着重对船舶运输造成的污染、港口装卸过程中运输车辆与设备造成的污染、港口堆存货物产生的粉尘污染等加以控制，减少、消减污染源，这是专业化港口群品牌内涵建设的核心环节。

（五）加强环境保护设施建设

加强港口环境保护设施建设是建设专业化港口群品牌内涵的一项核心措施。《中华人民共和国环境保护法》规定，在环境影响主体建设过程中，环境保护措施的建设需要同时设计、同时施工、同时投产使用。因此，专业化港口群品牌内涵建设的关键之一是在保证"三同时"的基础上，着重建设港口环境污染控制设施、资源回收利用设施和环境监测设施，为专业化港口群内涵建设提供有利的条件。

（六）增强专业化港口群品牌内涵建设理念

1979年，我国颁布了《中华人民共和国环境保护法（试行）》，随后数年，又相继制定颁布了大量涉及环境保护的法律法规、部门规章以及地方性法规、规章，并在此基础上衍生了国家环境保护标准和地方性环境保护标准，在此背景下，港口生产企业必须针对自身的生产与服务特点，增强港口企业实施专业化港口群品牌内涵建设的理念，为港口的转型与发展创造良好的环境基础。

（七）保证专业化港口群品牌内涵建设的资金投入

在专业化港口群的建设与发展过程中，需要创新生产工艺，淘汰落后的生产设备，引进节能环保型的装卸与运输设备，定期对相关人员进行理论培训，加强生产服务的过程监督，如此一来，专业化港口群建设的资金成本必然会增加，只有保证资金的连续有效投入，才能不断地推动专业化港口群品牌内涵的建设。

第十章
黄河三角洲生态港口群的支撑平台建设及建议

第一节 人才支撑平台建设

建设黄河三角洲人才支撑平台要树立科学的人才战略观念。把人才作为最重要的资源看待，在新区形成尊重知识、珍惜人才的氛围。确立人才是第一资源的理念，坚持人才的市场价值取向，坚持人才的适时起用，坚持人才工作的系统性，坚持人才的创新培养。确立人力资本投入优先的理念，将人力资本投资看成是一种最有效的投资。进一步完善人才管理运行体制，抢占人才竞争的制高点，为新区经济和社会发展提供强有力的智力支撑。

一、建立港口建设人才需求供给体系

紧紧围绕黄河三角洲港、区、业耦合驱动发展指导思想，建立与市场需求同步的人才供给链，重点加强港口工程技术人才、港口机械应用技术人才、港口电气技术人才、港口与航道工程技术人才、港口环境保护技术人才、港口物流技能人才和港口运营与管理人才的引进和培养。做到人才引进和培养的"信息化、多元化、产业化、市场化

和制度化"。

二、完善政策支持体系

（一）优化人才发展环境

将人才引进中的补助性政策转变为建设性政策，贯彻黄河三角洲关于保障引进人才生活等方面的有关政策措施，如保证引进人才的工资、住房、保险、科研经费资助、奖励、家属及子女问题、落户及居住证等。

（二）实施培养青年科技人才的专项工程

在政策方面向青年科技人才倾斜，在科研立项方面更多地向青年科技人才倾斜，在成果评价方面更客观、更公正、更透明，为青年人才创造良好的发展环境。

（三）设立高层次紧缺培养专项经费

重点支持经济结构调整和重点产业发展的急需人才，同时建立面向企业的人才开发专项基金并提供相应的服务，实行资金、项目、人才配套投入，以帮助企业吸引人才、稳定人才。

（四）鼓励以知识产权、技术等作为资本参股

全面贯彻落实《国家中长期科学与技术发展规划纲要（2006—2020）》配套政策中关于人才创业，人才以知识产权、技术等作为资本参股等要求，并进一步提高优惠幅度。

三、加大人才资源开发的资金支持力度

（一）增加研发经费

逐年提高黄河三角洲研发投入占GDP的比例，优化财政科技投入结构，明确支持方向。在扶持优秀人才创业方面，通过设立项目启动、转化资助经费或创业基金、发展资金、奖励资金等方式，对重点建设项目和自主创新方面的重点人才进行创业扶持。安排专项资金，强化对留学

人才的吸引和创业的资助、扶持和奖励，加大对高层次留学人才创业或从事科研和高新技术转化活动的贷款、融资等支持力度。设立港口发展技术人员培养专项扶持基金，对港口特别需求的技术人才，可以通过和高校合作，实行定点培养、联合培养。

（二）增加科技项目中的人才开发经费

科技支出增长幅度要高于财政经常性收入增长幅度，建立重大建设项目人才保证制度，提高项目建设中人才开发经费提取比例。完善科技项目经费和科技计划相关的管理办法，对高层次创新人才领军的科研团队给予长期稳定支持。健全科研单位分配激励机制，经费向科研关键岗位和优秀拔尖人才倾斜。

（三）拓宽资金来源渠道

通过吸纳企业资金建立基金会，设立针对不同科技人才的资助项目，如研究奖学金、进修奖学金、博士奖学金、博士后项目等，为各个成长阶段的科技人才提供及时有效的资助。

四、做好黄河三角洲建设发展需要的高层次科技人才引进工作

引进高层次科技人才是提高核心竞争力和科技创新水平的重要着力点和突破口。

（一）建立人才联系体系

在全球范围锁定一批本区战略产业和重点项目急需的外国专家和留学人才，建立人才信息库，与高层次人才保持经常性的联系，致力于为有意来黄河三角洲发展的人才联系企业或单位。征集一批引智岗位和引智项目，面向全球定期发布，吸引海外人才竞标和攻关。完善高层次人才的引进机制，制定积极的政策措施保障引进人才工作、生活的同时，细化前期的人才需求分析和后期的人才监管工作。坚持"政策引导、建设环境、强化法制、规范程序、分类监管"的原则，大力引进、使用科技人才资源。

（二）设立高层次人才引进专项资金

通过高额资助，吸引研发人员到本市从事研究和开发工作。鼓励各级重点实验室负责人，高等院校、科研机构学术带头人以及其他高级科研岗位向海内外公开招聘，集中力量重点引进一批世界一流的科技领军人物和战略科学家。对高层次、紧缺急需人才，在引进、培养、使用和服务等方面予以倾斜，引导其向重点发展领域集聚。加强对海外留学人才的创业扶持，加强对高层次人才开展科技创新、成果转化等的资助。

（三）积极引进产业类创新型人才，引导各种创新要素向企业积聚

充分发挥重大项目集聚人才的作用，结合产业化项目基地建设和战略性新兴产业发展需要，积极引进海内外高层次人才和科研团队；结合城市重点发展产业和自主创新战略，重点引进拥有自主知识产权、具有较好发展潜力的创新人才。

五、加强黄河三角洲高层次人才创业载体建设

加强科研环境和高层次人才创业载体建设，为人才引进提供事业载体。积极吸引跨国公司、世界500强企业，尤其是物流企业和电商企业来黄河三角洲落户或开办研发机构。全面推进与大型科研机构、国内外知名高校的战略合作，打造高端人才集聚地。大力推进北海高效生态国际化农港相关项目建设和重点领域产业关键技术攻关，扩展吸纳高层次人才的空间。重点推进港区与内陆腹地的物流网，信息网，以及农产品保鲜、储藏、深加工等项目和技术攻关。加快政府、企业、高校、科研机构、行业组织等共同打造多元投入、面向社会、资源共享的创新技术平台，以产业积聚地为依托的公共技术平台，以大学科技园、技术转移中心、留学人员创业园为依托的科技企业孵化平台等。

六、推进培训基地建设

（一）建立人才培训基地

根据黄河三角洲中长期经济社会发展规划提出的相应人才需求，由教育、科技、人事、财政等部门联合建立人才培训基地，依据产业上中下游科技领域需求和创新团队建设要求，安排专业、课程设置、招生人数等，培训所需人才。

（二）采用联合培养模式

培训基地的建设采取高校、科研院所、企业联合模式。为非从事教学工作的科学家和工程师发放教师资格证书，支持科学与工程领域的专业人员参与培训。推进大学科技园建设，使其逐步成为创新、创业的培训和实践基地，并探索建立几处国（境）外培训基地。

第二节　科技支撑平台建设

在技术支撑平台建设上，黄河三角洲要根据新区港、区、业发展的技术需要，重点做好大科学工程、研究与实验体系、科技支撑体系、产业基础共性技术研发及工程化体系、企业技术创新体系、创新服务体系六大方面的黄河三角洲建设工作，初步构建起黄河三角洲技术创新体系框架。

一、重大科学工程

重大科学工程是现代科学技术取得重大突破的重要条件，对产生原始性创新成果、带动战略高技术发展、提升黄河三角洲的科技能力具有重要作用。重大科学工程的发展状态在很大程度上决定着一个地区在前沿研究领域取得突破的能力，进而决定其国内国际科技能力和经济社会的可持续发展能力。

黄河三角洲重大科学工程目前基本为零，很多装置的建设需要从头开始，技术储备和科技队伍相对不足，对国内国际科学技术迅猛发展的态势反映不够及时，难以适应建立完善的创新体系的需要。为迅速摆脱黄河三角洲科技能力相对落后的局面，形成与黄河三角洲经济发展水平相适应的创新能力，要面向国内国际科学技术前沿，根据全面、协调、可持续发展的战略需求，在充分利用现有重大科学工程的基础上，统筹考虑已有装置的持续发展和新装置的建设，启动建设若干全国或者世界一流的支撑多学科研究的重大科学工程，推进生物科学、物质科学、材料科学、农业科学、信息科学、环境科学等学科的交叉融合，取得一批具有重大科学意义的创新性成果，为黄河三角洲经济建设和社会发展作出基础性、战略性和前瞻性的贡献。

二、研究与实验体系

研究与实验体系是产生重大原始性创新成果的基础，是高水平科技人才的培养基地，代表着一个地区的科技水平和能力。从全国来看，我国研究与实验体系建设取得了长足的发展，初步形成了由国家重点实验室、部门重点实验室和地方实验室等组成的研究与实验体系，覆盖了基础研究和应用基础研究的大部分学科领域，在原始性创新研究方面取得了一系列重要突破，对我国科技发展发挥了至关重要的作用。为适应国际日益激烈的科技竞争的需要，黄河三角洲要抢占科技发展的战略制高点，要在充分引进、利用和发挥现有国内研究和实验体系作用的基础上，逐步以建设黄河三角洲自己的具有国际能力的研究与实验体系为目标，对现有研究与实验设施进行整合、重组、优化和提高。同时根据深化科技体制改革的总体要求，促进实验室管理体制和运行机制的创新。

要充分利用国际农港建设机会，发挥部门、地方、企业等积极性，结合学科、技术特点和区域布局，进一步优化资源配置的同时，根据发展需要在生物科学、物质科学、材料科学、农业科学、信息科学、环境科学等前沿学科和我国有一定优势的学科领域，组建若干具有较大规模、多学科综合交叉、创新能力强、确保开放的科学研究基地，逐步形成布局合理、装备先进、开放流动、高效运行的研究与实验体系，为推进黄河三角洲在科学前沿取得更多的重要原始性创新成果、解决重大关键技术、获得自主知识产权、制定重要技术标准和取得重要发明专利作出贡献。

三、科技服务体系

科技服务体系是由科研配套基础设施、自然科技资源保存利用设施、科技数据文献采集保存分发设施、科学普及宣传教育设施等组成，是服务科技活动开展的物质和信息保障系统，具有基础性、公共性、服务性的特点，是黄河三角洲未来科技支撑体系建设不可或缺的部分。科技服务体系对提高科技创新能力、促进创新产业发展和增强黄河三角洲竞争能力具有重要的基础保障作用，是衡量黄河三角洲科技、经济和社会发展水平的重要标志之一。黄河三角洲的科技服务体系目前还处于建设起步阶段。在未来建设过程中，科技服务体系建设要按照"需求先导、资源共享"的原则，通过整合、共享、完善和提高，构建满足信息获取、分析检测、实验验证等科技活动需求，跨地区、跨学科、多层次，布局合理、体系完备的科技服务体系。一方面针对黄河三角洲科研基础配套条件相对薄弱的问题，充分发挥各方面资源作用，加强科技基础配套设施建设，提高创新能力和管理水平，为在黄河三角洲经济发展和社会进步中产生基础性、战略性和前瞻性的重大创新成果创造条件；另一方面在整合科技资源、理顺管理体制的基础上，突出公益性、基础性、公共性，重点围绕自然资源保护和利用、生物安全、科学普及等重大问题，加强科技服务体系建设，为科技活动的开展和全民科技素质的提高提供物质保证。

四、产业基础共性技术研发及工程化体系

产业基础共性技术研发及工程化体系是解决产业发展中关键共性技术的有效供给、实现重大技术工程化和系统集成、促进科研成果向现实生产力转化的产业技术支撑体系，是黄河三角洲未来技术支撑平台建设的重要组成部分。产业基础共性技术具有基础性、关联性、系统性、开放性等特点，其开发和扩散对加快产业技术进步步伐、提高整体技术水平有着重大意义，是改变黄河三角洲产业发展严重依赖对外技术局面、增强黄河三角洲产业国内国际能力和发展后劲的关键。根据黄河三角洲经济社会发展和经济结构战略性调整的需要，本着体制、机制创新与技术创新并重的方针，以调整、联合、新建形式，集中力量构建符合新形势下产业发展要求的产业技术支撑体系。

一是要鼓励引导有关企业、高校和科研机构，采取产学研联合、共建实验室、产业联盟等多种形式，加大对产业基础共性技术研发及工程化设施的投入，面向产业技术进步和区域经济发展的要求，形成多层次、多方位、多形式的产业基础共性技术研发及工程化体系。

二是要充分发挥现有设施和机构的作用，以提高黄河三角洲主导产业和战略性产业竞争力为目标，进一步强化重大科研成果工程化和系统集成能力，有重点地选择部分具有突出的科研成果和人才基础、具备较强的行业影响力、已建立了良好的运行机制、发展前景广阔的机构，围绕新的发展方向和目标，进行进一步建设、补充、完善和拓展其功能，增强持续创新能力，使其成为产业重大技术转移、扩散的源头，推动产业技术进步的主力军。

三是要以产业发展的重大需求为导向，结合相关产业发展规划的制定和实施，继续新建若干工程研究中心。具体领域包括：在部分具有较好产业化前景的高新技术领域，围绕促进信息、生物、新材料、工业科

技、农产品深加工技术等高技术产业发展，推进农业经济信息化进程，培育农业新兴产业；在部分战略性资源的开发利用、清洁生产与综合利用、环境污染防治等领域，围绕缓解资源匮乏、能源紧缺以及环境污染等问题，保障可持续发展战略和西部大开发战略的实施；在战略性产业和主导产业的关键技术、重大工程设计与装备等领域，围绕提高产业核心能力，促进产业结构调整、升级，振兴东北等老工业基地。

五、企业技术创新体系

党的二十届三中全会审议通过的《中共中央关于进一步全面深化改革，推进中国式现代化的决定》对构建支持全面创新体制机制，统筹推进教育科技人才体制机制一体改革作出了重要部署，深化教育、科技体制改革，深入实施科教兴国、人才强国，创新驱动发展三大战略。根据黄河三角洲国民经济发展的战略需求和产业技术政策，在重点产业领域，以引进大企业集团在北海建设技术中心为依托，以产学研联合为主要形式，以企业投资为主，建立与黄河三角洲产业发展相适应、处于行业领先地位、有利于广泛吸引国内外优秀人才、培育和掌握产业核心技术的创新基础条件，促进产业技术创新能力的不断提高。一是充分发挥黄河三角洲大型企业技术中心在产业创新中的主体作用，加强政策导向，鼓励企业技术中心的产业基础性、共性技术研究与实验设施的建设，引导社会资金投入产业创新能力建设，为促进产业技术的自主创新创造更为有利的条件；二是鼓励和引导企业技术中心围绕黄河三角洲重点工程，加强创新能力建设，建立相关配套的研究开发支撑体系，提高关键技术与装备的自主创新能力，促使重点工程建设有效地带动我国相关产业的发展；三是在国家战略性资源开发、节能降耗、清洁生产、环境保护等可持续发展领域，鼓励黄河三角洲大型企业技术中心的相关创新基础设施建设，发挥其示范和导向作用，促进经济增长方式的转变。

六、创新服务体系

创新服务体系是为全社会的创新活动提供公共服务的机构与网络，是黄河三角洲创新体系建设中公益性、社会性和服务性功能的重要组成部分，是有效整合和充分利用社会各类创新资源、加快创新成果产业化进程的重要保障。目前黄河三角洲为产业发展提供技术基础服务的手段相对不足，创新服务机构普遍规模小、公共服务功能弱，难以满足新形势下产业发展和创新活动的新要求，严重制约黄河三角洲科技向现实生产力转化，需要在整合现有创新服务资源的基础上，强化创新公共服务体系建设，为全社会科学研究和创新活动提供有效支撑。

要根据新时期产业发展和社会进步的需要，以培育自主知识产权的核心技术、提高为产业发展提供技术基础服务的能力为重点，加强相关重大基础设施建设；逐步建立完善黄河三角洲技术转移中心、技术创新服务中心、高新技术创业服务中心、生产力促进中心等各类创新服务机构的发展，加强和完善其服务体系和能力建设，为黄河三角洲技术创新提供公共服务的环境与条件。

第三节　金融及信息保障平台建设

一、金融平台建设

黄河三角洲地区的港口基础设施建设所需资金巨大，迫切需要解决投融资问题。目前，政府财政拨款、政府债券和银行信贷仍然是港区建设资金的主要来源，这种单一的投资模式难以满足港口建设及后续发展过程中庞大的资金需求。因此，需要整合社会资源，开拓新的融资渠道和融资方式。

（一）黄河三角洲地区的港口融资的制约因素

（1）缺少真正的投融资平台。

目前，黄河三角洲地区的港口建设存在融资渠道和投资领域单一的问题，代表黄河三角洲地区政府负责港口建设的港口务集团有限责任公司集投资、建设、运营于一身，这种管理模式不仅加重了港口务集团的资本负担，也不利于港口经营效率的提高。企业项目运作主体分散，资产运营能力差，经营效益普遍不高。更重要的是，港口务集团有限公司并非真正意义上的投融资公司，其更注重对港口工程项目的投资建设，而对融资渠道和投资的收益回报关注较少，不是真正的风险与收益一体化要求的投融资主体，严重影响公司的再融资能力。

（2）资产负债率高，财务风险大。

港口建设所需资金规模较大，但融资渠道单一，港口务集团要依靠资产抵押从金融机构贷款，这种融资结构使得企业资产负债率普遍偏高，不仅融资规模有限，而且承担较高的利息和财务费用，企业在推动多元化融资方面难以发挥作用。同时，基础设施建设投资规模大、收益慢，银行贷款受放贷周期的约束，企业资金运行经常捉襟见肘，大多处于"借新债还旧债"的恶性循环，财务风险增加，进一步制约了融资规模。

（3）后续融资压力大。

港口建设周期长，需要不断投入资金。单纯依靠政府财政和银行贷款的融资模式，难以保证港口建设所需的后续资金，财政拨款有限，政府债券和银行贷款受到法律法规、规章制度的限制，融资规模有限。同时，利息支付和还款期限也严重制约了融资的连续性。

总体而言，传统的融资渠道很难满足黄河三角洲地区的港口建设的资金需求，因此，借鉴"地主港"经营模式，采用PPP（Public-Private-Partnership）融资模式，吸引大量的社会资本参与港口建设，才能确保港区建设的顺利进行。更进一步，要想有效地融合社会资本，必须构建实力雄厚且运营高效的投融资平台，负责资本的投融资运作，如此一来，既能提供港口建设所需的资金，又能保护投资者的合理收益。

（二）建立实力雄厚的投融资平台

融资平台是指地方政府发起设立，以实现吸纳社会资本的目的，通过划拨土地、股权、国债等资产组建，以投融资为主要经营方式的公司，主要从事社会基础设施建设投资，以经营性收入、公共设施收费和财政资金等作为还款来源。

融资平台是黄河三角洲地区港口建设的资金来源的有效融资方式，以黄河三角洲地区的港口建设融资项目为契机，由黄河三角洲地区政府牵头组建一家综合性大型投融资公司——黄河三角洲地区投资（集团）有限公司。公司按照现代企业制度建立完善的法人治理结构，建立激励约束机制，实行专业化和市场化管理。作为独立经济主体的法人公司，由政府主导的投融资平台具有和普通公司一样合法的经济地位，投融资平台的建设打破了法律对政府发行债券的限制，使得政府能够直接以公司的名义从银行贷款，在资本市场上直接进行融资，从而大大拓宽了政府融通资金的渠道，加大了政府可用资金的规模。

作为以基础设施建设为主要投资领域的投融资平台，黄河三角洲地区投资（集团）有限公司要坚持以政府主导、市场运作的发展模式。首先，融资平台应该是基于政府拥有的优质资源建立起来的，是地方政府加快基础设施建设、实现发展战略的重要推手，其投资决策要接受地方政府的指导；其次，作为独立的企业法人，融资平台必须进行市场化运作，建立现代公司治理结构，明晰产权，规范平台的运营管理，改善融资平台的内部管理体系，提高其经营效率，防范债务风险。

（三）融资平台运作模式的建议

（1）整合政府资源，发挥其融资杠杆作用。

政府拥有土地等城市资源和建设开发的诸多权利，这些资源、权利可以带来大量的现金流，政府可以通过经营这些资源来获得基础设施建设所需的资金。具体来说，作为融资平台的发起者和投资者，政府可以将部分经营性土地的使用权划拨到融资平台作为增资资本，增加融资平台的注册资本，并且为融资项目提供有力的担保。

（2）优化收益及偿债机制。

当前，大多数政府融资平台承担了大量政府公益性项目建设，缺乏经营性资产，收益低和再融资难成为制约融资平台收益和再融资的瓶颈，需要优化融资平台的收益及偿债机制。首先，融资平台要对资金来源、投资方向和项目建设进行统筹，加强融资与项目开发的结合力度，通过对港口周边土地的开发实现经营性收益和持续融资。其次，黄河三角洲地区投资（集团）有限公司可以采用集团化经营架构，以融资平台作为母公司，集团通过整合、并购、新建等方式，按行业或者投资领域下设若干子公司，子公司主要承担经营性建设投资和管理，并拥有项目资产的收益权；对于公益性的项目投资由集团母公司捆绑开发，将集团的投资与收益结合起来，平衡融资平台的资本收益。

（3）投资领域多元化，降低投资风险。

黄河三角洲地区投资（集团）有限公司作为一个大型的综合性融资平台，不仅可以为黄河三角洲地区的港口建设融资，还可参与交通、水运、房地产开发、城镇化建设等公益性和赢利性领域，组建各种专项融资平台。港口建设所需资金量庞大、资本回收周期长、收益产出慢，因此，建设综合性的大型融资平台不仅可以为港口建设提供充足的资金，还可以将剩余资本投资到风险低、收益快的领域，最大限度地维护投资主体的收益。相比于单个投资项目，项目众多的融资平台具有更强的抗风险能力，多个项目组成的融资平台可以实现不同项目之间收益的互补，通过资金的合理配置和整合，分散资金投资的风险，保证可持续融资。通过变更相应融资平台的经营范围，形成规范的投融资体系，实现融资、投资、管理、收益、偿债一体化的良性循环机制，强化融资平台的运营职能。

（4）建立现代企业制度，实行市场化运作机制。

融资平台的建设要避免资产流动性差、融资风险大、政府干预过多的现状，建立现代企业管理制度，从经营、财务、人力等方面逐步与政府脱离。减少政府对融资平台的直接干预，聘请职业经理来管理融资平台的日常经营，建立合理的激励机制，促使融资平台健康发展；增强融资平台的信息透明度，建立信息公开化制度，定期向投资者公开公司的财务状况及资产流动状况；不断扩展更加广泛的筹资渠道和投资方向，通过股权转让等方式引入社会资本，扩大融资规模，同时实现投资领域多元化，提高经营性资本的流动性和收益性。

（5）发挥政府的监管、担保和引导职能，保证融资平台健康运行。

由地方政府直接经营的融资平台存在诸多不利因素，如资金来源过度依赖财政拨款、经营效率较低等，这种经营模式不符合企业的利益驱动性，使融资平台开展业务的积极性消磨殆尽。因此，融资平台必须实行政企分离，减少政府直接干预。同时，政府作为融资平台的发起者，需要在融资平台建设初期发挥引导和担保职能，提供完善的设施和服务。

二、信息及管理平台建设

借势国家积极推进黄河三角洲高效生态经济区开发开放，尤其是在黄河三角洲国际农产品进出口高效生态港建设中，积极推动信息平台建设，这是黄河三角洲加快转变经济发展方式，进一步优化区域综合发展环境，推进工业化、信息化、新型城镇化与农业现代化的深度融合发展的重要手段，对于推进产业升级、提升区域品牌价值、完善公共服务、改善社会民生等方面有着长远意义。

（一）提升港口信息基础设施环境

建成覆盖港口及腹地黄河三角洲的绿色、泛在、智能、融合的下一代信息基础设施支撑体系，高速无线网络和高清交互数字电视网络覆盖全区，无线物联数据专网覆盖所有应用区域，拓展入住黄河三角洲各企业园区、高端商务楼宇宽带接入能力；大力推进物联网、云计算、大数据、移动互联、3S等新一代信息网络技术的广泛应用，建成一批以港口业务为核心的高水准的云计算中心、数据中心等；社区、商业区实现智能服务终端基本普及。

（二）形成"农"字特色服务港口信息平台

黄河三角洲国际农产品进出口高效生态港建设要突出"农"字特色，以港口为依托，利用虚拟化手段，积极推动有关粮食期货、农业金融、农产食品物流、农产品电子商务、农业物联网等相关特色服务的信息平台功能拓展，延伸产业及产品链，拓展以农为核心的服务业尤其是高端服务业的份额。结合国内外农产市场发展趋势，为黄河三角洲乃至全国搭建和提供信息发布、在线交易、数据交换、智能分析等功能一体化的智能农产品信息平台。

（三）促进港口与腹地农产企业信息平台融合

港口信息平台的特色发展要和腹地农产企业信息平台形成良好互动，促进与腹地相关企业信息平台的互联互通和信息共享，既要主动提升港口信息平台服务质量，又要融合吸收企业信息平台的优势资源，形成港口与企业信息平台间的良好互动，引导企业向港口信息平台提供的功能服务方面集聚，最终形成港口信息平台引领下的农产品进出口信息服务产业集群。

（四）提高政府智慧化服务水平

将新一代信息技术广泛应用于政府服务、基层社会服务和社会公共服务等领域，可极大提升政府服务水平和基层参与社会管理的深度，从而有效支撑服务型政府的构建。实现政府管理服务流程和核心业务信息化全覆盖，推动政府各部门间的业务协同和核心政务信息共享共用。推广普及移动电子政务，建成覆盖港口及黄河三角洲的"电子政务云"，基本实现政务信息资源的充分共享利用，便于全面掌握和正确分析各类信息，做出科学决策，打造高效透明的服务型政府，构建以人为本的社会服务管理体系。

（五）电子口岸建设

围绕进出口"船、箱、货、人"的统一申报与查询、口岸单位的政务监管，建设能向企业及口岸各监管单位提供多种数据、信息及服务的"云服务"模式的电子口岸物流信息公共服务平台。

（六）港口管理信息化

将箱号识别技术、车号识别技术、箱体检查技术、EDI、GPS、GIS和实时控制等先进技术有机结合，实现闸口的全智能化。通过集成大型设备PLC运行、状态信息，实现对大型设备的集中监控与管理。加快港口集疏运场站内部的物流装备、信息化建设，形成港口集疏运网络结点内部各个功能区之间的互联互通，提高物流结点内部物流作业过程的全面感知与实时监控水平。加大码头生产管理系统、信息化整体解决方案的开发和推广力度，进一步做好与港口作业相关的引航、外理、轮司等相关信息化应用系统的提升和推广应用工作。

（七）电子商务平台

在政府的有效监管下，建立公共信息平台，以信息处理引擎为中心，为用户提供销售、采购、结算、融资、物流等五类信息处理模块，并为外部系统（如银行、海关、供应商、第三方物流等）提供信息接口模块。借助公共信息平台，大力发展电子商务、物流金融等新型虚拟业务，促进实体功能运营效率的提高和运营空间的拓展。

（八）物流企业信息化

大力推动发展智能交通、智能电网、移动通信、网络应用等物流装备的设计和生产，不断提升港口物流企业的装备水平；推广应用标准化信息软件，大力引进智慧物流软件研发、软件设计、应用推广相关企业，开发专业化、特色智慧物流软件，提升港口物流企业信息化水平。

第四节　政策建议

（一）抓紧把黄河三角洲生态港口群规划建设列入国家、省和市规划

"蓝黄"两区建设发展是国家战略，而目前山东港口发展中依然存在着条块分割、结构不合理、竞争无序、产业链条短、信息技术等应用水平低等问题，整合港口资源，打造新一代国际化、专业化和生态化港口，已成为深化实施两区战略，加快实现两区建设发展目标要求的关键和重大突破口，这一点已在社会各界形成共识。在建的黄河三角洲地区的港口，是"黄蓝"两大国家战略规划建设的重要港口之一，是黄河三角洲地区交通基础设施建设的龙头项目，2011年就被省黄三角农高区管委会确定为全市一号工程，已被省政府由地方一般港口提升为地区性重要港口，并纳入交通运输部全国沿海港口建设布局规划。近年来，黄河三角洲地区举全市之力，不断加大对港口的投入，为黄河三角洲生态港口群建设发展奠定了坚实基础。把黄河三角洲地区的港口打造成国际农产品进出口高效专业化港口群，对深化"蓝黄"两区国家战略的实施，促使两区建设发展有重大突破和最直接的作用，是最现实的重大举措。黄河三角洲地区的港口在区位、交通、禀赋和产业等各个方面具有独特优势，将黄河三角洲地区的港口打造成国际农产品进出口高效专业化港口群，不仅使黄河三角洲地区，而且也会使黄河中下游广大地区的山东"省会城市群经济圈"、鲁西南、河北、河南、山西、陕西等区域成为其紧密的海运陆向腹地。

（二）赋予黄河三角洲农高区改革开放先行先试权力

抢抓全面推进依法治国保障机遇、"一带一路"新格局的空间机遇、自贸区示范效应可复制机遇等诸多重大机遇，实施各种能够以最小成本、获得最大红利的重大改革开放举措，如负面清单、权力清单、服

务型政府机构、投资便利制度、金融创新制度、海关特别监管辖区、跨境电子商务平台，以及中美（国）、中澳（大利亚）、中巴（西）等自由贸易区先行区等，都可以在黄河三角洲农高区这块打造面向美洲、大洋洲等亚太多个国家和地区的国际农产品进出口高效专业化港口群的创业热土上先行先试。

（三）加强对黄河三角洲生态港口群规划建设的组织领导

中国改革开放和社会主义现代化四十余年的实践证明，各类港区、园区和特区在发展中，都必须有中国共产党的坚强领导，只有党的领导，才能为这些港区、园区和特区的高效、快速和健康发展提供最根本、最可靠的组织保障、政治保障。这也从一个方面证实了坚持中国共产党领导，才是中国特色社会主义事业在各方面取得成功的根本前提。认真落实党的二十大，二十届一中、二中全会精神，全面推动建设社会主义现代化国家迈出坚实步伐。一方面必须克服中国式现代化进程中种种复杂困难和阻力，通过进一步全面深化改革、推动生产关系和生产力、上层建筑和经济基础、国家治理和社会发展更好相适应，为中国式现代化提供强大动力和制度保障。另一方面，进一步改革要紧紧围绕推进中国式现代化谋划和展开。毫无疑问，黄河三角洲生态港口群规划建设，也必须借鉴改革开放和社会主义现代化四十余年各类港区、园区和特区的成功经验，以党的二十大，二十届一中、二中全会精神为指导，加强党对黄河三角洲地区的港口、北海经济开发区的组织领导。

（四）紧抓黄河三角洲生态港口群规划建设相关规划的制定和修订

黄河三角洲生态港口群规划建设，涉及黄河三角洲地区的港口群规划的修订，北海经济开发区和黄河三角洲地区"十五五"及以后较长一段时期的国民经济和社会发展规划、城乡建设规划、城镇体系规划、新型城镇化、环保、土地、能源、水利、产业、交通等各类规划的制定和修订，必须尽早动手，紧抓科学规划和修订。